Ekard Lind

Richtig spielen mit Hunden

Vertrauen schaffen
Spielerisch ausbilden
Fordern und motivieren

Naturbuch Verlag

(...) Ein oberflächliches Anreizen zum Spielen führt nicht zum Ziel. Das Buch »Richtig spielen mit Hunden« zeigt dem Leser Schritt für Schritt auf, wie man den Hund zur freudigen und aufmerksamen Arbeit animiert. (...) Meiner Meinung nach stellt das Buch ein wichtiges Instrument für jeden Hundesportler dar.

Alois Prünster, Bundesausbildungswart im SVÖ

»Richtig spielen mit Hunden« ist dem einfachen Hundehalter ebenso zu empfehlen wie dem ambitionierten Hundesportler. (...) Lind stellt den reinen Zwangsmethoden die vielfältigen Perspektiven positiver Motivation gegenüber. An Stelle fertiger Rezepte werden Anregungen und Ideen vermittelt, die der Einzelne nach Maßstab persönlicher Bedürfnisse und Ziele ausprobieren kann. (...)

Eberhard Strasser, Referent für Gebrauchshunde im ÖKV

Mit dem Titel »Richtig spielen mit Hunden« beschreitet der Autor Doz. Ekard Lind aus Salzburg einen in der Tat revolutionierenden Weg. (...) Ekard Lind vereint in einer glücklichen Symbiose fundierte Kynologie mit neuen, kreativen Methoden. (...) Lind's »Richtig spielen mit Hunden« ist meiner Meinung nach eines der wichtigsten Kynologiebücher, welches in den letzten Jahren erschienen ist. Und daher: Für jeden fortschrittlichen Hundefreund ein absolutes Muß.

Louis Quadroni, Verantwortlicher für das Kurswesen der TKGS in der Schweiz

Empfohlen von:

TKGS (Technische Komission der Gebrauchshunde in der Schweiz)

SVÖ (Österreichischer Verein für Deutsche Schäferhunde

DHV (Deutscher Hundesportverband e. V.)

Die Deutsche Bibliothek – CIP-Einheitsaufnahme

Lind Ekard:
Richtig spielen mit Hunden : Vertrauen schaffen, spielerisch ausbilden, fordern und motivieren / Ekard Lind. [Ill.: Jörg Hilbert]. – Augsburg : Naturbuch-Verl., 1996
ISBN 3-89440-254-7

Gedruckt auf chlorfrei gebleichtem Papier.

Naturbuch Verlag

Grafik: Ekard Lind, Seekirchen
Fotos: Marie-Therese Lind und Ekard Lind
Illustration: Jörg Hilbert, Düsseldorf
Satz und Layout: Gesetzt aus Symbol von
Vera Faßbender, Naturbuch Verlag, Augsburg
Umschlaggestaltung: Parzhuber & Partner, München
Umschlagfoto(s): Ekard Lind
Reproduktion: Repro Ludwig, A-Zell am See
Druck und Bindung: Offizin Andersen Nexö, Leipzig
Printed in Germany

ISBN 3-89440-254-7

Vorwort

Der Ernst des Spiels

Spielen ist universell, bedarf keines äußeren Anlasses, geschieht seiner selbst wegen, ist offensichtlich lustbetont und doch eine ernste Angelegenheit. Wie ernst es sein kann, möchte ich im Folgenden an Beispielen aus dem Leben des Wolfes und des Hundes zeigen. Sie werden deutlich machen, wie wichtig es für uns ist, Form, Funktion und Konsequenz des Spiels beim Hund zu verstehen. Keine Verhaltensweise ist von uns intuitiv so leicht zu erkennen und doch so schwer zu deuten, wie das Spiel.

Das Spiel als »Schule fürs Leben«

Im Spiel erlernt das Jungtier – wie das Kind – seinen Körper zu bewegen, den Sozialpartner zu verstehen, Beute zu erlegen und seinem Feind zu entkommen. Das ist die primäre Funktion des Spiels; Bewegungsabläufe und soziale Reaktionsnormen einüben, ohne daß die im Ernstfall üblichen Konsequenzen erfolgen.
Ein Beispiel: Zwei junge Welpen spielen miteinander, tapsen einander hinterher, geraten zusammen und beginnen zu kämpfen. Es sieht aus wie Spiel, ist auch Spiel und doch sehr ernst. Die spitzen, messerscharfen Zähne des einen Welpen, der gerade den anderen im Genick erwischt hat, dringen durch das Fell und die Haut des Gegners. Das tut weh. Der Gegner schreit auf und wehrt sich kräftig. Jetzt sind es seine spitzen Zähne, die durch das Fell des Angreifers dringen, verletzen, weh tun.
Schneller, deutlicher und einprägender kann man nicht lernen, daß ein Angriff auf ein anderes Tier einem selbst auch weh tut, gefährlich ist und eine genaue Kalkulation von Nutzen und Schaden eines jeden zukünftigen Angriffs bedarf. So lernt der Welpe die eigene Aggressivität zu zügeln, entwickelt eine Beißhemmung im Umgang mit Artgenossen wie mit dem Menschen, erlernt »Benehmen« für den Alltag. Konrad Lorenz hat die Beißhemmung fälschlicherweise als angeboren im Dienste der Arterhaltung gedeutet. Heute wissen wir, daß zumindest wesentliche Elemente dieser Aggressionshemmung auf Angst vor den Konsequenzen beruhen, die schon früh beim Welpen im Spiel erlernt werden. Und wehe dem, der mit einem Hund zu tun hat, der diese Beißhemmung als Welpe nicht erlernt hat.

Das »gespielte Spiel« des Wolfes

Nichts bewegt den satten Wolf mehr als die vielen sozialen Beziehungen zu und zwischen seinen Rudelgenossen. Rang, Sex, Macht, Freundschaft oder Feindschaft spielen im Wolfsrudel eine ebenso große Rolle, wie in anderen komplexen Sozialverbänden, die unserer eigenen Art eingeschlossen. Eine Möglichkeit ein Ziel zu erreichen, z. B. einem anderen Wolf etwas wegzunehmen, seine Stärke zu testen oder ihm die eigene Rangüberlegenheit zu demonstrieren, ist das spielerisch anzugehen. Spiel als Trick um von den eigenen ernsthaften Absichten abzulenken, als kaschierte Aggression, als stra-

tegische Variante beim Austragen sozialer Konflikte.
In der Tat, keine soziale Verhaltensweise tritt bei den Wölfen häufiger auf und nimmt mehr Zeit in Anspruch als das Spiel. Beim Welpen ist Spiel noch Übung für den Ernstfall. Bei den erwachsenen Wölfen hingegen ist Spiel bereits der Ernstfall. Oder zumindest die Vorstufe zu potentiell gefährlichen Auseinandersetzungen.
Für den Hundebesitzer heißt das, (fast) jeder Versuch in die soziale Rangordnung aufzusteigen, (fast) jeder alltägliche Versuch den Bewegungsfreiraum zu erweitern, beginnt im Spiel. Also, wehret den Anfängen! Spielerisch!

Verspielte Aggression

Eine Folge und zugleich Voraussetzung für die Domestikation des Hundes ist die allgemeine Verjugendlichung seines Verhaltens. Aus dem selbständigen, eigensinnigen und sozial dominanten Wolf wurde der abhängige, lernbegierige und unterwürfige Hund. Denn nur dieser ist für ein Zusammenleben mit dem Menschen im Hausstand geeignet, so wie der wilde Wolf für das Leben in der Freiheit.
Das Charakteristikum des verjugendlichten Hundes ist allen voran seine Verspieltheit. Für manch einen Hund ist sogar das ganze Leben Spiel und entsprechend geraten Antriebe der Aggression, der Sexualität oder des Beutefangs und des Spieltriebs durcheinander. Gerade besonders lernfähige und anhängliche Hunde zeichnen sich durch eine starke Retardierung des Verhaltens aus. Bei einem Raubtier von der Größe eines Wolfes kann das auch eine für Menschen gefährliche Angelegenheit werden. Es ist geradezu eine Umkehrung der allgemeinen Tendenz zur Friedfertigkeit, die das Verhalten des Hundes im Laufe der Domestikation erfahren hat. Ihre Aggressionen sind zwar nicht »ernst gemeint«, weil ja nur gespielt, und doch für unsägliches Leid verantwortlich. Hier hat die Hundezucht versagt.
Aber auch viele Hundehalter kommen mit all dem, was im Spiel ihrer Hunde passiert, nicht zurecht. Weil sie das Spiel nicht ernst nehmen, obwohl wesentliche Züge im Wesen ihrer Hunde schon früh im Spiel festgelegt werden. Spiel ist bei weitem der wichtigste »Lehrmeister« des Hundes. Ein Leben lang lernt der Hund im Spiel. Als Welpe lernt er spielerisch zu kommen, zu sitzen, zu apportieren, bei Fuß zu gehen und all das, was wir Menschen von ihm später verlangen werden. Gut so. Aber er lernt im Spiel auch dem Radfahrer hinterherzuhetzen oder den Briefträger anzugehen. So lange er Welpe ist, finden wir es niedlich – bis es kein Spiel mehr ist, sondern eine lästige oder gar gefährliche Unart des erwachsenen Hundes.
Wie viele Menschen sind schon von Hunden gebissen worden, wie viele haben gar ihr Leben verloren, weil Hundebesitzer nicht wissen oder rechtzeitig erkannt haben, daß aus harmlosen Spielen bitterer Ernst werden kann. Wieviel Aversion gegen Hunde beruht heute gerade auf dieser Unfähigkeit der Hundehalter, das Verhalten ihrer Schützlinge richtig einzuschätzen.
Gibt es mehr Gründe, das vorliegende Buch genau zu studieren? Ich denke, wir müssen endlich erkennen, daß genaue Kenntnisse über Form, Motivation und Funktion des Spiels unentbehrlich sind, wenn wir unsere Verantwortung für den Hund ernst nehmen wollen. Denn nur dann können wir, ohne unangenehme Folgen befürchten zu müssen, auch mal ganz unbeschwert, ohne pädagogische Absicht mit unseren Hunden spielen.

Dr. Erik Zimen,
Grillnöd, D-94542 Haarbach

Inhalt

Einleitung

Spielen ist modern, sei es nur mit dem beliebten Familienhund oder bis hin zur Ausbildung eines World-Champions. Kein Wunder, denn im *Spiel* treffen alle Komponenten der Mensch-Hund-Beziehung zusammen: Artspezifische und individuelle Gegebenheiten beider(!) Spezies, Umweltfaktoren, Angeborenes, Erlerntes und vieles Andere. Doch Spiel ist nicht gleich Spiel, was sich leider immer wieder in Fehlverknüpfungen zeigt, die im Spiel programmiert wurden. Die Schwierigkeit liegt darin, daß der Anfänger die Auswirkungen seines methodischen Vorgehens nicht abschätzen kann. Wenn sich dann im nachhinein negative Verhaltensweisen einstellen, ist er oft mit den erforderlichen Korrekturen überfordert. Auch die Ratschläge mancher Ausbilder und Autoren, die in der Gebrauchshundeausbildung, im Hundesport und in den Spezialausbildungen gegeben werden, reichen oft über die x-Mal durchgekauten Standardtechniken für »Sitz, Platz und Fuß« nicht hinaus. Verhaltensbiologisches Know How, so wichtig es ist, reicht bei weitem nicht aus. Der Hund lernt dann spielerisch zwar die wichtigsten Kommandos, was zweifelsfrei einen hohen Wert darstellt, aber zahlreiche andere Leistungsziele werden auf diese Weise von vornherein **ver**spielt. Wenn die Grundlagen hierfür nicht in der entsprechenden, unwiederbringlichen Entwicklungszeit gesetzt werden, kommen Korrekturen meistens zu spät. Der auf unzulänglichem Spielniveau ausgebildete Hund wird dann später diese oder jene Aufgabe nie mehr so ausführen können, wie es bei rechtzeitiger und umfassender Spielpraxis hätte geschehen können.

Der Autor dieses Buches verspricht für die Spielthematik denkbar günstige Voraussetzung mitzubringen: Ekard Lind ist in der Zucht ebenso zu Hause wie in der Sporthundeausbildung und im Turniersport. Im Hauptberuf ist Ekard Lind Hochschulpädagoge mit den Fachgebieten Früherziehung sowie Haltungs- und Bewegungslehre. Außerdem ist er Komponist und Solist. Auch als Autor von inzwischen zwölf Büchern und zahlreichen Kompositionseditionen und Fachberichten, die in Europa, Japan und den USA publiziert wurden, machte er sich einen Namen. So ist es kein Wunder, daß der inzwischen begehrte Kynologe mit seinen Fachberichten, Büchern und Videos nicht nur sehr erfolgreich ist, sondern auch Veränderungen einleitet.

Das Buch repräsentiert nicht nur den aktuellen Ausbildungsstand. Durch neu entwickelte methodische Konzepte, Modellvorstellungen und Begriffsbildungen, hier erstmals veröffentlicht, erfährt die Kynologie eine echte Bereicherung und wertvolle Impulse. Kein ambitionierter Hundebesitzer oder Ausbilder sollte an diesem vielversprechenden Buch vorbeigehen. »Spielen aber richtig!« ist daher für den engagierten Hundefreund ebenso unentbehrlich wie für den Ausbilder oder Hundesportler.

Thema und Buch

Gleichviel, ob die Erziehung des Begleit- und Familienhundes das Ziel ist, oder ob es um die Ausbildung zum Sport- und Gebrauchshund geht, *spielerischer Umgang* gewinnt immer mehr Anhänger. Vieles, was man mit dem Wort *Spiel* verbindet, scheint für die Idealvorstellung eines »folgsamen und freudigen Hundes« prädestiniert zu sein. Hinzu kommen noch weitere, einladende, ja verführerische Inhalte: Denn jeder weiß, was Spiel bedeutet, hat man doch schon als Kind Erfahrungen im Spiel gemacht. Und wenn es auch schon lange her ist, so denkt man doch zunächst weniger an mögliche Probleme als daran, daß Spielen etwas ganz Einfaches und Selbstverständliches sei. Um so größer fällt dann die Enttäuschung aus, wenn spielerische Bemühun gen nicht zum erwarteten Erfolg führen. Nicht selten führt man dann den Mißerfolg auf die »Grenzen des Spiels« zurück. Viele gehen schließlich wieder zur »Tagesordnung« über, was in der Hundeerziehung und -ausbildung soviel heißt wie: »Der Hund **muß** dieses oder jenes tun!« Richtig, im Sinne motivationalen Vorgehens müßte es heißen: »Der Hund **will** und er **darf**. Wie hat doch neulich ein Vereinsvorstand in Bezug auf einen meiner Fachartikel zu mir gesagt? »Der eine spricht darauf an, der andere nicht!« Er hat, wie so viele, nicht verstanden, daß Spiel nicht eine spezielle Methode irgendeines Gurus bedeutet, sondern daß Spiel für Mensch und Tier ein existentielles Bedürfnis beinhaltet. Ein Vorgang also, auf den zunächst einmal jeder Hund, wenngleich unterschiedlich potenziert, anspricht. Spiel bedeutet ein existentielles Bedürfnis der ersten Kategorie! Denn was treibt der Hund dreihundertfünfundsechzig Tage im Jahr? Was bewegt ihn? – Fressen, Sozialkontakte, Schlafen, Sex und: **Spielen**. Was liegt näher, als die natürlichen und geeigneten Bedürfnisse zu seinem und zu unserem Wohl zu kultivieren?! Erfreulicherweise finden sich immer mehr Menschen, die das erkannt haben und welche aus innerster Überzeugung das Beste für ihren Hund wollen. Sie geben dem spielerischen Vorgehen wo immer möglich den Vorzug vor Gewalt. Wir alle, auch die besten unter uns, müssen auf dem Weg spielerischen Vorgehens immer wieder kleinlaut erkennen, daß Spielen doch nicht so einfach ist, wie es auf den ersten Blick scheint. Und obwohl das Spiel sehr in Mode gekommen ist, so gestaltet sich sein Siegeszug doch unter Geburtswehen, ganz anders als etwa die geniale Erfindung des Reißverschlusses oder der Wäscheklammer. Im Spiel geht es um **Leben** und innerhalb unseres Themas noch weiter um die *Balance* verschiedener Spezies. Wenn Spielen so einfach wäre, dann dürften in der Hundeerziehung nicht derart viele Probleme auftauchen. Wenn allein schon die Entscheidung fürs Spiel genügen würde, dann müßten die Spielanhänger in Turnieren längst die Nase vorn haben. Es kommt also neben der Entscheidung fürs Spiel auch auf **richtiges** Spielen an. Denn, wie wir immer wieder feststellen werden: Spiel ist nicht gleich Spiel, und die berühmten »Erfolgsrezepte« sucht man im Spiel nachgerade vergeblich, egal in welcher Schublade man nachsieht.

Schon im Welpenalter fordert der Hund uns täglich zahlreiche Entscheidungen ab: »Sollen wir dieses oder jenes durchgehen lassen? Was ist zu verbieten, was ist zu erlauben? Sollen wir bei Übertretungen einwirken und wenn ja, wie? Was sollen wir dem Welpen schon beibringen?« Auch erfahrene Hundehalter sollten sich diese Frage immer wieder neu stellen.

Wem es ernst ist mit dem *richtigen Spiel*, der kommt nicht umhin, sich der Thematik in mehrfacher Hinsicht flexibel zu stellen: Er muß fürs *Hinzulernen* ebenso bereit sein wie fürs *Ablegen alter Gewohnheiten* oder auch fürs *Korrigieren unzulänglicher Ansichten*. Das bedeutet nicht mehr und nicht weniger als sich **Veränderungen** zu öffnen. Und damit sind wir im Zentrum des vorliegenden Buches, das nicht als Aufzählung verschiedener Spielmöglichkeiten konzipiert wurde sondern in der Absicht, durch ebenso gründliche wie verständliche Darstellung der verhaltensbiologischen als auch der pädagogisch-methodischen Zusammenhänge dem Leser jenen Einblick zu vermitteln, der ihn befähigt, die für sich und seinen Hund gültigen Entscheidungen **selbst** und individuell zu treffen! Der Autor hat in fünfundzwanzig Jahren Hochschul- und Kinderpädagogik die einfache Maxime gewonnen, daß man den besten Pädagogen daran erkennt, wie weit er sich seinen Schülern entbehrlich machen konnte. Der Leser möge sich daher auf einen Weg einstellen, der aktives Mitgehen erfordert. Wer sich in der Sänfte getragen wünscht, der sollte sich an eine der vielen »quick'n easy- Propheten« wenden oder die altbekannten Hau-Ruck-Methoden anwenden.

Wir werden den Leser durch manches Dickicht führen, um ganz bestimmte Lichtungen zu erreichen, und mitunter mag der Weg auch ein wenig beschwerlich anmuten. Aber das Erlebnis, nicht nur einen vorgegebenen schmalen Pfad, sondern viele verschiedene Wege, ja das gesamte Umfeld kennenzulernen, das verspricht Sicherheit, die gleichermaßen beruhigt und beflügelt. Der Leser wird hoffentlich feststellen, daß das Buch *aus der Praxis für die Praxis* geschrieben wurde. Wer zusätzlich den Videofilm mitverwendet, der wird sehen, daß hier nicht nur die **Rede** ist von diesem und jenem, sondern auch die Umsetzung in die Tat mitverfolgen können. In aufwendigen Beobachtungen hat der Autor die Lernverhaltensmuster der Hunde studiert, durch zahlreiche verschiedene Methoden auf den modernen Gebrauchshund übertragen und in tausenden von Übungsstunden weiterentwickelt, getestet, verworfen, wieder erprobt und schließlich in Form individuell variierbarer Adaptionen *standardisiert.*

Hier noch ein Wort zum heiklen Thema der Vermenschlichung. Aus Angst, sich Vermenschlichung nachsagen zu lassen, ist es modern

geworden, allgemein verständliche Worte durch andere Begriffe zu ersetzen. Aus »Loben« wird dann »Bestätigen«, aus dem »freudigen« Hund ein »konditionierter«, aus »Strafen« »Einwirken« und so fort. Diese Angst ist unbegründet. Selbst maßgebende und bedeutende Verhaltensforscher wie Konrad Lorenz, Eibel von Eibesfeld oder Eric Zimen bedienen sich immer wieder neben der zweifellos unentbehrlichen termini technici (Fachwörter) jener einfachen und gleichsam vielsagenden Worte, die uns Menschen eben geläufig sind. Nicht das Wort an sich, sondern der Zusammenhang, in welchem es gebraucht wird, gibt schließlich den Ausschlag, ob es lediglich beschreibend oder aber wertend gemeint ist. »Loben« sagt eben etwas anderes als »Bestätigen« und welches andere Wort vermag das auszudrücken, was wir mit der Vorstellung des »freudigen« Hundes verbinden? Kein arrivierter Verhaltensbiologe streitet heute mehr ab, daß die gesammelten Kenntnisse **für** die Annahme eines Erlebnisbewußtseins höherer Tiere sprechen. Der Hund kann sehr wohl Freude erleben, daran ist nicht zu rütteln! Was ihm fehlt, genauer gesagt: was ihm im Vergleich zum Menschen an Umfang, Qualität und Reichweite nur ansatzweise gegeben ist, das sind die höheren Leistungsformen der *Reflexion*, der *Abstraktion* und des *Logischen Denkens*, nicht aber das Erlebnis selbst! Der Mensch freut sich und weiß gleichzeitig, daß er sich freut. Er vermag darüberhinaus diese Freude kraft seiner geistigen Fähigkeiten und seines Willens zu steuern, er kann sie zurückhalten oder auch forcieren. Und er kann sich distanzieren. Vieles davon vermag der Hund nur in ganz bescheidenem Umfang. Aber die antreibenden Kräfte, die Triebstruktur von Mensch und Tier, – auch das wird durch immer neue Erkenntnisse weiter erhärtet, – weist erstaunlich viele Ähnlichkeiten auf. Auch wir sind weit mehr, als uns oft bewußt wird, von Trieben gesteuert. Auch wir versuchen durch angepaßte, triebzielgerichtete Handlungsketten Lust zu befriedigen: Auch wir zeigen also eine Art *Appetenzverhalten*. (Auf diesen Begriff kommen wir noch zurück).

Keine Angst also vor den guten, alten Worten! Und auf der anderen Seite aber auch keine Angst vor Neuen, wo wir sie benötigen! Um Verwechslungen vorzubeugen, sind daher beschreibende und umschreibende Worte in Anführungszeichen gesetzt, feste Begriffe wurden kursiv gesetzt.

Der Leser möge nicht zu streng ins Gericht gehen, wenn er hin und wieder durch Abschweifen und Einschübe zum Verweilen oder Ausscheren eingeladen wird. Gerade darin spiegelt sich ja eines der großen Probleme der Hundeerziehung und -ausbildung wieder. Man muß lernen, mehrere Schritte der zu erwartenden Verhaltensweisen vorauszudenken, was sich in einem Buch nicht anders als durch Einschübe vermitteln läßt.

Ein Wort an die Familien- und Begleithundeführer: Hundeführer stellen die unterschiedlichsten Erwartungen an ihren Hund. Worin die meisten übereinstimmen ist etwa dies: Der Hund soll ein freundlicher Begleiter werden, ein unkompliziertes »Familienmitglied« und kinderlieb. Er soll die wichtigsten Kommandos befolgen und auch dann gehorchen, wenn's drauf ankommt. Er sollte niemanden belästigen und schon gar nicht gefährlich werden, er darf weder jagen noch streunen usw. Sicher fällt dem Leser noch Weiteres ein, was der Hund tun oder lassen sollte. Es kommen also bei näherem Hinsehen doch allerhand Erwartungen zusammen, und man darf die

sich daraus ableitende Erziehungsaufgabe nicht unterschätzen. Nur ein bißchen »Sitz – Platz – Fuß« reicht eben nicht aus. In der Hundeerziehung und -ausbildung haben Kompromisse keinen hohen Stellenwert! Ganz im Gegenteil! Hier gilt: Entweder *ganz*, das heißt *richtig*, oder eben *problembehaftet*, und dies dann mit oft weitreichenden Folgen.

Was die Wahl der richtigen Methode betrifft, so kommt dem Begleit- und Familienhundehalter das spielerische Vorgehen sicher wesentlich mehr entgegen als Zwangstechniken, denn letztere sind ohne entsprechende Erfahrung unprakitkabel und darüberhinaus mit recht hohen Risiken behaftet. Da aber auch im Spiel zahlreiche Fehler gemacht werden, ist selbst für den »Nur-Haushundehalter« **richtiges** Spielen wichtig, ja unersetzlich. Und weil richtiges Lernen, richtig vermittelt und angegangen, weder länger dauert noch schwieriger ist als etwa stümperhaftes Vorgehen, lohnt die Mühe, sich das Erforderliche anzueignen, um gleich möglichst viel bereits im Vorfeld richtig zu machen. Hierzu soll das vorliegende Buch beitragen. Wenn Sie, lieber Leser, als Begleit- und Familienhundeführer nur das Wichtigste übernehmen wollen, dann überfliegen Sie getrost die gegen Ende des Buches behandelten fortgeschrittenen Spieltechniken oder lassen Sie diese einfach aus. Beschränken Sie sich auf das, was für Ihren Hund auf Grund seiner Rassezugehörigkeit und seiner Individualität geeignet scheint und was Sie von ihm erwarten. Aber setzen Sie die Ziele Ihres Individualprogramms bitte nicht von vornherein auf Halbmast. Sie müßten es über kurz oder lang sicher bereuen! Denn beim Umlernen potenziert sich der Aufwand und manches wird dann gar irreparabel.

Hier noch ein Wort an die Hundesportler und Gebrauchshundeführer: Kann das vorliegende Buch auch den erfahrenen Hundesportler bereichern? Hierzu einige Fragen: Hand aufs Herz! Wissen wir genau, welchem Temperament unser Hund am nächsten kommt, wie unser eigener Typus zu dem des Hundes steht, wie die klassischen Stufen des Lernens aufgebaut sind, wo die Unterschiede der einzelnen Spielbeuten liegen oder kennen wir die Vor- und Nachteile bestimmter Futtermotivationstechniken? Haben wir genau beobachtet, wie der Hund auf Berührung reagiert? Ist uns der Reaktionsunterschied der Erstannäherung und Erstberührung zu den folgenden bekannt? Wissen wir genau, wie man es erreicht, daß der Hund auch dann freudig und zuverlässig seine Aufgaben macht, wenn wir gerade kein Spielzeug bereit haben? Oder haben wir einmal ausprobiert, wie unser Hund auf Änderungen in der Aussprache von Kommandos oder der Körpersprache reagiert? – Nun, es ist normal, daß auch der Erfahrenste Schwächen und Lücken hat. Wir alle können voneinander lernen.

Solange man sich über die *grundlegenden* Zusammenhänge gleich welcher Frage im Unklaren ist, solange können sich nur *Teilerfolge* einstellen. Selbst bei optimalen Teilerfolgen, wie wir sie bei manchen hochbegabten, aber wenig gebildeten Hundeführern beobachten, werden unvermeidbar Fehler unterlaufen. Praxis allein genügt eben nicht! Die immer wieder diskutierte Frage, ob Erfahrung oder Wissen vorteilhafter sei, ist in sich falsch gestellt! Wissen **und** Erfahrung sind wie die unterschiedlichen Seiten einer Medaille: Erst wenn beide ausgeprägt sind, gewinnt die Münze ihren vollen Wert. Und wohlgemerkt: beide Seiten sind gleichwertig! Ein wenig Theorie kann also nur nützen. Es kommt

hinzu, daß uns ja nicht nur Wissenslücken begleiten! Jahrelang schleppen wir in der Hundeausbildung so manche Unzulänglichkeit im praktischen Umgang mit: alte, schlechte Gewohnheiten. Auch aus dieser Perspektive könnte das vorliegende Buch gerade dem ambitionierten Hundesportler einen neuen Start ermöglichen und die erforderlichen Veränderungen einleiten helfen.

Einige Tips fürs Lesen

Als alter Lesehase können Sie diesen Abschnitt getrost überspringen. Oft ist es ja so, daß man sich in der Euphorie des *Anlesens* vornimmt, ein bestimmtes Buch ohnehin nochmals zu lesen und man »verschlingt« dann den Text. Aber wie oft hält man sich an den Vorsatz des gründlichen Zweitlesens? Möglicherweise wäre es klüger, gerade bei interessanter Lektüre, mit mehr *Muße* daranzugehen. Das ließe sich durch einige wenige, mehr oder minder aufwendige Praktiken umsetzen. Hierzu einige Tips, zur Nachahmung oder als Anregung für eigene Praktiken empfohlen:

- ❏ Erst mal das Inhaltsverzeichnis einlesen, den »roten Faden suchen« und die »Entwicklung nachvollziehen«.
- ❏ Dann oberflächlich durchblättern, um den roten Faden gleich an Hand »wegweisender« Bilder und Grafiken einzuprägen.
- ❏ Dann mit bereitgestelltem Bleistift und Papier zu lesen beginnen. Wichtige Inhalte stichwortartig herausschreiben.
- ❏ Beim Lesen so unterstreichen, daß bei einem zweiten Lesen nur das Unterstrichene zu wiederholen ist. Dadurch verkürzt sich der Aufwand eines weiteren Durchlesens leicht um ein Mehrfaches .
- ❏ Randbemerkungen eintragen, etwa durch Abkürzungen:
Z = Zitat; Def = Definition;
B = Buchtitel, I = Inhalt,
R = Regel usw.
- ❏ Durch Ausrufezeichen oder andere Zeichen bestimmte Stellen hervorheben.
- ❏ Nicht zu lange an einem Stück lesen! Informationsschwemme! Bei schwierigen Inhalten oder Passagen ein zweites Mal durchlesen, bevor man zum nächsten Kapitel übergeht oder weiterliest.
- ❏ Da und dort innehalten und nachdenken. Gelesenes mit eigenen Erfahrungen in Verbindung bringen.

Es ist ganz normal, wenn manches erst bei wiederholtem Durchlesen richtig verstanden wird, und es gibt keinen Grund zur Besorgnis, wenn man vieles bereits nach einer Woche vergessen hat und anfangs einiges verwechselt. Was glauben Sie, wie oft Autoren in den Quellen nachlesen müssen?! Drei- viermal und öfter! Und dann muß es erst durch den Filter der eigenen Erfahrungen, um als freier geistiger Besitz verfügbar zu werden! Abschreiben kann jeder! Was ein gutes Buch kennzeichnet ist, daß man spürt: »der hat das, wovon er schreibt, durchdacht **und** erlebt …«. Wenn Sie dieses Statement noch am Ende des Buches aufrechterhalten und wenn es gelungen ist, Ihre Einstellung entweder zu bestätigen oder zu verändern, und wenn Sie schließlich nach geduldiger Begleitung der Ausführungen feste Vorsätze fassen würden, dies oder jenes zu ändern, ja dann wäre alles erreicht, was dem Autor vorschwebte und was ihn motiviert hat, diese nicht leichte Aufgabe zu bewältigen. Und nun viel Freude beim Lesen, verbunden mit dem Wunsch, daß sich das Unterfangen auch zum Wohle Ihres Hundes auswirken möge.

»Gedanken-Spiel«

Spiel – ein Allerweltswort

Was verstehen wir nicht alles unter dem Wort »Spiel«? Welch weite Spanne der Vorstellungen verbinden wir, wenn wir einmal von den »Olympischen Spielen«, ein andermal vom »Spiel mit dem Tod oder dem eigenen Leben« sprechen, dem »Klavier – oder Fußballspiel«, den »Osterfestspielen« oder dem kommerziellen »Liebesspiel«, dem »Kriegsspiel« oder dem »Mysterienspiel« oder auch jenem »Spiel«, das der Achse innerhalb einer Nabe gegeben wird? Kaum ein anderes Wort der deutschen Sprache (und anderer) beinhaltet ein derartiges Spektrum von Variationen und Facetten. Wenig andere Wörter verkörpern eine ähnlich universelle Bedeutung und eine vergleichbare Abstraktion: Ohne Schwierigkeiten vermögen wir das Wort »Spiel« einmal mit höchsten künstlerischen oder ethischen Ansprüchen zu verbinden und ein andermal enthüllen wir mit dem gleichen Wort Dilettantismus und Verwerflichkeit. Was Wunder, wenn sich das »Spiel« einer ernstgemeinten Definition entzieht? Es muß daher in jedem Anwendungsbereich – will man sich einigermaßen gültig verständigen – immer wieder neu erklärt werden. So kommt es, daß sich auch die Wissenschaft als »Spielforschung« auf dem weiten Feld der Zusammenhänge befleißigt. Dort wird »Spiel« nicht nur als eine »Erscheinungsform« der Kultur begriffen, sondern als eine der grundlegenden Substanzen – als *formative Kraft*, die Kultur entstehen läßt. Eben dies läßt sich in den frühen Stadien vieler Hochkulturen nachweisen.

Spiel oder Arbeit?

In den Arenen des alten Griechenlands lauschten Tausende von Menschen dem Sänger, der sich auf einer fünfsaitigen Harfe begleitete. Die Musik war zu dieser Zeit hoch angesehen. Sie zählte zu den *Wissenschaften* und stand in deren Rang ganz oben. Später, im Mittelalter, wurden Musikstücke, die nicht gerade der Ehre Gottes dienten, als Werkzeuge des Teufels angeprangert und allein das Hinhören galt schon als Sünde. Etliche Tänze wurden sogar mit der stärksten Waffe des Klerus bekämpft, mit dem Kirchen-Bann. In dieser Zeit standen menschliche Gefühle nicht hoch im Kurs. Sie fielen dem lebensfeindlichen Zeitgeist zum Opfer. »Musiker und fahrende Leut« wurden für vogelfrei erklärt; sie waren sozusagen Menschen dritter Klasse, – sie waren nichts wert und konnten von jedermann umgebracht werden. »Ora et labora« – »Bete und arbeite« predigten die Benediktiner noch Jahrhunderte später: In dieser lebensverneinenden Philosophie stand natürlich auch das »Spiel« auf dünnen Beinen.

Heute allerdings fragen immer mehr ernsthafte Theologen, ob jahrhundertelanges Vorenthalten einer natürlichen Lebensbejahung nicht Ursache für die moralische

Heimatlosigkeit des modernen Menschen sei. Was hat er uns gebracht, der »homo faber«, der »arbeitende Mensch«? Können wir am Vorabend des einundzwanzigsten Jahrhunderts wirklich behaupten, zufriedener zu sein als die Menschen vergangener Epochen? Auch heute feiert der »homo faber« wieder Triumphe, aber gleichzeitig gewinnt auch der alte, uralte »homo ludens«, der »spielende Mensch« wieder an Bedeutung. So viele von uns sehnen sich nach einem anderen Leben als jenem, das wir (zu einem Teil aufgezwungen) führen. Die Sehnsucht nach mehr Ruhe, nach mehr Zeit für sich selbst und seine lieben Menschen (und Tiere) nimmt zu und bohrt unterschwellig in unserem Herzen. Weniger Berufsdruck, weniger Bürokratie und Nichtigkeiten, die so viel von unserer Lebenszeit verschlingen, weniger Unwahrhaftigkeit und Egoismus, ja, das wäre schön! Aber was kann man tun? Dem Einzelnen wird es kaum gelingen, aus dem Räderwerk der Gesellschaft auszuscheren – es sei denn, er ist bereit, seine hohen Ansprüche aufzugeben. Alles hat eben seinen Preis und wer will schon auf die Mitgift unserer Zivilisation verzichten?

Aber vielleicht gibt es doch einen Weg, der uns aus dem Dilemma herausführen könnte. Goethe rät uns beispielsweise:

> **»Das Menschenleben ist aus Ernst und Spiel zusammengesetzt, und der Weiseste und Glücklichste verdient nur derjenige genannt zu werden, der sich zwischen beiden im Gleichgewicht zu bewegen versteht.«**

Wie steht es bei uns um dieses Gleichgewicht? Ist nicht unser Lebensstil eher von einem Übermaß an Ernst geprägt? Wann und wie oft spielen wir? Wenn wir auf diese Frage ins Nachdenken kommen und möglicherweise einsichtig die Stirn runzeln, dann sollten wir uns umsehen nach Vorbildern – nach Menschen (oder anderen Lebewesen) – die uns in diesem Punkt überlegen sind.

Wir könnten zum Beispiel von jenen lernen, die von Berufs wegen oder aus Hobby **spielen**. Die Rede ist von Künstlern, Kindern und – Tieren. Aber dabei geraten wir nicht selten in einen Konflikt, denn einerseits beneiden wir zwar die Leichtigkeit, mit welcher die genannten offensichtlich das Leben nehmen, auf der anderen Seite fällt es uns schwer, sie richtig ernst zu nehmen. Es liegt uns näher, jene, die dem Ernst ein Bein stellen zu verlachen als sie zu verstehen.

Wenn wir trotzdem versuchen, spielende Vorbilder vorurteilslos zu betrachten, dann müßten uns einige bemerkenswerte Gemeinsamkeiten auffallen. Sie verstehen es nicht nur, meisterhaft zu spielen. Bei näherem Hinsehen gewinnt man fast den Eindruck, als gleiche ihr ganzes Leben mehr dem Spiel als dem Ernst. Bei manchen von uns mag sich bei dieser Vorstellung ein wenig Bewunderung, vielleicht sogar Neid einstellen. Wer von uns möchte nicht, was das Schicksal oft so unerbittlich aufgibt, mit Leichtigkeit annehmen können, und wer wünscht sich nicht, quasi schwerelos über den Dingen zu schweben: Über dem, was uns immer wieder beunruhigt und täglich an unsere Unzulänglichkeit erinnert? Ja, das Spiel scheint eine Art von Freiheit zu vermitteln, die jenem, der sich mit ihm einläßt, Flügel verleiht. Beflügelt verwirklicht der Künstler, was er kraft seiner Vision und Intuition in eine stoffliche Form bringt – entrückt baut das Kind seine Burg aus Sand, und in vollem Einklang mit

der Natur strahlt uns die Zufriedenheit eines Hundes entgegen, der seine ganze Aufmerksamkeit auf ein im Wind bewegtes Blatt richtet. Den Glanz der Faszination in den Augen, scheinen alle drei der Realität ein Schnippchen zu schlagen. Und der Ernst als Teil des Ganzen läßt sich's gefallen.

Spiel ernst genommen

Beim Lesen von Hundebüchern wundert einen immer wieder, daß so wenig und so selten vom Menschen die Rede ist. Dabei wäre es doch naheliegend, bei ihm zu beginnen. Denn wenn es stimmt, daß in den meisten Fällen der Mensch und nicht der Hund die Fehler macht, dann müßten wir doch dem Menschen mindestens ebensoviel Aufmerksamkeit widmen wie seinem Begleiter. Für unser Thema hieße das: Bevor man mit dem Hund zu spielen beginnt, sollte man erst einmal verstanden haben, was Spiel für den Menschen bedeutet. Man sollte über das, was *unsere* Aufgabe im Spiel ist, nachgedacht haben und man müßte wissen, wie sich das Spiel mit dem eigenen Hund am erfolgversprechendsten gestalten läßt. Doch vor den Erfolg haben die Götter bekanntlich den Schweiß gesetzt – selbst beim Spiel. Also lassen Sie uns gemeinsam die Zusammenhänge beleuchten.

Bevor man mit dem Hund spielt, sollte man die eigenen Aufgaben im miteinander Spielen begriffen haben.

Wenn sich das Wort »Spiel« einer genauen Definition zu entziehen scheint, dann versuchen wir doch einfach mal, durch Beobachtung einiges herauszufinden! Betrachten wir schlicht und einfach ein spielendes Kind, wie es beispielsweise zum erstenmal in einer fremden Umgebung vorgeht. – Man wird sehen, die Beobachtung erschließt mithin alles, was für ein tieferes Verständnis erforderlich ist.

Beim Zuschauen drängt sich der Vergleich eines *Entdeckungsunternehmens* auf: Neugier und Spiellust bringen das Vorgehen in Gang – Neues läßt das Kind zuerst einmal anhalten und aus respektvoller Entfernung betrachten – Entdeckungen erfordern ein dichteres Hinzugehen – Fehltritte mahnen zu Vorsicht, Flucht oder Korrektur – Erforschtes wird zueinander in Beziehung gebracht – Erprobtes wiederholt und so das Feld weiter und weiter ausgedehnt. Kommt Angst auf, zieht es sich sofort auf den sicheren Ausgangspunkt zurück. Je mehr sich das Kind aber beim Erkunden bewährt, desto weiter wagt es sich zu entfernen und desto erfolgreicher werden seine Unternehmungen. Wie lange und wie sehr dieses Tun betrieben wird, hängt davon ab, wie sehr es fasziniert, oder was dasselbe besagt, in wieweit es sinnvoll ist. Sinnvolle Beschäftigung aber ist dem Kind als gleichzeitig fühlendes, denkendes und wollendes Wesen immer ein Tun, das den Sinn direkt anspricht. Das Spiel wird dann sinnlos – in der ursprünglichen Bedeutung des Wortes – wenn sich der Sinn im Tun erschöpft hat.

Der Erwachsene geht im Allgemeinen anders vor: Er spricht bezeichnender Weise wenig und selten von *Spiel*, sondern eher von *Arbeit*. Er hat klare Ziele im Auge, bemüht sich um Erfolg und den dahinführenden Fähigkeiten wie Analysieren, Abstrahieren, Kombinieren, Trainieren und anderem. Er baut auf den Verstand, vertraut logisch

durchdachten Systemen und bedient sich raffinierter Methoden, um die gesteckten Ziele möglichst schnell und sicher zu erreichen.

Das alles soll nicht abgewertet werden, aber es deckt auf, daß die Vorgehensweise des Erwachsenen für den Umgang mit Kindern – und auch mit Tieren – ganz und gar untauglich ist. Für eine optimale Beschäftigung etwa mit dem Hund muß man sich auf *seine* Vorgehensweise einlassen – wenigstens teilweise.

Das heißt, wir, die Erwachsenen, müssen unsere Identität im Spiel vorübergehend erweitern – in einer Art »fiktiven Imagination«. Damit ist nicht gemeint, wir sollten unser Mensch- oder Erwachsensein leugnen oder gar abstreifen. Ein derartiger Versuch wäre ohnehin und von vornherein zum Scheitern verurteilt. Denn wie wir uns auch verstellen mögen, wir werden immer Menschen und Erwachsene bleiben und besonders Kinder und Tiere lassen sich in diesem Punkt nichts vormachen. Besser wäre es, die Beobachtung dahin zu lenken, **was** zum Beispiel ein Kind vom Spiel erwartet oder **wie** sich ein Hund beim Spielen verhält. Man wird erstaunt sein, welche Aufschlüsse allein schon die unvoreingenommene Beobachtung erschließt. Auf diese einfache Weise könnten wir Antworten erhalten auf die Frage nach der richtigen Spielweise und unser Bewußtsein ließe sich ganz erheblich erweitern. Und wir könnten lernen, uns im Spiel nicht nur glaubwürdig, sondern auch mitreißend und motivierend darzustellen. Also nicht *leugnen*, sondern *anpassen* ist im Spiel gefragt!

Hierzu ein Beispiel: Wenn der Pantomime einen Wurm darstellt, dann legt er sich nicht auf den Boden und versucht ihn nachzuahmen, indem er sich windend und drehend vorwärtskriecht. Der Pantomime weiß, er ist und bleibt ein Mensch und er würde sich bei dem Versuch der »totalen Nachahmung« nur lächerlich machen. Jedermann würde die Schranken seiner Nachahmungskunst erkennen und ihn einen Stümper nennen. Nein, er bleibt ganz natürlich stehen, beugt sich ein wenig vor und ahmt die Bewegungen eines Wurmes »stilisiert« nach, das heißt andeutungsweise. Er greift einige markante Details wie etwa das *blinde Suchen*, dort und da *nichts spüren und auf den Boden fallen* heraus, um dieses – wie in einer Art Karikatur, etwas überzeichnet darzustellen.

Auch Kinder lernen im Spiel – im Spiel als »Entdeckungsunternehmen«.

Vorbild für jeden Hundeführer: Die Verwandlung des Pantomimen. Hier Walter Bartussek, Wien.

Es ist immer der gleiche Vorgang: Der Künstler versucht, den Mitmenschen die Kehrseite der Medaille zu zeigen. Er versucht, sie der realen Welt zu entheben und in jene der Phantasie zu führen. Je besser ihm dies gelingt, desto wirksamer wird seine Kunst. Auch der Pantomime bedient sich einer Art »Illusionstechnik«. Da er innerhalb seiner »Berufsspielregel« auf die Sprache freiwillig verzichtet, muß er sich anderer Mittel bedienen, um verstanden zu werden. Darin liegt die Aufgabe des Pantomimen. Aber auch der Zuschauer muß, wenngleich anders, aktiv werden: **Er** wird nur in dem Maße belohnt, als sein Bemühen erfolgreich verläuft, die bildhaften Umschreibungen des Pantomimen innerlich – kraft seiner Phantasie – in Gegenstände und Handlung um- und nachzuformen. Diese Herausforderung an die inneren, kreativen Kräfte macht für beide, für Produzent und Reproduzent, gleichermaßen den Spaß an der Sache aus.

Für die Geburt einer geistigen Idee genügt, wie gesagt, die Überzeugungskraft eines oft winzigen Details. Die übrigen, zu einem Bild fehlenden Mosaiksteine werden von der Phantasie des Betrachters ergänzt. Vergessen wir nicht, wir befinden uns im Reich der Gedanken, Gefühle und Vorstellungen – nicht in der sogenannten *Realität*. Kinder und Künstler behaupten allerdings, ihre Welt sei nicht minder real als die stoffliche und alles, was wir über Hunde wissen, deutet darauf hin, daß auch sie die Materie teilweise belebt erleben.

Spielen heißt also, seine Eigentlichkeit, ja sein Bewußtsein zu erweitern. Es bedeutet, sich der Vielfalt von Möglichkeiten zu öffnen, es bedeutet sich einzulassen mit der Welt der Phantasie. Und es bedeutet ein Experimentieren mit den eigenen Möglichkeiten, ein Annehmen von kleinen oder großen Herausforderungen des Lebens. Aber es bedeutet nicht, und gerade diesem Mißverständnis zufolge scheitern nicht wenige, die Verwandlung, die damit verbunden ist, *selbst* konkret vorzunehmen! »Richtig spielen« fordert von uns, sich »verwandeln zu **lassen**«, sich der Verwandlung *anheimzugeben*. Spiel ist daher immer auch Wagnis und Risiko. Die Götter haben dem Menschen das Spiel nicht ohne Gegenleistung geschenkt. Die Waage zu halten zwischen Sicherheit und Risiko, zwischen Forderung und Verzicht, das haben sie uns nicht abgenommen. Entscheidungen müssen wir selbst treffen. Und wer wüßte nicht, wie schwer es oft ist, im Spiel beispielsweise zu verzichten oder zu verlieren. Das Spiel kann betören, ja es kann süchtig machen. Und zwar nicht nur das Würfel- oder Kartenspiel! Der Spielteufel weiß sich auf jedem Spielfeld zu tarnen. Schließlich kann jede Beschäftigung, und

scheint sie noch so wertvoll und über alle Zweifel erhaben, den Menschen zur Verfehlung verleiten – wenn es ihm nicht gelingt, dem Spiel den richtigen Rang im Lebens zu geben. Zwar spricht man nicht darüber, aber auch beim »Hundeln« lauern verführerische Versuchungen, die oft allerlei Verfehlungen zur Folge haben. So manche Zweierbeziehung oder gar ganze Familien sind aus dem Lot geratenen Sportabsichten zum Opfer gefallen. Daher tut man gut daran, im Spiel wie im Leben, neben dem Glücksgefühl des Sieges auch den Schmerz der Niederlage nicht zu vergessen und neben dem eigenen Anspruch auf Glück auch jenen seiner Mitmenschen und den der uns anvertrauten Kreatur ernst zu nehmen. Vergessen wir nie: Spiel trägt durch Höhen und Tiefen!

Siegen und Verlieren will gelernt sein. – Auch das ist eine Perspektive des »richtigen« Spiels!

Wir haben am Beispiel (Schon wieder »Spiel« im Wort...) des spielenden Kindes und des Pantomimen eine weite Spanne gezogen vom einfachsten, ersten Spielen bis hin zur künstlerisch reifen Form des Spiels. Dazwischen, daneben, darüber und darunter finden wir noch zahlreiche andere Spielformen, die wir unmöglich alle beschreiben können. Die wichtigsten Erscheinungsformen aber wollen wir doch zusammenfassen:

Spielen kann man allein oder gemeinsam, miteinander, gegeneinander oder beides zugleich (wenn etwa zwei Teams gegeneinander spielen). Es gibt Spiele, die mehr den Geist fordern und solche, die den Körper in den Mittelpunkt stellen. In manchen Spielen geht es um die Beherrschung der Balance, mit oder ohne Gegenstände (z.B. Tanz oder Scateboardfahren), in anderen um Naturgewalten (Segeln zu Wasser und in der Luft). In wieder anderen Spielen, etwa im Szenischen Spiel, – lassen sich verschiedene Rollen darstellen. In manchen Spielen entscheidet der Zufall, in anderen der Mitspieler. Es gibt Regelspiele und solche, die ohne Regeln auskommen. Mitunter spielt man nur um des Spiels willen, ein andermal spielt man, um bestimmtes zu lernen oder zu gewinnen.

Doch wie unterschiedlich Spielformen auch sein mögen, sie entspringen immer entweder der *Neugier* oder der *Spannungssuche*, den beiden stärksten Triebfedern des Spiels.

Neugier und Spannungssuche sind die stärksten Triebfedern des Spiels.

Beide faßt man oft zusammen im Wort »Spiellust« oder auch »Spieltrieb«. Daß Spiel zum Leben gehört wie der Atem oder die Nahrung, wird niemand ernsthaft bestreiten. Man stelle sich nur für einen Augenblick vor – *eine Welt ohne Spiel*. Wie würden sich unsere Kinder ohne Spiel auf das Leben vorbereiten oder wie könnte der Erwachsene ohne spielerischen Ausgleich die Härte des Alltags ertragen? Und was würde uns noch aneinander binden, wenn wir nicht mehr miteinander spielen könnten? Und schließlich: Welche Vorgehensweise würde uns den Zugang zu anderen spezies, etwa unseren geliebten Hunden, öffnen, wenn nicht das Spiel!? Ja, wir tun gut daran, das »Spiel ernst zu nehmen« und wenn wir Goethes Worte beherzigen, dann werden wir erleben, daß sich Spiel und Ernst nicht gegenseitig ausschließen – ganz im Gegenteil. Wenn es uns gelingt, beides auszubalancieren, dann werden auch uns die *Flügel der Künstler, Kinder und Tiere* wachsen.

Spielend lernen – lernend spielen

Neugierverhalten

Erinnern Sie sich an die weiter oben beschriebene, spielerische Vorgehensweise von Kindern? Wir sprachen von einem »Entdeckungsunternehmen«: »Neugier und Spiellust bringen das Vorgehen in Gang ...«. Auch bei höheren Wirbeltieren kann man ein durchaus ähnliches *Neugierverhalten* (*Exploration*) beobachten. Insekten spielen nicht. Ohne Neugier wären Tiere wie Menschen nicht in der Lage, die Vielfältigkeit ihrer Umwelt kennenzulernen und sich im Sinne einer variablen Anpassung darauf einzustellen. Die Neugier läßt das Tier in Beziehung treten mit möglichen Gefahren, mit neuen Futtermöglichkeiten, mit noch nicht bekannten Revierbereichen, ja eigentlich mit allem, was ihm begegnet oder worauf es sich selbst hinbewegt. Welche Bedeutung das Neugierverhalten für den Selektionsvorteil darstellt, erkennt man allein daraus, daß es von den Fischen bis hin zu den Säugetieren immer stärker hervortritt. Ratten zum Beispiel untersuchen ein Labyrinth nicht nur, wenn sie hungrig sind (im Appetenzverhalten), sondern auch im satten Zustand. Offensichtlich wird im Explorationsverhalten (Neugier- und Erkundungsverhalten), das oft problemlösenden Charakter aufweist, Lust empfunden. Gleichzeitig beinhaltet das Neugierverhalten einen wichtigen Lernprozeß, denn Lernen wird ja definiert als Verhaltensänderung auf ein- und denselben Reiz hin.

Neugierig und gleichzeitig vorsichtig nähert sich die Junghündin dem Motormäher.

Einfach ausgedrückt ist Lernen eine Verhaltensveränderung auf ein- und denselben Reiz.

Auch beim Hund läßt sich ein ausgesprochen intensives und vielfältiges Neugierverhalten beobachten, das auf die unterschiedlichsten Objekte und Vorgänge gerichtet ist. Hervorzuheben ist: Einerseits wird er von unbekannten Objekten angezogen, gleichzeitig kann er sich jedoch auch von ihnen lösen. Dieses ambivalente Verhalten ist

durchaus nicht selbstversändlich! Es klinkt also angesichts einer provokativ erlebten Reizsituation kein vorbestimmtes reaktives Handeln ein, sondern es bleiben beide Richtungen offen. Leider trifft man immer wieder auf Hundehalter, die meinen, jener Hund, der auf alles »ohne wenn und aber« losgeht, wäre der wesenssichere, überlegenere Typ. In Wirklichkeit könnte ein Wolf mit dieser Eigenschaft nie Rudelführer werden. Er würde seine Meute alsbald in den sicheren Tod führen. Vorsicht und Umsicht sind in der Natur »überlebenswichtige« Qualitäten, während blindes Draufgängertum mangelnde Anpassungsfähigkeit bedeutet.

Der ideale Hund ist nicht der kopflos – tollkühne, sondern der vorsichtig – mutige!

Das Neugierverhalten ist (im Gegensatz zu den weitgehend festgeschriebenen Erbkoordinationen) ausgesprochen unspezifisch. Wer wüßte nicht aus eigener Erfahrung, für welch unterschiedliche Objekte sich ein Hund interessieren kann. Hat etwas seine Neugier einmal angeregt, so geht er meist vorsichtig darauf zu, beschnuppert den Gegenstand oder bellt ihn in respektabler Entfernung erst mal aus. Bei normaler Veranlagung wird er sich trotz anfänglicher Vorsicht oder Furcht mehr und mehr nähern und den Gegenstand schließlich (oft noch mit sichtlich gleichzeitiger Fluchtbereitschaft) auf möglichst vielfältige Weise erkunden: Beriechen, von allen Seiten ansehen, mit der Pfote bewegen, beißen, wegtragen usw.

Bemerkenswert ist jedoch, daß das Interesse bei wiederholten Begegnungen mit dem ursprünglich unbekannten Objekt zusehends abnimmt. Die Neugier auf ein- und dasselbe Objekt hält meist nicht lange an. (Anders als bei Verhaltensweisen, die durch AAM, EAM oder EAAM ausgelöst werden!) Auch beim Spielverhalten ist dies anders, wie wir noch sehen werden! Im Neugierverhalten haben wir es mit einem typischen Fall von *Habituation* zu tun, das heißt, mit einem Lernvorgang durch Gewöhnung. Neugier hat also vor allem stimulierenden Charakter. Ohne Neugier wäre vieles von vornherein ausgegrenzt, darunter zahlreiche Lernvorgänge. Darin besteht ein wichtiger selektiver Vorteil des Neugierverhaltens.

Neugier und Vorsicht bestimmen bei einem ausgeglichenen Hund die Annäherung an Fremdes.

Spielverhalten

Daß Tiere spielerisch lernen, nehmen wir eigentlich ohne weiteres an. Und doch ist es ganz und gar nicht selbstverständlich! Reptilien, Schmetterlinge oder Fische spielen nicht. Auch Mäuse nicht. Erst die höherentwickelten Ratten zeigen Spielverhalten. Auch bei den Vögeln spielen nur höherentwickelte Tiere wie zum Beispiel Dohlen, Raben oder Papageien. Bezeichnend ist auch die Tatsache, daß die sozial strukturierten Wölfe und Hunde

ein viel ausgeprägteres Spielverhalten zeigen als Schakale, Kojoten oder Füchse. Daher finden wir im Spiel von Hunden so viele Verhaltensweisen, die das soziale Einordnen in die Gemeinschaft zum Ziel haben. Aber auch situationsgerechtes Einüben zahlreicher Erbkoordinationen, das Verfeinern der Motorik in vielen Bewegungsfunktionen sowie die gesamte Kommunikationspalette entwickeln sich im Spiel. Hassenstein faßt das Spielverhalten sehr treffend zusammen:

»Spielen umschließt angeborenes und erlerntes Verhalten. Es umfaßt so viele Handlungsvariationen wie sonst keine Verhaltensweise, und es kann Elemente aus allen übrigen Verhaltensbereichen enthalten (1980)«.

Greifen wir ein Beispiel heraus: Eine der auffälligsten Erscheinungsformen innerartlichen Zusammenlebens bei Raubtieren, so wie wir es bei Wölfen kennen, ist die *Beißhemmung* gegenüber Gruppenmitgliedern (Mit Ausnahmen, die wiederum der Arterhaltung dienen!). Junge Welpen müssen die Beißhemmung aber erst lernen, – in zahllosen Angriffs- und Verteidigungsspielen. Man könnte sich fragen, weshalb eine derart wichtige Verhaltensweise sich im Laufe der Evolution nicht erblich festgeschrieben hat. Nun, kein anderes »Organ« des Wolfes, kein anderes »Werkzeug« benötigt er zum Überleben in einer ähnlich breiten Variabilität. Man halte sich nur einmal kurz die beiden Extreme des liebevollen in den Fangnehmen des Rudelmitglieds bis hin zum an Raserei grenzenden Zähnefletschen in der Territorialverteidigung vor Augen. Die vielen unterschiedlichen und abgestuften Aufgaben könnten nie allein durch vorbestimmte (*determinierte*) Automatismen erfüllt werden. Hier treten die Möglichkeiten der komplexen, variablen Verhaltensweisen auf den Plan. Und im Spiel in der Welpen – und Jugendzeit werden diese Möglichkeiten erworben: In einem Umfeld, das kein Risiko für das noch ungeübte Jungtier darstellt, im sogenannten »entspannten Milieu«.

Wie schon erwähnt, geht Spielverhalten oft nahtlos in andere Verhaltensweisen über oder es vermischt sich. Daher ist die wissenschaftliche Unterscheidung zu anderen Verhaltensweisen mitunter schwierig. Trotzdem lassen sich einige Charakteristika aufzählen, die das Spiel als solches auszeichnen und von anderen Verhaltensweisen abgrenzen.

Im Spiel lernen Hunde unter anderem, mit verschiedenen Rassen umzugehen.

Im Spiel kein »Ernstbezug«

Am augenfälligsten ist der fehlende »*Ernstbezug*«, wobei der Begriff »Ernst« als Gegenüberstellung zu »Spiel«, wie wir eingangs gesehen haben, nicht ideal ist, denn auch der Spielende erlebt Ernst in seinem Handeln. Eine falsche Bedeutung erfährt der Begriff vor allem dann, wenn man Spiel allein auf den Ernst hin als etwas Vorläufiges, Unvollkommenes interpretiert! Spiel hat wohl vorbereitenden Charakter, aber **gleichzeitig** erfüllt es Aufgaben, die in einer bestimmten Entwicklungsphase eben nur durch Spiel eingelöst werden können. Aus dieser Sicht ist Spiel ebenso vollkommen wie die spätere »Ernsthandlung« und alles andere als etwas Vorläufiges, Minderwertiges oder gar Fehlerbehaftetes. Aber solange wir »Ernstbezug«, »Ernstfall« und »Ernsthandlung« apostrophieren, erinnern wir damit an die berechtigten Einwände. Besonders deutlich zeigt sich der fehlende »Ernstbezug« in den *Beutespielen*. Halten wir uns an dieser Stelle kurz die Einzelhandlungen eines jagenden erwachsenen Wolfes vor Augen.

Eric Zimen schreibt: »Das Jagdverhalten setzt sich beim erwachsenen Wolf je nach Situation und Beuteart aus einer Vielzahl verschiedener Elemente zu einer Verhaltenssequenz zusammen wie zum Beispiel: Suchen, Entdecken, Anschleichen, Nachjagen, Packen, Töten, Wegtragen der Beute (oder Teile davon) und Fressen. Viele dieser einzelnen Verhaltensweisen reifen im Spiel der jungen Wölfe. Diese spielerischen Ausführungen unterscheiden sich von der zweckgebundenen Form dadurch, daß sie 1. mit Elementen aus anderen Verhaltensbereichen vermischt werden, 2. zielunabhängig sind und 3. ohne Appetenzverhalten auftreten. Darunter versteht der Verhaltensforscher das zielstrebige Suchen nach einer auslösenden Reizsituation wie etwa das Suchen einer Beute...«

Es können im Spiel einzelne Elemente wie Totschütteln, Objekttragen oder Anschleichen isoliert auftreten, ohne die sich anschließende Abfolge der anderen Elemente. Darüberhinaus können auch Verhaltensweisen aus anderen Funktionen, etwa der Angriffs- und Verteidigungsspiele hinzutreten und sich im Beutespiel vermischen. Die Auslöseschemata sind also bei Welpen noch weitgehend unspezifisch. Ein Herbstblatt kann ebenso attraktiv das Nachjagen auslösen wie die richtige Beute, etwa eine Maus. Fängt das Jungtier durch Zufall die Maus, so weiß es oft nichts mit ihr anzufangen. Erst durch Reifung und Erfahrung kann der erwachsene Canide die spezifischen Auslöser entschlüsseln und dann laufen die darauf abgestimmten Einzelbewegungen ab. Wenn »alles mögliche« zum Auslöser werden kann, ist natürlich auch kein Appetenzverhalten zu erwarten. Halten wir fest:

> **Dem Spieljagen fehlt also dreierlei: Das Appetenzverhalten, die spezifischen Auslöseschemata und der »Ernstbezug«. Auch die Antriebsmomente zur Jagd – die spezifischen Handlungsbereitschaften reifen erst später aus.**

Auch junge Hunde handeln nicht anders. Es können, wie wir wissen, allerlei Ersatzobjekte die Funktion der realen Beute verkörpern. Sie jagen bewegten Dingen in typischer Beutefangmanier nach. Geschwister oder auch die Mutter werden vorübergehend als »Beutetiere« behandelt, werden »angeschlichen«, »gejagt« und »totgebis-

sen«. Nahtlos geht dann das Beutespiel in *Kampfspiel* über und auch dort wechseln oft schnell die Rollen, der Unterlegene wird zum Überlegenen und umgekehrt. Hier geht es also nicht, wie später, im »Ernstfall« um den Sieg! Spielerische Aktivitäten ähneln zwar der »Ernstsituation«, aber auch nicht mehr. Sie sind in wesentlichen Teilen nicht mit Ernsthandlungen identisch. Dies wurde an Hand zahlreicher neurologisch aufgebauter Versuche und auch durch Verhaltensbeobachtungen nachgewiesen. Manche Signalhandlungen wie das *Spielgesicht*, das in der Ernsthandlung nicht auftritt, zeigt uns den eigenständigen, qualitativ andersartigen Charakter des Spiels. Oder: Ein junger Hund, der sich in akuter Gefahr wähnt und sich versteckt, würde mit Sicherheit nicht, wie dies im Spiel beobachtet wird, nach einigen Sekunden bereits wieder hervortreten. Wenn wir soeben festhielten, daß das Spiel noch keine Anzeichen von Appetenzverhalten aufweist, so ist damit nicht ausgeschlossen, daß innerhalb der Entwicklung und Kultivierung des Spiels sich mit der Zeit Eigenappetenzen entwickeln. Gerade diese spielen aber in unserem Thema eine wichtige Rolle.

Auf Spieleigenappetenzen gezielt hinzuarbeiten und sie zu nützen, stellt einen der Grundpfeiler in Linds Motivationsmethodik dar.

Spiel ist unerschöpflich

Eine weitere und für unsere Thematik herausragende Eigenschaft des Spiels besteht darin, daß Spielen keiner *Endhandlung* zustrebt, so wie dies etwa bei den Instinkthandlungen der Fall ist. Leyhausen hat in zahlreichen Versuchen nachgewiesen, daß das Beutefangspiel der Katze nicht wie im »Ernstfall« mit dem Fangen der Beute beendet ist, sondern im nächsten Augenblick und in zahlreichen Wiederholungen sofort wieder ausgelöst werden kann.
Im »Ernstfall« dagegen hat sich die Antriebsbereitschaft in vielen Funktionen (nicht in allen!) nach der *Endhandlung* erschöpft. Wir kennen zahlreiche Filmaufnahmen, die zeigen, daß satte Raubtiere eine leichte Beute unbeeindruckt nahe an sich vorbeiziehen lassen.
Tiere könnten oft unaufhörlich spielen, wenn nicht Muskelermüdung eintreten oder ein anderes interessanteres Objekt sie ablenken würde. Die Antriebsbereitschaft für Spielappetenzen scheint mitunter nahezu unerschöpflich. Das heißt, für das Spiel gilt gerade das Gegenteil wie für das Neugierverhalten. Wer hat nicht schon beobachtet, wie das anfangs starke Interesse an neuen Gegenständen oft doch recht schnell abflaut und wer wüßte nicht, daß Hunde mitunter – ganz ähnlich wie Kinder – stundenlang das Gleiche spielen. Und auch am nächsten Tag oder nach Monaten wird der Hund des Spiels nicht müde.

Hunde sind in der Lage, einzelne im Spiel auftretende Handlungen von ihren ursprünglichen Antrieben abzukoppeln. Bei ausreichender Motivation und Wiederholung können sich mit der Zeit Eigenappetenzen einstellen.

Aus der allgemeinen Spielappetenz wurde eine neue, zusätzliche und vor allem ***spezifische*** *Spiel-Appetenz*. Genau das erreicht der Ausbilder, wenn er den Hund auf ganz bestimmte Leistungen hin spielerisch konditioniert und über Belohnung, die in fortgeschrittenem Stadium nur noch fallweise gegeben wird, stabilisiert. Die Belohnung

kann in Form eines Ballspiels, eines Spiels mit der Beißwurst oder einem alten Schuh gegeben werden. Entscheidend ist, daß nicht nur das Ziel, der Ball oder was auch immer, motivierend eingesetzt wird, sondern daß zusätzlich »die Ausführung selbst« motivierenden und **selbstbelohnenden** Charakter gewinnt. Dieser selbstbelohnende Charakter wird verstärkt durch das lustvolle Sozial-Erlebnis des gemeinsamen Tuns – im Spiel.

Immer dann, wenn die Aufgabe selbst mit negativen Erlebnismomenten besetzt wird, entgleitet dem Ausbilder der pädagogisch elementar wichtige Vorteil der »Lust im Tun«.

Es kommt beim richtigem Spielen also nicht nur auf die Belohnung an! Ich kann den Hund noch so sehr für ein vorausgegangenes »Sitz!« belohnen, wenn ich ihm immer wieder dabei einen Klaps (oder den berühmten Ruck)) verabreiche, wird die Übung als Ganzes mit der Zeit unangenehm durchtränkt!

Gelingt es dem Hundeführer hingegen, die Aufgabe spielerisch im eben beschriebenen Sinne zu vermitteln, so wird sich eine neue, von ursprünglichen Trieben losgelöste Antriebsbereitschaft bilden, die bei Vorenthaltung ähnlich wie Hunger oder Durst eine Zunahme des Antriebspotentials zur Folge hat und ein bestimmtes Appetenzverhalten in Gang setzt. Das Appetenzverhalten besteht anfangs in einer erhöhten Aufmerksamkeit und in körperlicher, visueller und akustischer Ausrichtung auf den Hundeführer, der einerseits als Spielpartner unentbehrlich wurde und darüberhinaus im Besitz der Spielbeute ist. Im fortgeschrittenen Stadium tritt dann immer mehr die Aufgabe selbst in den Konzentrationskreis. Mittelpunkt der Konzentration ist und bleibt jedoch der Hundeführer, denn er gibt das Signal für die einzelnen Handlungsabschnitte. Der Hund zeigt im Idealfall alle Signale der *Konzentration* und einer *postitiv gestimmten »freudigen« Erwartung*. Auf bestimmte Schlüsselreize (Hör- oder Sichtzeichen) führt dann der Hund die Aufgabe aus, wobei auch Abwandlungen und Wiederholungen in erstaunlichem Umfange möglich werden. Gerade in diesem Punkt trifft man oft auf Mißverständnisse. Es heißt dann, man dürfe mit dem Hund nicht lange üben, weil er ja bekanntlich »Unterordnungstraining« nur relativ kurz »verträgt«. In Wirklichkeit handelt es sich hier um die Verwechslung von Motivations- und Zwangsmethodik. Nicht das Spiel, sondern die auf Angst vor Schmerz und Zorn ausgelegten Zwangskomponenten (auch die feinen, wenig auffälligen!) vereiteln die Lust am Wiederholen von Übungen! Wenn es sich wirklich um Spiel handelt, so kann die Beschäftigung lange, ja sehr lange dauern, ohne daß die Antriebsbereitschaft abflaut. Voraussetzung ist allerdings eine Vorgangsweise, die **der Hund** auch tatsächlich als Spiel erlebt (im Idealfall erleben Mensch und Hund das Spiel als lustvoll), daß also *richtig gespielt wird.* Bei normaler Veranlagung und unter der Voraussetzung, daß schon im Welpenalter viel und vielfältig gespielt wurde, hält sich die Lust am Spiel erstaunlich lange. Erst mit fortschreitendem Alter des Hundes – etwa ab drei bis vier Jahren, dürfte das Argument der *Versandung durch Wiederholung* bedeutsam werden. Bis dahin aber müßte der Hund längst ausgebildet sein. Es kommt dann wirklich nur noch darauf an, Motivation und Antriebsbereitschaft hoch zu halten. Geübt muß dann nur noch weniges werden, und dies nur fallweise. In dieser Lebensphase gewinnt das

Spiel wieder neu an Bedeutung – jetzt vermehrt im Hinblick auf Abwechslung, auf neue Ideen und auf eine weitere Vertiefung sozialer Komponenten.

Voraussetzung für ein ausgeprägtes Spielverhalten des Hundes ist die frühe Begegnung mit motivierenden Spielen und mit motivationsvermittelnden Menschen als Spielpartner. Wird dem Hund im *Spielalter* (siehe auch hierzu: Hassenstein) genügend Förderung zuteil, so entwickelt er die weiter oben beschriebene *spezifische Spielappetenz*. Das bekannte Spiel wird ihm nicht nur *zur reizvollen Gewohnheit* (Im Gegensatz zur Habituation, wo Gewohnheit abdressierend wirkt), sondern es steigert sich mit der Zeit zum *Bedürfnis,* und wenn es ausbleibt, fehlt ihm etwas, was ihm sehr wichtig, möglicherweise sogar unentbehrlich wurde. Hunde, mit denen viel gespielt wurde, entwickeln eine überdurchschnittliche *Spielappetenz*, die oft lebenslang anhält. Die Vermutung liegt nahe, daβ es für die frühe Bildung des Spielverhaltens im Allgemeinen und für spezifische Spielappetenzen im Besonderen ähnlich wie bei manch anderen Verhaltensweisen eine *sensible Periode* gibt. Versäumtes kann später, wenn überhaupt, dann oft nur noch eingeschränkt eingebracht werden.

Wenn man da und dort Hunde antrifft, deren Spiellust schon nach kurzer Zeit abflaut, dann lag in vielen Fällen gar kein Spielverhalten im eigentlichen Sinne vor, sondern das Tier zeigte eher Neugierverhalten, und dieses erschöpft sich, wie wir wissen, relativ schnell. Der Ball oder sonst etwas ist für diesen Hund nicht mehr als ein zwar neues, aber doch neutrales Objekt. Die entscheidende Verwandlung des Objekts in eine stilisierte Beute hat dann nicht stattgefunden. Hunde, deren Spiellust schnell abflaut, erhielten in ihrer Jugendzeit meist zu wenig Spielmöglichkeiten. Selbst bei ausgiebigen Versuchen, das Versäumte nachzuholen, bleiben die Erfolge dann eher bescheiden. Es kann natürlich auch sein, daβ das gewählte Spiel für den lustlosen Hund ungeeignet war. Man muβ herausfinden, worauf der Hund am besten anspricht. Im Welpenalter macht das in der Regel keine Probleme, da spielt der Hund noch mit allem möglichen gern. Später muβ man ihm schon entgegengehen.

Hunde haben zwar allgemein ein äuβerst breit ausgelegtes Spielrepertoire, das sämtliche Lebensbereiche einschlieβt, aber nicht jedes Spiel ist für jede Hunderasse gleichermaβen geeignet und: auch Hunde können nicht alles gleich gut. Man hat zum Beispiel versucht, Hunden sprechen beizubringen. Über ein Wort (Hunger) ist man nicht hinausgekommen und das war relativ undeutlich. Der Hund verfügt also über keine sehr gute phonetische Imitationsbegabung, obwohl die rein physiologischen Möglichkeiten verschiedener Lautbildung durchaus gegeben wären. Hunde haben ja bekanntlich einen Tonumfang, um den ihn jeder Opernstar beneiden würde. Und auch die phonetische Variabilität ist beachtlich. Was ihm fehlt, ist die phonetische *Imitationsbegabung*. Einem Papagei macht es keine Schwierigkeiten, ganze Melodien oder Sätze nachzuahmen, und zwar so, daβ man sie vom Original nicht unterscheiden kann. Wenn unser Graupapageiweibchen »Gina« am Mittagstisch sein »Schmeckt gut!« aus dem Käfig herüberkrähte, dann sah jeder von uns den anderen an, so täuschend konnte der Vogel unsere Stimme nachahmen. Hunde können wieder andere Dinge besser als der Papagei. Hierzu gehören beispielsweise die um

vieles reichhaltigeren *Bewegungsspiele* und vor allem die Fähigkeit, sich dem Menschen unter- und einzuordnen.

Bleiben wir kurz bei den Bewegungsspielen: Auch sie dienen der Einübung. Man denke nur daran, wie sich Welpen Schritt für Schritt, vom Kriechen *allein mit den Vorderbeinen* über die ersten wackligen Steh- und Gehversuche und über den Hoppelgalopp die entwickelten Gang- und Laufarten erobern müssen. Hinzukommen weitere *artspezifische Spiele* aus dem Bereich der *Sozialisierung*, in welchen die Einordnung in die Gemeinschaft vorbereitet wird. Und beim Hund spielen natürlich als Wolfserbe die *Beute-, Kampf- und Verteidigungsspiele* eine ganz besonders wichtige Rolle. Beobachtet man junge Hunde, so fällt auf, daß sie fast ständig damit beschäftigt sind, miteinander zu balgen und sich (verletzungsfrei) zu beißen. Sie spielen wilde Verfolgungsjagden. Sie verstecken sich, lauern sich gegenseitig auf oder spielen »Tauziehen«, lauter Aktionen, die aus den oben genannte Funktionskreisen stammen.

Bei unseren Welpen des B-Wurfes im Herbst 1995 (Schäferhundezwinger »Vom Ratsfels«) ließ sich ein interessantes Spiel beobachten: Wir hatten im Garten zur Anpassungsförderung unter anderem Rohre verschiedener Größe aufgestellt. Die Welpen liefen anfangs durch, auch durch die engeren, aber nach kurzer Zeit entwickelten sie ihr eigenes Spiel. Einer kroch ins Rohr und schlüpfte bis vorne an die Öffnung, während ein anderer (oder auch mehrere) von vorn versuchten, den Verteidiger herauszuziehen und den Platz im Rohr zu erobern. Der Verteidiger setzte alles daran, seine Position nicht aufzugeben. Erst als sie herausfanden, daß man auch gleichzeitig von hinten angreifen kann und daß der Verteidiger diesen neuen Angriffen chancenlos ausgeliefert war (weil er sich ja nicht umdrehen konnte), fand sich bald keiner mehr, welcher den Verteidiger spielen wollte. Auch dieses Spiel hatte Lerncharakter. Denn warum suchten sie sich ausgerechnet einen engen Raum aus und nicht den Platz hinter dem Holzstoß oder in der Ecke im Garten? Das Rohr kam von allen verfügbaren Plätzen wohl am ehesten den Eigenschaften der Wolfshöhle (oder der Wurfkisten, die wir aus ähnlichen Überlegungen oben abgedeckt hatten) nahe, und übte daher eine besondere Anziehungskraft für das besagte Spiel aus.

Neben dem artspezifischen Neugier- und Spielverhalten müssen wir noch das *Individualspiel* erwähnen. Wie das Wort schon sagt, spiegeln sich hier die individuellen kreativen Möglichkeiten des Tieres wieder. Das Individualspiel ist die höchstentwickelte Form des Spiels und läßt sich vor allem sehr gut bei Primaten beobachten. Während Hunde im Besitz eines Gegenstandes irgendwann einmal dazu übergehen, ihn zu zerstören, experimentieren junge Schimpansen oft konstruktiv mit allerlei Gegenstän-

Welpen sind fast ständig damit beschäftigt, miteinander zu balgen.

den und testen sie auf ihren Werkzeugwert. Sie lernen dabei spielerisch, beispielsweise verschlossene Kisten mit einem Schraubenzieher aufzuschrauben oder sich eine »Leiter« aus übereinandergestapelten Kisten zu bauen. Ein Hund würde den Schraubenzieher annagen und die Kisten zerreißen. Aber auch unsere Hunde zeigen erstaunliche Verhaltensweisen, die sie im Spiel erworben haben. Besondere Leistungen finden wir weniger im Werkzeugdenken als, wie könnte es anders sein, im sozialen Bereich. Hierzu ein Beispiel: Eines Tages kam der Besitzer einer Wurfschwester zu unserer sechzehnwöchigen Schäferhündin Banja auf Besuch. Die Hunde tollten wie wild, wobei sich beide deutlich um die höhere Rangstellung bemühten. Als das Balgen offensichtlich unentschieden ausging, fand meine Hündin ein Apfelstück, das sie in den Fang nahm und stolz vor ihrer Schwester hin- und hertrug. Sie konnte gar nicht begreifen, weshalb ihr Apfelstück (die andere kannte oder mochte wohl kein Obst) so wenig Eindruck machte. Da trug sie es direkt vor die andere Hündin hin, warf es ihr vor die Füße und wartete ab. Bei der geringsten Bewegung der anderen schnappte Banja wieder danach, lief eine Ehrenrunde und wiederholte das ganze Zeremoniell. Die ganze Zeit über widerstand sie der Versuchung, das Stück zu fressen (Banja liebt Apfel!). Als dann ihre Spielgefährtin doch Interesse am Apfelstück zeigte und ebenfalls danach schnappte, da verspeiste Banja das Stück bereits derart demonstrativ, daß es genüßlicher nicht hätte ausfallen können – und sie ließ sich beim Kauen, was sonst nie ihre Art war, eine Menge Zeit. Man könnte noch viele Beispiele anführen, wie jeder Hund auf seine ganz besondere Art und Weise spielt. Auch im Spiel zeigt er individuelle Vorlieben und irgendwo auch seine individuellen Grenzen. Daher ist es so wichtig, im Spiel nicht nur die eigene, sondern ebenso die Individualität des Anderen zu sehen, zu akzeptieren und darauf einzugehen.

Spiel-Milieu

Es wurde nachgewiesen, daß Tiere in Gefangenschaft wesentlich öfter und umfangreicher spielen als Tiere im Freiland. Interessant ist auch, daß man bei vielen Wildtieren und ebenso beim Hund beobachten kann, daß er nach dem Fressen in Spiellaune gerät. Bei Welpen ist die Lust auf allerlei Spiele nach dem Fressen besonders stark. Ungelöschte Bedürfnisse wie etwa Hunger oder Durst sind ein schlechter Nährboden fürs Spiel.

Soll das Spiel erfolgreich verlaufen, dann müssen wir eine streßfreie Stimmung und eine ruhige, reizarme Umgebung schaffen.

Verhaltensbiologen sprechen vom *entspannten Feld*. Ablenkungen verschiedenster Art sollten erst hinzukommen, wenn der Hund einmal eine starke Lust fürs Spiel entwickelt hat, wenn sich also für bestimmte Spiele *Eigenappetenzen* gebildet haben. Ein spielgeübter Hund wird sogar das Fressen stehen lassen, um zu seinem Lieblingsspielzeug zu kommen und es werden ihn auch keine hundertfünfzig fremden Personen in ungewohnter Umgebung mehr von seinem Spiel mit Herrchen ablenken. Allein die Aussicht, daß das Lieblingsspielzeug **vielleicht** in Herrchens Jackentasche versteckt sein könnte, reicht aus, um in einem solchen Hund eine beispielhafte Spielappetenz einzuleiten.

Gemeinsam spielt sich's besser

Im Gegensatz zu Wildtieren leben unsere Hunde im *entspannten Feld* der Mensch-Hund-Gemeinschaft – ohne Sorge um Nahrung, Territorium oder gar Leben. Allein schon von daher gesehen sind Hunde prädestiniert fürs Spiel, in welchem die Spannungsdefizite, die das zivilisierte Leben mit sich bringt, ausgeglichen werden können. Der Zivilisationsmensch hat sich das Fernsehen geschaffen. Was hat der Hund? Für ihn wäre das Spiel der naheliegendste und sinnvollste Ersatz für ein doch weitgehend langweiliges Leben. Er selbst zeigt uns das an. Was unternimmt ein Hund, der länger allein bleiben muß? Vielleicht liegt er zunächst stundenlang herum, bis er dann aber irgendwann einmal aufsteht, hier und dort herumsucht und vielleicht ein Hölzchen oder sonst irgend etwas findet, womit er zu spielen beginnt. Dieses Alleine-Spielen (*Solitärspiel*) ist zwar besser als anhaltendes Nichtstun, aber es ersetzt einem Sozialwesen nicht annähernd die lebenswichtigen Spiele in der Gemeinschaft: das gegenseitige körperliche Spüren, das Wetteifern, das gemeinsame sich Austoben und »miteinander Freuen«, die gegenseitigen Zuneigungsbekenntnisse und nicht zuletzt das ständige Üben und Aufrechterhalten des »Aufeinandereingehens«, kurzgesagt, der gegenseitigen Anpassung.

Im enstpannten Feld kann nahezu alles zur »Beute« werden: Ein Holz, ein Stoffstück oder wie hier ein kleiner Gummischuh.

Drei Säulen der Mensch-Hund-Beziehung

Vertrauen

Basis jeder Mensch-Hundebeziehung ist das *Vertrauen*. Ebenso wie Wölfe nur jenen als Rudelführer anerkennen, welchem sie uneingeschränktes Vertrauen entgegenbringen, so ist auch in der Mensch-Hund-Gemeinschaft das Vertrauen die wichtigste Säule. Vor allem beim Welpen und beim Junghund kann Vertrauen sehr schnell erschüttert werden. Andererseits läßt sich gerade das Vertrauen bei liebevoller gesunder Einstellung zum Tier und bei selbstkritischer Handlungsweise in erstaunlichem Umfange steigern. Ohne Liebe kein Vertrauen! Wer von Anfang an seinem Hund nicht nur geistige Zuneigung entgegenbringt, sonder ihn oft und oft *sinnlich* erfahren läßt, daß er ihn gern hat, und wer seinen Hund in den kleinen Problemen des Alltags immer wieder Verständnis und Fürsorge erfahren läßt, der wird erleben, daß der Hund diese Zuneigung im vollen Umfang seiner Möglichkeiten erwidert – in verschwenderischer Fülle und rückhaltlos. Liebe und Vertrauen binden Mensch und Hund aneinander und lassen die Beziehung im Laufe eines Lebens immer tiefer werden. Und wenn sich der Mensch ehrlich bemüht, seine Schwächen dem Hund gegenüber in den Griff zu bekommen, dann wird ihm als zweites Geschenk zuteil: sein eigenes Gewissen wird ihn dafür belohnen, indem sich der Umgang mit dem Hund zusehends unbeschwerter, freier und harmonischer gestaltet. Viele Menschen berichten das gleiche: Je länger man mit Hunden umgeht, desto deutlicher wird einem klar, daß die Mensch-Hund-Gemeinschaft immer auch eine ethische Dimension beinhaltet. Mit einfachen Worten könnte man sagen: Der Hund stellt sich uns als Herausforderung, ein besserer Mensch zu werden. Wer diese Herausforderung ernst nimmt, der ist auf dem richtigen Weg, trotz aller Niederlagen und Rückschläge, und dies zu seinem eigenen Wohle wie auch zum Wohle des Hundes. Vielleicht ist diese Herausforderung ein Teil jener Faszination, die vom Hund ausgeht. Vielleicht begegnet uns im Hund mehr als nur ein hochentwickeltes Tier. Mancher mag seinen geliebten Hund wie einen »Funken paradiesischer Offenbarung« erleben. So wie Beethoven treffend über die Musik geäußert hat: »Musik ist höhere Offenbarung als alle Weisheit und Philosophie.« Ja, wenn wir Gemeinschaft erleben mit unserem Hund, dann offenbart sich etwas unbeschreibliches, etwas sehr schönes, das uns ans Herz geht und das wir nie mehr missen möchten. Und eben dies soll auch das Wichtigste im

Umgang mit dem Hund bleiben, gleichviel, welch andere Ziele wir mit ihm verfolgen.

Verständigung

»Wenn dein Hund dich mit der Nase stößt, winselt, zur Tür läuft und daran kratzt oder sich (...) fragend umsieht, dann tut er etwas, was dem menschlichen Sprechen vergleichlich näherkommt als alles, was eine Dohle oder eine Graugans je sagen kann.« (Konrad Lorenz 1949)

Die zweite Säule, auf welcher die Mensch-Hund-Beziehung steht, ist die Verständigung (*Kommunikation*). Wenn wir uns nicht verständigen können, wie sollen wir dann einander verstehen, aufeinander eingehen oder miteinander agieren? Das Problem ist nur, daß wir neben einigen Ausdrucks- und Lautsignalen, die wir beim Hund ohne weiteres verstehen, die vielen anderen entweder falsch deuten oder in Unkenntnis gar übersehen. In Wirklichkeit aber entgehen uns auf diese Weise täglich zahlreiche Informationen, die im Miteinander wichtig wären. Wir kennen ja noch nicht einmal die Körpersprache und Mimik unserer eigenen Art ausreichend. Hinzu kommt, daß der moderne Mensch zusehends an Ausdrucksmitteln verarmt, und zwar auf jeder Ebene: der Sprache, des Körper- und Gesichtsausdrucks und nicht zuletzt der Gestik. Auch die kleinen, unauffälligen Signale, die wir unterbewußt senden und aufnehmen, spielen eine wichtige Rolle in der täglichen Kommunikation unter Menschen.

Daß wir lernen müssen, die Äußerungen des Hundes zu verstehen, ist inzwischen bekannt. Wer sich hier weiterbilden möchte, dem seien die einschlägigen Fachbücher empfohlen. Dort sind die umfangreichen Zeichen der Kommunikation, die man *Signale* nennt, beschrieben. Die »Sprache der Hunde« besteht aus *Signalen* des Körpers (Körpersprache) der Mimik, der Lautäußerungen und der Geruchsvermittlungen. So weit so gut. Sind wir uns aber auch unserer eigenen Körpersprache und der damit verbundenen *Signalwirkung* auf den Hund bewußt?

Wölfen wie Hunden ist angeboren, sich über Signale mitzuteilen. Die Signale des Anderen zu deuten, das muß in den Grundzügen rechtzeitig, das heißt in der Prägephase bis zur vierzehnten (spätestens sechzehnten Woche) gelernt werden: durch Nachahmung und vor allem im **Spiel**. Daher ist der junge Hund ständig damit beschäftigt,

Vor allem anderen steht das *Vertrauen*. Doch dieses muß erworben werden, durch richtige Haltung und Führung des Hundes, und auch durch artgerechtes mIteinander Spielen.

auch uns als sein unmittelbares Rudelmitglied zu beobachten. Er entschlüsselt die Signale, die wir fortwährend, meist unbewußt, aussenden. Daß hier vieles anders ist als innerhalb seiner Art, scheint ihn nicht aus dem Konzept zu bringen. Wo möglich sucht er nach Ähnlichkeiten aus dem innerartlichen Repertoire, wo nicht, assoziiert er unsere Signale mit unseren Handlungen und lernt auf diese Weise eine Menge neuer, weit über seine ursprünglichen Decodierungen hinausgehenden Kommunikationen. Wir nehmen es oft zu selbstverständlich, daß auch der Hund sich den komplizierten und oft widernatürlichen Formen der Zivilisation anzupassen vermag. Daß er dies im Rahmen seiner Möglichkeiten sehr erfolgreich praktiziert, ist höchst bemerkenswert. In der Kommunikation mit dem Menschen sieht es dann so aus, als suche er zu »verstehen«, was in uns vorgeht und was wir wohl in der nächsten Zeit beginnen werden. Die Schwierigkeit liegt darin, daß sich der Hund auf völlig andere Art und Weise ein Bild über unseren inneren Zustand und über unsere zu erwartenden Handlungen macht als wir. Er liest aus Mimik und Körpersprache, er riecht förmlich unseren Stimmungszustand und er erinnert sich an ähnliche, zurückliegende Ereignisse, die er mit bereits bekannten Signalen schon x-Mal assoziiert hat. Schließlich projiziert er das Geschehen natürlich auf seine instinktiv angelegten »Erwartungen«, seine Bedürfnisse. Hinzu kommt, daß der Hund über eine außerordentlich starke Aufnahmefähigkeit sich ändernder Stimmungen verfügt. All das verschafft ihm einen erstaunlich guten Gesamteindruck von uns und eine oft verblüffende Fähigkeit, einzelne Handlungen vorherzusehen. Darüberhinaus sind Hunde in der Lage, Gefühle und Stimmungen des Menschen nicht nur zu erkennen, sondern darauf zu reagieren, sie zu übernehmen. Dies geschieht zwar nicht aus freien Stücken, sondern aus der im Sozialverhalten verankerten und nahezu zwingenden Fähigkeit, die Stimmung des Rudels, vor allem aber des Rudelführers zu übernehmen. Etwas Ähnliches kennen wir unter Menschen im »Gruppeneffekt«. Denken wir nur an die Wirkungen eines Fußballspiels oder einer Pop-Veranstaltung auf die Teilnehmer.

Ob Hunde ein subjektives Erleben haben, ist noch immer umstritten. Die Tendenz in der Wissenschaft geht aber eher in Richtung »pro«. Schon Konrad Lorenz schreibt hierzu: »Mein Wissen um das subjektive Erleben meiner Mitmenschen und meine Überzeugung, daß auch ein höheres Tier, etwa ein Hund, ein Erleben hat, sind miteinander nahe verwandt...« und weiter: »Die Fähigkeit zu Lust und Leid möchte ich auch den höheren Tieren zuschreiben (....).« Auch Hedinger (1980) ist der Meinung, daß Hunde so etwas wie ein Selbstbewußtsein und Selbstgefühl erleben müssen, da sie in der Lage sind, zwischen sich und ihren Rudelmitlgedern zu unterscheiden. Und wie ließen sich nachweisliche Verhaltensweisen etwa der »Eifersucht« oder der »Trauer« anders als mit dem Vorhandensein eines zumindest einfachen Selbstbewußtseins erklären? Gleichviel, wie jeder einzelne zu derlei offenen Fragen stehen mag, wichtig ist in diesem Zusammenhang, daß wir bei aller Selbstverständlichkeit, die sich im Umgang mit Hunden einstellt, nie vergessen, beide Richtungen der Signalwirkung zu berücksichtigen.

Das heißt, es gilt einerseits auf die eigenen Signale zu achten und diese für den Hund verständlich zu gestalten, und andererseits müssen wir unseren Blick (unser

Riechorgan ist ja leider verkümmert) für die vom Hund ausgesandten Signale schärfen. Das ist gar nicht so einfach, zumal viele Hundeführer nur eine beschränkte Anzahl hundlicher Kommunikationssignale und deren Bedeutung kennen. Hinzu kommt, daß manche Signale mehrere Bedeutungen haben und daher einer *situationsgerechten Interpretation* bedürfen. Und vor allem legitimiert erst der *Gesamteindruck* des Hundes die Interpretation eines einzelnen Signals. Schwanzwedeln bedeutet längst nicht immer »Freundlichkeit«! Man muß schon genauer hinsehen. Erst die feinen Unterschiede lassen Rückschlüsse zu. Die Stimmungslage des »schwanzwedelnden« Hundes reicht je nach situativer Ausdrucksform vom positiv erwartungsvollen Begrüßen über sexelle Bedürfnisse bis hin zur Agression.

Hierzu noch ein anderes Beispiel: Wenn Hunde balgen (In Wirklichkeit ist es spielerisches kämpfen), kann es vorkommen, daß ein Hund in nahtlosem Übergang den anderen an den Lefzen leckt. Im Spiel können ja, wie wir bereits gesehen haben, anders als im »Ernstfall«, Verhaltensmuster aus verschiedenen Funktionskreisen in kurzem Abstand aufeinanderfolgen. Junge Wölfe und auch Wildhunde bedienen sich des Lefzenleckens, um die heimkehrenden Elterntiere zum Vorwürgen der mitgebrachten Nahrung aufzufordern. Es ist klar, daß diese Signalbedeutung im Beispiel des Balgens nicht gemeint war. In einer anderen Situation kommt das Lefzenlecken als Signal der sozialen Zugehörigkeit vor. Wir würden sagen: »Der Hund zeigt dem anderen, daß er ihn mag.«. In einer anderer Situation zeigt ein Tier dem anderen auf diese Weise seine Unterwürfigkeit. In wieder einem anderen Fall, wenn etwa ein Jungtier mit der Mutter zu grob umging und diese ihn dann schmerzhaft in die Schranken weist, dann ist das Lefzenlecken des Jungtieres als eine Art »Beschwichtigung« zu verstehen. Man kann auch beobachten, wie ein Junghund, welcher dem anderen im Spiel weh getan hat, durch Lefzenlecken die gestörte Spielgestimmtheit wiederherzustellen versucht. Für uns sieht es so aus, als würde er sich »entschuldigen«, was natürlich – so formuliert – nicht stimmt. Der Hund kann, nach allem, was wir über höhere Tiere bislang in Erfahrung bringen konnten, nicht im menschlichen Sinne Schuld empfinden. Er erlebt vielmehr am Signal des Anderen, wenn seine Handlung mit den für die Verhaltensweisen des Spiels gültigen Regeln nicht mehr übereinstimmt, und fehlende Übereinstimmung wird als psychischer Mangelzustand empfunden, den es aufzuheben gilt.

Es ist hier leider nicht genügend Platz, um die vielen auf Signalwirkung beruhenden Verhaltensweisen näher zu

Die drei Säulen der Mensch-Hund-Beziehung.

beschreiben. Außerdem sind noch längst nicht alle Signalwirkungen erforscht. Zum Teil deshalb nicht, weil sich auf Grund von immer neuen Eigenappetenzen auch neue Signale bilden. Der interessierte Leser sei in diesem Zusammenhang auf die verfügbare Fachliteratur verwiesen. Was wir festhalten wollen ist dies:

Der Hund bedient sich zur Verständigung aller seiner Ausdrucksmittel: von der Geste über Lautäußerungen, der Körpersprache bis hin zu Duftsignalen.

Die Körpersprache als symbolische Aktion ersetzt in vielen Fällen die reale. Die soziale Kommunikation besteht aus zahlreichen Signalmustern, die als Gesten und Symbolhandlungen in verschiedenster Abwandlung und Zusammenfügung auftreten und die zum Beispiel tätliche Auseinandersetzungen im Sinne der Arterhaltung überflüssig machen.

Es nützt schon viel, wenn man auf die typischen Signalzonen des Hundes achtet, auf Rute, Ohren, Kopfhaltung, Augen-, Maul-, Lippen- und Lefzenstellung, auf Körperhaltung und -bewegung, auf Beinstellungen und auf das Haarkleid.

Und so, wie der Hund durch Beobachtung und Assoziation unsere Ausdruckswelt zu entschlüsseln lernt, so können auch wir, bei entsprechender Aufmerksamkeit, die Signale des Hundes verstehen lernen. Was wohl jeder kennt, ist die für Hunde typische »Spielstellung« (Vorderbeine am Boden, Hinterbeine hoch), womit entweder die eigene Spielbereitschaft signalisiert oder gleichzeitig der andere zum Spielen aufgefordert wird. Oder das »Spielgesicht« (Mund offen oder kurzzeitig übertrieben weit aufgerissen, Zunge entspannt, starrer Blick ins Leere, kurzzeitig statische Körperhaltung, keine Mundwinkelbewegungen).

Rangordnung

Eibesfeld berichtet von seinem zahmen Dachs: »Meinem durchaus intelligenten Dachs fehlte die Fähigkeit zur Unterordnung völlig. Er blieb ausgesprochen eigenwillig und ließ sich nichts verbieten. Versuchte man ihn zum Beispiel für irgendeine Untat durch einen Klaps zu bestrafen, dann wurde er sogleich ernstlich agressiv. Ein Hund hingegen paßt sein Verhalten an und ordnet sich unter.« Die Fähigkeit sich unterzuordnen ist, wie der Vergleich treffend beschreibt, durchaus nicht selbstverständlich und jenen Tierarten vorbehalten, die innerhalb ihres Sozialgefüges Rangordnungen ausgebildet haben. Die Ursachen dieser hochentwickelten Evolutionsleistung liegen in eindeutigen Selektionsvorteilen. Gemeinschaftlich lebende Tiere können sich besser verteidigen und sich die Vorteile gemeinschaftlicher Jagd zunutze machen; sie wärmen sich gegenseitig und sie vermögen voneinander zu lernen und die Lernerfahrungen weiterzugeben. In der Gemeinschaft können bestimmt Rollen verteilt und so die individuellen Fähigkeiten einzelner Tiere zum Wohle aller eingesetzt werden. Das ranghöchste α-Tier (alpha = erster Buchstabe des griechischen Alphabets), erfüllt wichtige Aufgaben zum Vorteil der Gemeinschaft. Das Leittier bestimmt, wann und wohin aufgebrochen wird, es leitet Jagd und Verteidigung, und es hält durch zahlreiche Verhaltensweisen die Struktur des Rudels aufrecht. In der Brunstzeit übernimmt oft die Wölfin vorüber-

gehend die Führungsrolle, wenn sie diese nicht schon vornher innehatte. Die *Alpha-Fähe* (Fähe = Wölfin) sucht sich den Rüden zur Fortpflanzung aus. Dies ist meist einer der ranghöchsten Rüden, aber nicht immer der Alpha-Wolf. Die Alpha-Wölfin hindert auf äußerst ernsthafte Weise andere Fähen, trächtig zu werden. Diese werden mitunter vorüber aus dem Rudel ausgestoßen. Nach der Brunst werden sie (mit Ausnahmen) wieder aufgenommen. Während die ersten Rangplätze sehr stark abgegrenzt sind, findet man bei tieferen Rangpositionen meist weniger starke Unterschiede. Das Alpha-Tier genießt eine Reihe von Privilegien: Es frißt als erstes, oft auch am meisten und die besten Stücke, und es sucht sich den besten Schlafplatz aus. Die Rangtieferen machen Platz, wenn das Leittier in die Nähe ihres Lagers kommt und sie lassen ihm auch in allerlei anderen Situationen den Vorrang. Die Rangunterschiede können auf verschiedenste Art und Weise festgelegt werden. Durch unblutige Kampfgebärden oder auch durch echte, bis zur Tötung des Gegners reichende Auseinandersetzungen. Daneben können verändernde Sozialstrukturen im Bereich der Partnerwahl oder auch gleichgeschlechtliche Zweierbeziehungen die Rangordnung ohne blutige Auseinandersetzung neu festsetzen, wobei sich, wie Zimen beschreibt, sogar mehrere Rangwechsel gleichzeitig einstellen können. Die Erhaltung einer vorübergehenden Rangordnung wird dann jedoch in der Regel durch Gebärden und durch Wiederholungen entsprechender Kommunikationssignale aufrechterhalten. Das Alpha-Tier kann sich in seiner Position jedoch nur so lange halten, wie es als solches vom Rudel anerkannt wird. Dem *dominierenden Alpha-Tier* steht am anderen Ende der Rangordnung das *submissive Ω-Tier* gegenüber (submissiv = unterwürfig; Ω = omega = der letzte Buchstabe im griechischen Alphabet). Der Letzte im Rudel ist nicht selten der »Prügelknabe«. (Auf die möglichen, komplizierteren Dreierbeziehungen kann hier aus Platzmangel nicht eingegangen werden.)

Unser Haushund bringt viele soziale Verhaltensweisen aus dem Wolferbe mit. Unter anderem eben die Fähigkeit, sich innerhalb der Gemeinschaft anzupassen. Die Menschenfamilie wurde zu seinem Rudel und innerhalb dieser Gemeinschaft sucht er seinen Platz in der Rangordnung. Für eine sinnvolle Mensch-Hund-Beziehung muß diese Rangordnung unzweifelhaft feststehen, wobei sich der Hund einzuordnen hat. Wir sagen bewußt **einordnen** und nicht **unterordnen**. Denn mit der Vorstellung einer bedingungslosen Unterordnung verbindet sich allzu leicht ein folgenschweres Mißverständnis, demzufolge der Hund dem Menschen gegenüber »unverstanden« und »rechtlos« dasteht. Auf dieser Basis wird sich nie eine gesunde Mensch-Hund-Beziehung aufbauen können. Denn der Anpassungsfähigkeit des Hundes sind Grenzen gesetzt. Natürlich muß sich der Hund in bestimmten Situationen unterordnen, und dies zur allgemeinen und zu seiner eigenen Sicherheit absolut bedingungslos, aber bedingungsloses Unterordnen kann und darf nicht das übergeordnete Ziel der Erziehung als Ganzes ausmachen! Bei artgerechter Erziehung geht es um das sinnvolle Austarieren der Bedürfnisse von Mensch **und** Hund. Kraftproben bilden die Ausnahme. Das **Ein**ordnen stellt im Vergleich zum **Unter**ordnen ja die weitaus höher entwickelte Fähigkeit dar. Der Begriff Unterordnung stammt aus einer Zeit, in welcher der Hund weitgehend mit Zwang ausgebildet wurde. Er mußte »parieren«.

Auch die Mutterhündin fordert von den Welpen je nach Situation Ein- und Unterordnung. Hier läßt Akela ihr Junges im Spiel vorübergehend über sich. Aber diesem Freiraum werden Grenzen gesetzt.

Neben der Einordnung des Hundes muß auf der anderen Seite aber auch der Mensch seinen Anspruch auf Führung bekunden. Und dies sollte in einer für den Hund verständlichen Weise geschehen. Das heißt, der Mensch muß über die wesentlichen Vorgänge der Rangordnungsbildung Bescheid wissen. Ein reines Kräftemessen nach dem Motto. »Wir werden ihm schon beibringen, wer der Stärkere ist!« reicht nicht aus, um diese komplizierte Struktur zu schaffen und aufrecht zu halten. Ein Grund mehr, sich mit dem Verhalten der wilden Caniden, etwa des Wolfes oder auch der Wildhunde, zu beschäftigen!

Beides, Ein- und Unterordnung, – basiert auf dem Wolfserbe der sozialen Rangordnung. Diese liegt bei zahlreichen Mensch-Hund-Beziehungen leider im Argen. Viele Hunde ordnen sich nicht **unter** den Menschen, sondern **neben** ihm oder auch **über** ihm ein, und sei es nur in diesem oder jenem Bereich, in dieser oder jener konkreten Situation. Manche Hunde warten mit erstaunlichem Einfallsreichtum auf, über Herrchen oder Frauchen zu *dominieren*. Meistens liegt die Ursache hierzu jedoch nicht, wie vielfach vermutet, in der Veranlagung zum »überstarken *Alpha-Tier*«, sondern in der mißverständlichen und inkonsequenten Umgangsweise mancher Hundehalter oder oft einfach auch darin, daß man mit der Erziehung des Hundes viel zu spät, etwa mit einem Jahr beginnt.

Ist, »aus der Sicht des Hundes«, die Rangordnung nicht klar – dann wird der Hund versuchen, die gewünschte Ordnung herzustellen, und zwar so lange, bis er seinen Platz (in Beziehung auf alle Familienmitglieder) in der Rangordnung bezogen hat.

Nicht geklärte Rangordnungsverhältnisse erlebt der Hund als einen psychischen Mangelzustand, als ein Ungleichgewicht, das es ins Lot zu bringen gilt.

Er greift tatkräftig ein, um dies Ordnung wiederherzustellen. Dabei handelt es sich keineswegs um ein »gemeines« oder »hinterlistiges« Vorgehen im Sinne eines Austricksens oder Übervorteilens! Der Hund folgt lediglich seinen angeborenen »Verhaltenszwängen«, die er – im Rahmen seiner Hundefähigkeiten – mittels individueller Handlungen umsetzt. Dabei geht es oft um scheinbare Nebensächlichkeiten. Es ist eben nicht gleichgültig, ob man dem Hund in jeder Situation den Vorrang läßt! Ob man ihn immer als ersten durch die Tür laufen läßt, ob der Hund bestimmt, wann es Streicheleinheiten gibt, ob der Hund entscheidet, wieweit er sich beim Spazierengehen entfernt, wann er zurückkommt oder ob man durchgehen läßt, daß der Hund erst auf das x-te Kommando folgt. Es ist auch nicht gleichgültig, ob (und wenn schon, in welcher Form) man ihm vom Essen gibt oder ob man ihm gar Platz macht. Und schließlich ist es nicht gleichgültig, ob ich dem Hund heute erlaube, was ich ihm morgen verbiete oder ob ich einmal »belohne«, was ich ein andermal »bestrafe«! Ursache für derartige fundamentale Fehler sind immer wieder Vermenschlichung, Inkonsequenz und ein gehöriges Maß an Unwissenheit.

Die Weichen für eine gesunde Rangordnung, bei welcher der Mensch zwar als »Alpha-Wolf« die Entscheidungen trifft, innerhalb welcher aber auch der Hund seine arteigenen und individuellen Freiräume und »Rechte« genießt, diese Weichen müssen früh, in der Prägungsphase, gestellt werden. Darüberhinaus gilt es, sie ein Leben lang aufrechtzuerhalten und zu vertiefen! Und dies gilt nicht nur im Rahmen des allgemeinen Umganges mit dem Hund!

Auch im Spiel muß die Rangordnung zwischen Mensch und Hund stimmen.

Nicht der Hund, sondern Herrchen (oder Frauchen) bestimmt, wann begonnen wird und wann man aufhört. Das ist weder »unfair« noch »gemein« gegenüber dem Hund! Im Vorfeld der Überlegungen: ob das Spielmilieu stimmt, wie wir seine Appetenz fördern und lenken können und in vielen anderen Fragen und Vorentscheidungen kommen wir dem Hund weit, ja sehr weit entgegen. Auch in der Art und Weise, **wie** wir mit ihm spielen, versuchen wir heute auf das gesamte artspezifische Spektrum einzugehen. Und wenn wir mit dem Hund richtig spielen,

Wenn eine der drei Säulen zu schwach ausfällt ...

dann gelten Spielregeln, die wir wohlüberlegt aufgestellt haben – für beide Teile wohlüberlegt. Ein so gestaltetes **Ein**ordnen fürs Spiel kann der Hund annehmen. Darauf kann er sich einstellen. Und dieser Hund wird keine Probleme haben, sich in der entsprechenden Situation zuverlässig, streßfrei und ohne negative Stimmung auch **unter**zuordnen. Darauf werden wir an späterer Stelle näher eingehen. Doch zurück zu den drei Säulen.

Es ist gewiß nicht leicht, um im Bild zu bleiben, die drei Säulen *Vertrauen, Kommunikation und Rangordnung* so aufzustellen, daß das Gebäude in der Waage steht. Die Säulen sind so zu verankern, daß sie die Mensch-Hund-Beziehung auch dann tragen, wenn's mal stürmt. Eine noch so gut gemeinte Bevorzugung einer der drei Säulen geht zwangsweise zu Lasten der anderen und das gesamte Gebäude steht dann schief.

Ohne dieses Ausbalancieren mitunter gegenläufiger Regulative geht es in der Mensch-Hund-Beziehung nun einmal nicht! Und ohne Fehler unsererseits wird es auch nicht ablaufen – nicht einmal bei den besten unter uns! Wer ist schon ganz frei vor Vermenschlichung? Wer versteht die Signale seines Hundes in vollem Umfange und wo ist die Rangordnung in allen Punkten und ausnahmslos wirklich o.k? Meistens fällt eine der drei Säulen etwas schwächer aus als die anderen beiden. Und Mensch und Hund erleben dann genau das, was in unserem Bild mit der Hängematte und ihren Insassen passieren würde: sie liegt schief und auf Dauer fühlt sich auch der Hund nicht wohl in einer dominierenden Rolle, die ihm nicht zusteht und die enorm konfliktträchtig ist.

Auf die Ausgewogenheit von Vertrauen, Kommunikation und Rangordnung kommt es an!

Was man der einen Säule zuviel gibt, wirkt sich auf der anderen nachteilig aus. Wer seinem Hund überschwenglich viel Zuneigung gibt, der läuft Gefahr, daß er gleichzeitig auf der Ebene der Rangordnung an Boden zu verlieren, denn der Hund sucht einen starken, überlegenen Herrn. Und manche Signale, die wir aus Zuneigung, oft zum falschen Zeitpunkt geben, befremden den Hund oder sie werden von ihm ganz anders gedeutet – nicht selten als Schwäche. Besonders schwierig wird es für den Hund, sich auf den Menschen einzustellen, wenn überschwengliche Zuneigung und unangemessene Zornausbrüche einander abwechseln. Derartige Wankelmütigkeit verkraften erfahrungsgemäß nur besonders robuste Hunde. Bei den meisten wird das Vertrauen entweder empfindlich gestört, oder, kommen Starkzwang und Schläge noch dazu, das Vertrauen wandelt sich in Mißtrauen. Vorsicht also bei *Signalen der Macht*, die wir allzu leicht wegen Kleinigkeiten aufsetzen und deren wir uns so oft gar nicht bewußt werden. Gerade sie flößen dem Hund Argwohn und Mißtrauen ein.

Wer kann was spielen?

Mensch

»Erkenne dich selbst!« Dieser Aufruf, der schon über den Pforten des Orakels von Delphi geschrieben stand, kommt unserer eingangs gestellten Forderung, als Hundehalter nie den Menschen aus den Augen zu verlieren, sehr entgegen. Obwohl die Mensch-Hund-Beziehung von vielem abhängt, sind es immer wieder die gleichen Kräfte, welche das Zünglein an der Waage bewegen: Gemeint sind die *Ziele* des Menschen, seine *körperlichen* Möglichkeiten und seine *charakterlichen* Eigenschaften. Es kann nicht schaden, sich in Abständen wieder und wieder zu fragen: Warum halte ich überhaupt einen Hund? Habe ich den Hund nur aus Gewohnheit oder ist mir seine Nähe auch heute noch wichtig? Könnte und würde ich auf dies oder jenes zu Gunsten des Hundes verzichten, wenn ich mich entscheiden müßte? Liebe ich meinen Hund eigentlich noch? Wie ist diese Liebe beschaffen? Wie steht es um meine Liebe zu den Menschen? Halte ich vielleicht einen Hund, weil ich von Menschen enttäuscht wurde? Was erwarte ich alles vom Hund? Was davon ist mir am wichtigsten? Löst er diese meine Erwartungen ein? Und umgekehrt: Was »erwartet« mein Hund von mir? Was davon gebe ich ihm, was enthalte ich ihm vor? Denke ich beim Üben nur an **meine** Erwartungen oder sind mir auch **seine** Bedürfnisse ein Anliegen. Frage ich mich manchmal, wenn ich vom Übungsplatz gehe, ob auch der Hund auf »seine Kosten« kam? So wichtig dieses Hinterfragen, dieses Reflektieren auch ist, wir können es hier lediglich andeuten und – allenfalls – nahelegen.

Eines ist klar: Je nachdem, welche Ziele ein Hundehalter verfolgt, wird sich darauf seine Beziehung zum Hund ausrichten, und auch das Spiel erhält so seine eigene, eben zielgerichtete Färbung. Das betrifft nicht nur die Auswahl und den Schwierigkeitsgrad. Es betrifft streng genommen jedes einzelne Spiel. Wer etwa einen Retriever zur Jagd ausbildet, der wird sich vor wilden Tauziehspielen hüten, denn dies festigt Anbiß und Griff, und fördert den Kampf um die Beute. Diese Art von Jagdhund aber soll die Beute sanft tragen, damit sie nicht verletzt wird. Ein Hundesportler hingegen, der seinen Hund als Schutzhund für Turniere ausbildet, der wird alles mögliche unternehmen, um den Griff zu festigen. Für ihn kann der Griff nicht fest genug sein. In einem wichtigen Detail also zwei völlig konträre Ausbildungsziele, die sich bei spielerischer Gestaltung natürlich auch auf den methodischen Ansatz und die einzelnen Lernschritte auswirken. Und wenn der Hund nur ein freundlicher Familienhund werden soll, dann erübrigen sich spitzfindige Fragen zum Griffverhalten von vornherein. Und für jenen, welcher mit seinem Hund Agility vorhat, sind Beutespiele eher als

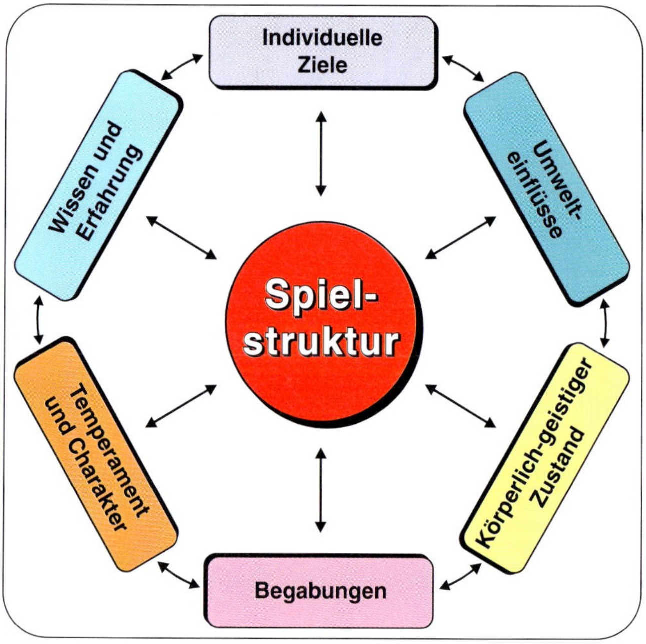

Spielstruktur

Belohnung für vorausgegangene Geschicklichkeitsübungen und zur Temposteigerung relevant. Man sieht:

Vom Ziel her erhält das zweckgebundene Spiel seine Strukturierung.

Es ist unmöglich, die Fülle möglicher Spielstrukturen innerhalb eines Buchs auch nur annähernd zu beschreiben. Aber das ist auch nicht notwendig. Viel wichtiger ist es, jene Zusammenhänge klar herauszustellen, die allgemein gelten und jenes Wissen vermitteln, das den Leser befähigt, seine ganz persönliche Spielweise zu gestalten und durchzuführen.

Wenn uns also klar geworden ist, was wir vom Hund in Wirklichkeit wollen und wo unsere Ziele liegen, dann können wir weiter nach unseren körperlichen und charakterlichen Voraussetzungen und nach unseren Begabungen fragen. Halten wir uns diese vier wichtigen Faktoren der »Ziele und Qualitäten« an Hand einer Abbildung nochmals vor Augen (und wenn möglich, in Erinnerung!).

Die körperlichen Gegebenheiten bedürfen keiner näheren Beschreibung: Alter, Kondition, Kraft, Geschicklichkeit sowie persönliche Gebrechen stecken den Rahmen der individuellen Möglichkeiten, mit einem Hund umzugehen, ab. Körperliche Anforderungen halten sich im Vergleich zu vielen Sportarten in Grenzen, weswegen sich Turniersport sogar bis ins vorgerückte Alter durchführen läßt. Auch fürs Spielen mit dem Hund sind keine außergewöhnlichen Fähigkeiten erforderlich. Die oft geäußerte Sorge, man sei für den eigenen Hund im Spielen viel zu langsam, ist weitgehend unbegründet. Selbst für eine hochkarätige Turnierleistung reicht eine durchschnittliche Beweglichkeit aus. Es kommt hinzu, daß sich körperliche Schwächen durch Körpersprache, durch Persönlichkeit, durch Mimik, Gestik und durch die Stimme weitgehend ausgleichen lassen. Allein das Augenspiel oder »sprechende Augenbrauen« eines Menschen können oft mehr bewirken als ein athletisches, aber konfuses und zielloses Hin- und Herhüpfen. Immer wieder trifft man auf Hundesportler, die trotz erheblicher körperlicher Gebrechen hervorragende Ausbildungsleistungen hervorbringen, und damit unter Beweis stellen, daß das eigentliche Band zwischen Mensch und Hund eben doch geistiger Natur ist. Auch die beste Körperakrobatik kann dieses nicht ersetzen.

Wichtiger als körperliche Fitness und Kondition des Hundeführers ist das geistige Band zwischen ihm und seinem Hund.

Wenn sich allerdings körperliche Gewandtheit und hochentwickelte

geistige Fähigkeiten mit günstigen Charakteranlagen und allerlei Begabungen in einem Menschen vereinigen, und wenn ein derart begabter Hundeführer noch einen besonders tüchtigen Hund sein Eigen nennt, dann verspricht ein derartiges Team »Sterne vom Himmel zu holen«. Und in einer derart glücklichen Konstellation kommt natürlich der körperlichen Konstitution eine nicht unwesentliche Bedeutung zu.

Sehen wir uns also die verschiedenen Fähigkeiten etwas näher an. Was sich ganz besonders in der Hundeerziehung auswirkt, sind die Temperamente. Die Temperamente des Menschen und des Hundes! Unter Temperament versteht man eine weitgehend gleichbleibende (weil angeborene), typisch ausgeprägte, seelische Reaktionsweise. Schon im Altertum hat der geniale Hippokrates die heute noch bekannte Einteilung beschrieben, wobei er davon ausging, daß in jedem der »Vier Temperamente« ein bestimmter »Körpersaft« überwiege. Wenngleich sich Hippokrates Raster doch relativ grob ausmacht, so lohnt es doch, sich die vier Grundtypen einmal vor Augen zu halten:

Leider sehen wir heute, wenn wir vom Sanguiniker, Melancholiker, Phlegmatiker oder vom Choleriker sprechen, oft nur die jeweils dominante negative Eigenschaft, was zu einer unzulässigen Verzerrung führt. Schon Hippokrates hatte nämlich erkannt, daß in jedem Temperament zwar bestimmte nachteilige Eigenschaften überwiegen, daß sich diese aber gleichzeitig in bestimmten Bereichen als eminent vorteilhaft erweisen können.

Beim *Sanguiniker* (griech. Sanguis=Blut) überwiegt nach Hippokrates Auffassung das Blut: Der Sanguiniker ist begeisterungsfähig, jedoch unbeständig, er wechselt schnell von Heiterkeit zu Traurigkeit und erlebt sehr intensiv, leidenschaftlich. Gleichzeitig neigt er jedoch zu Oberflächlichkeit und Unbeständigkeit, er lebt nach einer eher unbeschwerten, sich an Äußerlichem orientierenden Lebensauffassung, neigt zu Leidenschaft, Eitelkeit und Selbstgefälligkeit.

Beim *Choleriker* (griech. Chole = Galle) überwiegt der Körpersaft der Galle: Wenn wir heute vom Choleriker sprechen, denken wir meist nur an die negativen Seite seiner leichten Erregbarkeit, etwa den Zorn. In Wirklichkeit besitzt der Choleriker eine Reihe ganz außergewöhnlich vorteilhafter Eigenschaften; wie etwa Willensstärke, Intelligenz, Zielstrebigkeit, Spontaneität und Großzügigkeit. Er ist eigentlich jener Typus, der, wenn es ihm gelingt, im Laufe seines Lebens das vorschnelle und überdimensionierte Handeln beherrschen und zügeln zu lernen, für eine erfolgreiche Mensch Hund Beziehung geradezu prädestiniert scheint.

Der *Choleriker* gerät nicht nur leicht in Zorn, in nahezu jeder Gefühlsregung neigt er zu Übertreibung – was in der Liebe beispielsweise leicht zu Eifersucht führen kann. Er leidet oft unter Rechthaberei und tiefer seelischer Verletzbarkeit. Auf Grund seiner Willensstärke und Großzügigkeit vermag er sich trotz seiner Schwächen im Leben immer wieder durchzusetzen und Korrekturen vorzunehmen.

Der *Melancholiker* (griech. melaina chole = schwarze Galle) bringt ein anderes Naturell mit sich: Heute würden wir sagen, dem Melancholiker fehlt das »positive Denken«, er sieht ein halbvolles Glas immer halbleer. Er leidet unter ausgeprägter Antriebsschwäche, arbeitet

langsam und wenig engagiert. Der Melancholiker ist oft menschenscheu und verschlossen, neigt zu Mißtrauen und tut sich in Entscheidungen schwer. Selbst unbedeutende Ereignisse bleiben ihm lange im Gedächtnis. Er neigt zum Nachtragen und leidet oft an Schwermut und Depressionen.

Der *Phlegmatiker* (griech. Phlegma = Schleim) ist ebenfalls antriebsschwach, neigt zu Gleichgültigkeit und Gefühlsarmut. Phlegmatiker sind kaum zu beeindrucken, selbstzufrieden und träge. Das gesamte Gefühlsleben ist eher unterkühlt, gleichzeitig ist der Phlegmatiker aber sehr genügsam und bescheiden. Er zeigt sich im positiven Sinne oft als gleichmäßiger Arbeiter.

Die Erfahrung des eigenen Lebens lehrt, daß der **reine** Temperamenttypus wohl kaum zu finden ist. Die meisten von uns tragen Züge verschiedener Temperamente, in einer individuellen Mischung, wobei meistens bestimmte Eigenschaften dominieren. Hinzu kommt, daß die angeborenen Anlagen sich mit Erworbenem vermischen, ja in Ausnahmefällen können Anlagen durch Selbstkontrolle sogar bis zur Unkenntlichkeit »neutralisiert« werden. Trotzdem kann die Vergegenwärtigung von *Merkmalsverbindungen* zur Persönlichkeitsanalyse ganz erheblich beitragen. Wir erinnern in diesem Zusammenhang an *Modellvorstellungen*, die ja auch – trotz aller Einschränkung – sinnvoll sind.

Im Laufe der Geschichte wurden immer wieder Versuche unternommen, Typologien nach verschiedenen *Merkmalsverbindungen* aufzustellen. Die *Körperbautypen* zum Beispiel gehen auf Hippotatares' Zweiteilung zurück. Während er noch zwischen einem schmalen und langen und einem kurzen und breiten Körperbau unterscheidet, denen entsprechende Charaktereigenschaften zugeordnet wurden, setzte sich im achzehnten Jahrhundert die Dreiteilung durch, die zwischen die beiden eben genannten Typen noch einen dritten setzt, nämlich den Athletischen Typus. Heute weiß man, daß die alten Einteilungsversuche große Fehler und Irrtümer aufweisen, gleichzeitig aber haben sie doch einen wahren Kern.

Erst Sheldon Stevens gelang es, auf wissenschaftlichem Wege doch eigene Kriterien herauszufinden, die zweifelsfrei bestimmte Analogien zwischen Körpermerkmalen und Charaktereigenschaften zeigen. Stevens bediente sich diverser Messungen und sorgfältiger psychologischer Beurteilung und fand eine relativ hohe Übereinstimmung zwischen weicher Rundlichkeit (Endomorphie) auf körperlicher Seite und damit einhergehender Bequemlichkeit, Geselligkeit oder Toleranz (Viskerotonie) heraus. Die einfache Volksmundregel, nach welcher beleibte Menschen gemütlich und weniger agressiv als die »Dürren« seien, liegt also gar nicht so weit weg von der Wahrheit. Allerdings mit der Einschränkung, daß Übergewicht nicht in jedem Falle gleichzusetzen ist mit »weicher Rundlichkeit«.

Ein anderes Kriterium sah Stevens in der Beziehung stark ausgebildeter Knochen und Muskeln, die vielfach mit Robustheit und Willensstärke, aber auch mit Herrschsucht einhergehen.

In der modernen *Charakterologie* sucht man auf wissenschaftlichem Wege nach *Merkmalsverbindungen* zwischen *Körperbautypen*, *Temperamenttypen*, *Wahrnehmungstypen*, *Erlebnistypen* (Extroversion – Introversion nach C. G. Jung), *Werthaltungstypen* (Spranger) und *Weltanschauungstypen*.

Ein neueres Modell der Temperamente stammt von den beiden amerikanischen Psychiatern A. Thomas und S. Chess. In einer Langzeitstudie wurden 138 Kinder aus 87 Familien über mehr als 25 Jahre in regelmäßigen Abständen untersucht und getestet. Das Modell ist um vieles differenzierter als ältere Einteilungen und erlaubt eine erstaunlich genaue Charakterisierung des Individuums. Für Thomas und Chess ist Temperament das »Wie« einer Verhaltensweise.

Nach neuerer Definition ist Temperament das »Wie« einer Verhaltensweise.

Also z. B.: »Wie« man sich seiner Umwelt anzupassen vermag, »wie« man Freude, Ärger, oder Trauer ausdrückt, »wie« man sich bewegt usw. Um das Gesamtbild eines Temperaments möglichst genau zu beschreiben, haben Thomas und Chess neun Erscheinungsformen herauskristallisiert, die gebündelt das Temperament eines Menschen beschreiben.

Temperament ist weit mehr als nur Aktivität.

TEMPERAMENT DES MENSCHEN

1 Aktivität
2 Regelmäßigkeit (Biologische Funktionen wie Schlafzeiten, Appetit usw.)
3 Annäherung – Rückzug (Reaktion auf neue, unvertraute Reize)
4 Anpassungsvermögen (Hier geht es im Unterschied zu 3. nicht um die Reaktion auf eine neue Situation, sondern darum, wie lange es dauert, bis sich das Individuum auf eine neue Situation einstellen konnte.
5 Sensorische Reizschwelle (Wie starkt müssen Reize ausfallen, um eine Reaktion zu bewirken?)
6 Reaktionsintensität (Wie heftig, intensiv oder energisch werden Reize beantwortet?)
7 Stimmungslage (Eher fröhlich? Zufrieden mit sich und der Welt? Positiv gestimmt? Oder eher negative Lebenseinstellung?)
8 Ablenkbarkeit (Läßt sich das Individuum leicht ablenken oder vermag es auch unter Ablenkung seine Konzentration zu halten?)
9 Ausdauer (Wie verhält sich das Individuum, wenn Probleme auftauchen? In welcher Zeit gibt es auf? Oder versucht es immer und immer wieder, das gewünschte Ziel zu erreichen, trotz Schwierigkeiten?)

Temperamentprofile Mensch – Hund

Nr.	Eigenschaft	Mensch	Hund	Gegensätze
1	Aktivität			
2	Regelmäßigkeit			
3	Annäherung – Rückzug			
4	Anpassungsvermögen			
5	Sensorische Reizschwelle			
6	Reaktionsintensität			
7	Stimmungslage			
8	Ablenkbarkeit			
9	Ausdauer			

Vielleicht stellen auch wir die Fragen von Thomas und Chess, indem wir die Tabelle ausfüllen und damit unser ganz persönliches *Temperamentprofil* aufstellen. Und vielleicht erstellen wir noch ein zweites – für unseren Hund? Der Vergleich könnte uns nicht nur zeigen, wo unserer beider Stärken und Schwächen liegen, sondern wo es wahrscheinlich zu Konflikten zwischen uns und unserem Hund kommen wird. Tragen Sie eine 1 bei schwacher, eine 2 bei mittelstarker, eine 3 bei starker und eine 4 bei sehr starker Einschätzung ein.

Wir können den Bereich der Charakterologie hier natürlich nur streifen. Aber ein kurzes Innehalten und einige Gedanken über sich selbst können der Mensch-Hund-Beziehung immer wieder fruchtbare, neue Ansätze bieten. Auch die folgende Frageliste, auf den Hundehalter zugeschnitten, mag hierzu anregen. Wer sich einladen läßt, der kann einen Bleistift zur Hand nehmen und bei überdurchschnittlicher Einschätzung nachdem vorangegangenen Muster die Zahlen eins bis vier eintragen oder auch plus und minus verwenden: Bei ausgeprägtem Vorhandensein zwei ++, bei durchschnittlichem ein +, bei leicht unterdurchschnittlichem ein –, und bei deutlichem Mangel zwei – –. Wenn das Verhalten abwechselnd in beiden Richtungen festzustellen ist, soll dies in der mittleren Spalte mit dem Zeichen ~ eingetragen werden.

Frageliste Charakterneigungen und Begabungen

Inhalte	Bew.
Selbstwertgefühl	
Emotionalität	
Intelligenz	
Sozialisation	
Willensstärke	
Konsequenz	
Flexibilität	
Ausgeglichenheit	
Mut	
Geduld	
Selbstbeherrschung	
Gelassenheit	
Großzügigkeit	
Besonnenheit	
Einfühlsamkeit	
Liebesfähigkeit	
Mitgefühl	
Egoismus	
Toleranz	
Beweglichkeit	
Geschicklichkeit	
Schnelligkeit	
Ausdauer	
Imitationsbegabung	
Beobachtungsgabe	
Einfallsreichtum	
Spontaneität	
Problemlösungsbegabung	

Weitere Charakterneigungen und Begabungen, die der Leser als wichtig annimmt:

Schreiben Sie die wichtigsten Qualitäten, die Ihrer Meinung nach ein Hundehalter haben sollte, hier auf.

Und wo liegen Ihre Stärken?

Wo liegen Ihre Schwächen?

Vergleichen Sie Ihre Stärken und Schwächen mit den darüberstehenden Hundehalterqualitäten. Finden Sie Worte für jene Punkte, die Sie angesichts dieser Gegenüberstellung ändern möchte.

Erinnern Sie sich noch an die drei Säulen der Mensch-Hund-Beziehung? Schreiben Sie jene Qualitäten auf, die für die drei Säulen der Mensch-Hund-Beziehung von besonderer Bedeutung sind:

Säule Vertrauen: Säule Verständigung: Säule Rangordnung:

»Warum habe ich eigentlich einen Hund?«

Schreiben Sie einige Gründe auf:

Spiel und immer wieder Spiel.

Hund

Spiel: eine »reizende Nebensache?«

Kein anderes Haustier weist eine derartige Vielfalt an Erscheinungsformen auf wie der Hund. Die FCI (Federation Cynologique Internationale) zählt knapp über 300 verschiedene Hunderassen. In Wirklichkeit dürften es inzwischen an die vierhundert sein. Trotz dieser enormen Vielfalt gehen alle auf einen Stammvater zurück, den Wolf. Schon der Wolf beeindruckt mit einer Anpassungsfähigkeit, wie sie kein anderes Säugetier aufzuweisen hat. Hier einige Auszüge aus einem Interview, das ich mit dem Ethologen und Wolfsforscher Dr. Eric Zimen, ein Schüler von Konrad Lorenz, führte: »Das Verbreitungsgebiet des Wolfes reicht vom hohen Norden, von der Tundra, den Eismeerküsten über die Taiga, das Hochgebirge, die Wüsten bis zum Regenwald (...). Aus der Vielfalt des Wolfes ist auf Grund der Domestikation eine noch viel größere Vielfalt in Gestalt zahlreicher Hunderassen entstanden. Trotzdem geht alles auf den Wolf zurück. Daher können wir hündisches Verhalten ohne genaue Kenntnisse über den Wolf und den Anpassungswert seines Verhaltens nicht verstehen.

Der Hund ist und bleibt im Grunde seiner Seele ein Wolf.

Der Hund ist ein soziales Tier wie der Wolf, der im Rudel lebt, auch wenn für ihn der Mensch das Rudel bildet, er verteidigt sein Territorium genau wie der Wolf und er ist auch ein Jäger. Und wenn wir diese grundlegenden Dinge nicht verstehen, dann mißverstehen wir den Hund (...). Das Wegzüchten des Jagdverhaltens würde bedeuten, den Hund seiner Identität zu berauben. Deshalb ist es so wichtig, daß man den Jagdtrieb neben der Rangordnungsauseinandersetzung in die richtigen Bahnen lenkt. Der Hund muß klar entscheiden lernen, was darf gejagt werden und was nicht. Etwa der Stock als Ersatzbeute ist erlaubt, doch die Hose des Nachbarn Buben ist tabu.«

Aus dem Gesagten geht hervor, daß Spielen mit dem Hund noch viel wichtiger ist, als man gemeinhin selbst bei positiver Einstellung dem Spiel gegenüber annimmt. Wir

müssen dem Hund in seinen Eigenschaften als Sozialtier, Territorialtier und als Jäger für sein genetisch angelegtes Verhalten, das auch Agressionsbereiche beinhaltet, rechtzeitig Ersatzmöglichkeiten bieten. Denn wir können keinen Jäger als Haushund gebrauchen. Und hierfür finden wir kein besseres Beschäftigungsfeld als das Spiel. Zweierlei Eigenschaften der Caniden kommen uns hierbei entgegen: Auch in freier Wildbahn lernen Wölfe Sozialverhalten, Territorialverhalten und Jagdverhalten vor allem im **Spiel**, wobei die Verhaltensweisen des Spiels den »Ernstfall« zwar vorbereiten, gleichzeitig aber aus eigenen Antrieben entstehen und aufrechterhalten werden und somit als eigenständig zu bezeichnen sind. Erst in dem Augenblick, wo der Wolf das erste Mal den Todesbiß vollzieht, schließt sich die Kette der vorausgegangenen Spielappetenzen mit dem »Ernstfall«, dem Jagdtrieb, und von da an erhalten die im Spiel erworbenen Verhaltensweisen eine völlig neue Bedeutung und Qualität. Wir wissen noch nicht genau, was da im Einzelnen abläuft, aber viel spricht dafür, daß bisher noch nicht erlebte, spezifisch auf den »Ernstbezug« ausgerichtete Verhaltensweisen neu hinzukommen, während die alten, spielerischen, zwar an Bedeutung abnehmend aber erhalten bleiben.

Ganz allgemein in der Domestikation und vornehmlich in der Notwendigkeit, Jagdverhalten zurückzuhalten, kommt uns die Fähigkeit des Hundes entgegen, daß er in der Lage ist, auf einer jugendlichen Phase (*Fetalisation*= Verjugendlichung) stehenzubleiben und diese zeitlebens beizubehalten. Dies kann der Hund, ohne psychischen Schaden zu leiden, jedoch nur unter der Voraussetzung entsprechender Umlenkungen hinnehmen. Das heißt, an Stelle der »richtigen« Beute bieten wir ihm schon als Welpen »stilisierte Objekte«, die er ja bekanntlich annimmt, und wir enthalten ihm das Erlebnis der ernstbezogenen Endhandlung vor. Auf diese Weise bleibt der Hund in seinem Jagdverhalten sozusagen zeitlebens ein Junghund. Er bleibt im Stadium des Spiels und das ist gut so.

Wenn man bedenkt, wieviel Zeit und Energie der Wolf für die Jagd aufwendet und durch wieviele spielerische Vorbereitungen Territorial- und Jagdverhalten entwickelt werden, und wenn wir weiter beobachten, daß auch Hunde stundenlang bis zur körperlichen Erschöpfung spielen wollen, wo immer sie mit Menschen oder anderen Hunden die Möglichkeit dazu haben, dann wird uns immer klarer, welch vielschichtige und hervorragende Bedeutung das Spiel für den Hund ausmacht.

Spiel ist also weit mehr als eine »reizende Nebensache«. Ohne Spiel kann sich ein Hund weder physisch noch psychisch artgerecht entfalten! Spielentzug ist daher ebenso Tierquälerei wie der vorenthaltene Spaziergang.

Rassen- und Aufzuchtunterschiede

Es liegt zirka neun- bis zehntausend Jahre zurück, daß sich der Mensch des Hundes nicht nur als »Spielkamerad für Kinder, als Bewacher für Siedlungen, als freundlicher Begleiter und allenfalls als auch als Reservenahrung für schlechte Zeiten« (Zimen) bediente, sondern ihn auch, etwa zeitgleich

mit dem vermehrten Einsatz von Pfeil und Bogen, bei der Jagd nützte. Von da an trat der »zahme Wolf« einen Siegeszug als Begleiter des Menschen an, der seinesgleichen sucht.

Die Babylonier ebenso wie die Assyrer setzten bereits Kampfhunde im Krieg ein. Den Hund gezielt einzusetzen ist also eine uralte Tradition. Oft haben wir heute keinen Bezug mehr zur ursprünglichen Verwendung einzelner Rassen. Die Chow-Chows wurden beispielsweise mit geringer Winkelung und steiler Hinterhand gezüchtet, weil sie in ihrer Heimat als Schlachttiere verwendet wurden, und diese sollten sich möglichst wenig bewegen.

Beutespiele sind bei vielen Hunderassen sehr beliebt.

Der Spitz, der vielfach als Wächter auf Rheinkähnen und Planwagen Verwendung fand, wurde ebenfalls bewegungsarm gezüchtet. Ihm fehlen heute noch die für viele andere Hunderassen typischen Läufereigenschaften. Sein Desinteresse am Jagen und Wildern war ebenfalls bezweckt und wurde hoch geschätzt. Bestimmte Hunderassen wie etwa der Dachshund wurden kurzbeinig gezüchtet, damit sie bei der Jagd unter der Erde erfolgreich sein konnten. Windhunde hingegen – eine der ältesten Rassen überhaupt – wurden ursprünglich als extrem schnelle Läufer mit entsprechend leichtem, stromlinienförmigem Körperbau für die Verwendung in der Jagd gezüchtet. Später erfreuten sie sich als Gesellschaftshunde und im Einsatz für Rennen großer Beliebtheit. Zwerghunde mußten im Mittelalter neben ihren Aufgaben als Schoßhunde die in den Burgen zur Plage gewordenen Ratten dezimieren. Sie wurden als kleine, aber wildgrimmige Kämpfer gezüchtet. Eine der wenigen Rassen, die heute wie damals ihrer 5.000 Jahre alten Tradition nachkommen, sind die Schlittenhunde, die Samojeden und Huskies. Selbst die Vorfahren des Pudels waren alles andere als Schoßhunde. Sie wurden ursprünglich als Hirten- und Apportierhunde gehalten.

Man sieht, daß nahezu alle Rassen oder zumindest ihre Vorfahren ursprünglich ganz bestimmten Zwecken dienten. Der Zweckbezug war ausschlaggebend für Körperbau- und Wesensmerkmale. Solange sich die Zucht an diesen Leistungskriterien orientierte und die tüchtigsten Tiere zur Zucht verwendet wurden, nahm auch die Rasse keinen Schaden. Probleme traten erst auf, als man begann, wichtige Eigenschaften wie Gesundheit und Leistungsfähigkeit des Hundes hinter äußere Merkmale – hinter fragwürdige ästhetische Normen des

Menschen – zu stellen und durch extreme Inzucht die Genbreite zu schmälern. Was nützt ein »schöner« Bernhardiner, der nicht mehr in der Lage ist, eine Treppe hochzusteigen oder was nützt uns die Bulldogge, die allzu wärmeempfindlich und ständig nach Luft japsend bis zur Karikatur degeneriert? Und wie ist es um die Lauf- und Sprungqualitäten mancher Hunderassen bestellt, die offensichtlich mit Hüftproblemen behaftet sind? Angesichts der Tatsache, daß die weitverbreitete HD-Krankheit bei Wölfen oder auch Huskies so gut wie überhaupt nicht auftritt wäre es eigentlich naheliegend, die zeitliche »Schönheitsvorstellung« etwa der abfallenden Rückenlinie, die in der Natur wohlbemerkt bei ausnahmslos **keinem** der Caniden oder auch Katzenartigen vorkommt, endlich aufzugeben. Erfahrungsgemäß rächt es sich in jeder Rasseentwicklung, wenn man Warnungen seitens der Biologen, Genetiker und Ethologen unbeachtet läßt! An Stelle fragwürdiger Schönheitskriterien, die viel zu wenig biolo gisch angepaßt und viel zu sehr modisch orientiert sind, sollten zur Zuchttauglichkeit wieder viel mehr die Merkmale der Gesundheit, Wesensfestigkeit und Leistungsfähigkeit herangezogen werden. Wenn die Schönheitsfanatiker von ihren Vorstellungen nicht abgehen wollen, müßte man eben den Mut haben, innerhalb der Rasse eine Sparte Schönheit und eine Sparte Gebrauchshund zu kören. Die eindeutige Bevorzugung der Schönheit jedenfalls ist nicht nur höchst kritikwürdig, sie ist ungerecht und birgt letztlich enorme Risiken für die Rasse als Ganzes! Außerdem dürften die Standards einer Rasse im Sinne eines möglichst großen Genpools und auch im Hinblick auf die Variabilitätsbreite in der Verwendung nicht zu eng gesetzt werden. Man stelle sich folgendes vor: Mit einem Rassehund mit leichter HD (noch zugelassen) darf gezüchtet werden, ist der Hund jedoch einen halben Zentimeter über oder unter dem Höhenkörmaß, dann erhält er laut Zuchtbestimmung keine Zuchttauglichkeit mehr. Und dies, obwohl bekannt ist, daß manche Rassen ursprünglich deutlich höher gezüchtet wurden. Die Sinnwidrigkeit derartiger Reglements liegt auf der Hand.

Doch zurück zu den rassetypischen Unterschieden. In unserer Zeit stellen sich auf der einen Seite ganz neue Aufgaben, etwa im Bereich der Rauschgiftfahndung, der Blinden- und Behinderten- oder Bergrettungshundeausbildung. Gleichzeitg werden Hunde, welcher Rasse auch immer, als Haus- und Familienhunde gehalten. Auch der Hund in seiner Verwendung als Sportbegleiter ist immer mehr gefragt. Weil aber Käufer oft zu wenig über die favorisierte Rasse wissen und ihre Wahl oft rein nach Äußerlichkeiten treffen, führt dies nicht selten zu Überraschungen und Problemen. Grundsätzlich kann zwar jeder gesunde Hund, gleich welcher Rasse, bei richtiger Erziehung auch als freundlicher Familienhund gehalten werden oder (in mehr oder minder eingeschränktem Umfange) Aufgaben übernehmen, die nicht unbedingt mit seinem Zuchtziel identisch sind. Rassezugehörigkeit bedeutet lediglich eine gewisse Bevorzugung bestimmter Fähigkeiten (oder auch Äußerlichkeiten). Trotzdem sollte man sich gut beraten lassen und die verschiedenen Rassen miteinander vergleichen, **bevor** man sich für eine bestimmten Hund entscheidet! Hund und Mensch sollten tunlichst schon im Vorfeld zusammenpassen, wenn sie zusammenstimmen sollen.

Wer mehr über rassebedingte Unterschiede wissen möchte, der möge sich eines der zahlreichen Hundelexika zulegen und die verschie-

denen Hunderassen am lebenden Beispiel miteinander vergleichen. Vereine geben darüberhinaus wertvolle Entscheidungshilfen.

Wir unterscheiden (im Hinblick auf Besonderheiten im Spielverhalten) fünf Hauptgruppen: Jagdhunde, Windhunde, Gebrauchshunde, Begleithunde, Kleinhunde und Schlittenhunde. In den gängigen kynologischen Gruppeneinteilungen sind die Schlittenhunde und Mischlinge leider nicht aufgeführt. Terrier bildeten ursprünglich eine eigene Gruppe. Weil sich jedoch die Terrier in ihren Merkmalen erheblich auseinanderentwickelt haben, lösten manche Kynologen die Gruppe der Terrier wieder auf und teilen einzelne Terrier-Rassen den Jagdhunden oder den Gesellschafts- und Zwerghunden zu. Als sechste Gruppe müßte man eigentlich noch die nicht aufgeführten, aber doch sehr beliebten und überaus verbreiteten Mischlinge hinzufügen – als zufällige Kreuzungen. Jagdhunde werden wiederum unterteilt in Vorsteherhunde, Stöber- und Spürhunde sowie Apportierhunde.

In der Jagd wurde der Hund auf zwei grundsätzlich verschiedene Verhaltensweisen (und zahlreiche Abstufungen) hin gezüchtet. Während einige Rassen wie zum Beispiel der Terrier zur Bekämpfung und Vernichtung von Wild eingesetzt werden, kam anderen Hunderassen wie Vorsteher-, Stöber- und Apportierhunden die Aufgabe zu, gemeinsam mit dem Jäger zu jagen, indem sie sozusagen den verlängerten Arm des Jägers bilden. An dieser extrem gegensätzlichen Zielsetzung im Hinblick auf das Aggressions- und Beuteverhalten kann man ablesen, in welch breitem Umfang Hunde dressierbar sind. Der Terrier kämpft um Leben und Tod, während der Golden Retriever die Beute zart in den Fang nimmt und, anstatt selbst zu fressen, dem Jäger vor die Füße legt. Im einen Fall wurden bestimmte Instinkthandlungen verstärkt, im anderen unterdrückt (bzw. umgeleitet!).

Manche Hunderassen, wie etwa die Windhunde, wurden für die Jagd nach dem Auge eingesetzt. Sie brachten relativ schlechte Riecheigenschaften mit. Andere Hunderassen, wie der Bloodhound, die mit tiefer Nase als ausgesprochene Fährtenleser agieren, verfügen über auffallend mangelhafte Seheigenschaften.

Hundetemperamente

Ähnlich wie beim Menschen, so hat man auch Hunde nach Temperamenten eingeteilt. Einer der ersten war der uns bereits bekannte I. P. Pawlow, welcher von zwei gegensätzlichen Gruppen, den *Leicht erregbaren* und den *Leicht hemmbaren* Hunden ausging. (Zitat sinngemäß): »Der erregbare Hund ist in seiner höchsten Vollendung ein Tier von agressivem Charakter. Der extrem hemmbare Typ ist, was man ein ängstliches Tier nennt.«

In der Mitte dieser beiden Extreme fand Pawlow eine dritte Gruppe, in welcher seiner Meinung nach die »Prozesse der Erregung und Hemmung ausgeglichen sind«. Die leicht erregbaren Hunde des hochaktiven Typs fielen nicht nur durch leichtere Motivierbarkeit und intensivere nervliche Reaktionen auf. Ihr gesamter Sroffwechsel war unvergleichbar höher.

James setzte Pawlows Arbeiten fort, indem er nicht nur Individuen, sondern bestimmte Rassen genau untersuchte. Auch er ging von den

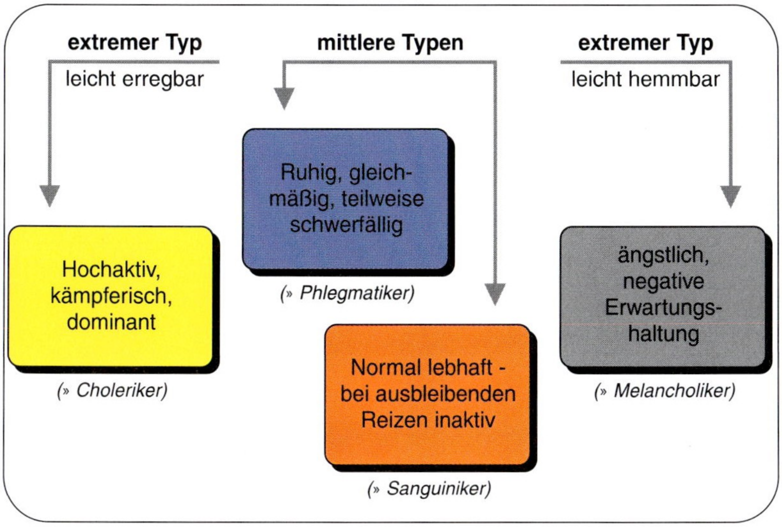

Hundetemperamente nach James
(Modell-Grafik E. Lind)

zwei gegensätzlichen Erscheinungsformen des *leicht erregbaren* und *leicht hemmbaren Types* mit den jeweils niedrigen Reizschwellenwerten aus. Als Beispiel mag der aktive, bewegliche Schäferhund auf der einen, der eher träge, unbewegliche Bassethound auf der anderen Seite dienen. In der Mitte fand er jedoch **zwei** Typen, die jeweils die Tendenz zu einer der beiden äußeren Gruppen zeigen. Parallelen zu den vier klassichen Temperamenten nach Hippokrates sind hier unverkennbar. Demnach würde der *leicht erregbare Typ* dem *cholerischen*, der *leicht hemmbare* dem *melancholischen*, der *mittlere Typ* mit Neigung zum leicht Erregbaren dem *sanguinischen* und der *mittlere Typ* mit Neigung zum leicht hemmbaren *dem phlegmatischen Temperament* ähneln.

Während der »phlegmatische Hund« ein gleichmäßiger, ruhiger Typ ist, fällt beim »sanguinischen Hundetemperament« auf, daß er sich, solange etwas sein Interesse weckt, außergewöhnlich vital und aktiv zeigt, daß aber sein Verhalten bei Nachlassen des Interesses oft schlagartig zusammenbricht, so daß er sich von einer Sekunde auf die andere auf den Boden haut und schläft. Die beiden mittleren Typen sind im allgemeinen (mit Einschränkungen) leichter zu erziehen als die extremen, andererseits bietet für weit überdurchschnittliche Leistungen der leicht erregbare Typus (bei einfühlsamer Führung!) hervorragende Voraussetzungen für Höchstleistungen. Der leicht hemmbare Typus – nicht zu Unrecht oft als »Prügelknabe« bezeichnet – ist in der Natur zum Scheitern verurteilt, so hart es klingt und so grausam uns die Beschreibungen solcher Tierschicksale anmuten. Die Frage, ob extrem ängstliche Tiere in der Familie eine Daseinsberechtigung haben, muß jeder für sich beantworten. Wer sich aber für einen »Melancholiker« entscheidet, darf die Gefahren, die damit verbunden sind, nicht außer Acht lassen.

Wenn wir vorhin von niedrigen und hohen Schwellenwerten (oder Reizschwellen) sprachen, so dürfen wir auch hier nicht der Versuchung leichtfertiger Verallgemeinerung unterliegen. Ein Hund mit niedriger Reizschwelle kann durchaus in bestimmten Bereichen sehr schwer erregbar sein und umgekehrt. Man

Was den Hund immer wieder motiviert: Spiele aus dem Funktionskreis des Beutemachens.

muß also neben der rassespezifischen auch die individuellen und bereichsspezifischen Schwellenwerte berücksichtigen. Basenjis zum Beispiel zeigen sich Menschen gegenüber sehr ängstlich, hier liegt ihr Schwellenwert niedrig. Hunden gegenüber behaupten sie sich ausgesprochen stark, was in diesem Bereich auf eine eklatant hohe Reizschwelle hinweist.

James fand durch zahlreiche Versuche heraus, daß sich das Temperament in vielen Verhaltensweisen wiederspiegelt. Beim Fressen zum Beispiel zeigte sich, daß nicht, wie man annehmen möchte, die schwereren und größeren, sondern die aktiveren Tiere am meisten fraßen. Temperamentbezogene Freßunterschiede ließen sich sogar bei Hunden gleichen Alters, gleichen Geschlechts und gleicher Rasse feststellen. Auch die Analyse des Bewegunsaufwandes verschiedener Rassen ergab, daß zum Beispiel Schäferhunde oder Salukis nicht nur deutlich mehr fraßen, sie waren auch in ihren Bewegungen aktiver als die Vergleichsgruppe der Bassethounds. Und noch ein Ergebnis überraschte: Nicht die leichtesten, sondern einige der schwersten Tiere waren gleichzeitig die aktivsten. Im Hinblick auf das Dominanzverhalten konnte man feststellen, daß auch hier die dem leicht erregbaren Typus zuzuordnenden Tiere, also jene mit einer eher niedrigen Reizschwelle, häufiger dominant waren. Das erklärt sich unter anderem daraus, daß das leichter erregbare Tier in freier Natur auch oft das wachsamere ist. Das Tier mit niedrigerer Reizschwelle wird Gefahren früher erkennen und kann so das Rudel rechtzeitig vor Gefahr schützen.

Die dominanten Tiere sind meist auch die angriffslustigeren, bei weitem aber nicht immer die stärksten. Allerdings kommt es darauf an, welchem Typus der Rivale angehört. Stammen beide etwa aus derselben Kategorie des leicht erregbaren Typus´ und sind die *Ausprägungsunterschiede* gering, so kann es durchaus zu ernsthaften Auseinandersetzungen kommen. Auch bei den Körpersignalen des dominanten und submissiven (unterwürfigen) Gebarens spiegeln sich übrigens die Unterschiede der verschiedenen Temperamente auffallend wieder.

Rasseunterschiede machen sich natürlich auch im *Spiel* bemerkbar. Es gibt Rassen, die eignen sich mehr für Versteck- und Suchspiele, andere für Geschicklichkeits- und Bewegungsspiele. Spielformen aus dem Funktionskreis des Beutespiels sind bei vielen Hunden

besonders beliebt. Daher erklärt sich auch ihre in zahlreichen Varianten bekannte Verbreitung.

Auf eine stilisierte Beute in irgendeiner Form zu reagieren, das ist – freilich unterschiedlich potenziert – in den meisten gängigen Rassen mit wenigen Ausnahmen noch heute tief verwurzelt. Es ist sicher vorteilhaft, wenn man sich über die Rasse des eigenen Hundes gut informiert. Man sollte Bescheid wissen über die ursprünglichen Verwendungszwecke und deren Wandlung bis in unsere Zeit – über jene physischen und psychischen Bereiche, die in der Zucht gefördert und zurückgedrängt werden. Bei manchen neueren Rassen kann es vorteilhaft sein, in Erfahrung zu bringen, von welchen Ausgangsrassen sie abgeleitet wurden. Diese Basisinformationen ergeben schon ein recht brauchbares Bild darüber, welche Rasse sich für welche Spiele besonders eignet und wo man nicht überrascht sein darf, wenn der Hund auf dieses oder jenes nicht optimal anspricht.

Aber trotz aller rassebedingten Einschränkungen oder Bevorzugungen kann es passieren, daβ der eigene Hund alles über den Haufen wirft, was eigentlich zu erwarten wäre. Denn auch die Art und Weise, wie der Hund aufgezogen wird, hat außerordentlich starken Einfluß auf dessen weitere Entwicklung. Von vielen wird die kurze Periode der acht bis zwölf Wochen langen Zwingerzeit bei weitem unterschätzt. Im Jackson Laboratory wurden Hunde einer bestimmten Rasse auf verschiedene Weise aufgezogen. Die Ergebnisse waren verblüffend! Unter veränderten Bedingungen entwickelten sich die Hunde derart verschieden, daß die typischen Rassemerkmale, die als genetisch fixiert galten, oft als erstes vewischten. Ließ man etwa die Welpen von Beagles oder Cockers in Gehegen aufwachsen, so entwickelten sich diese als besonders zutraulich geltenden Rassen zu auffällig scheuen und furchtsamen Tieren. Unter den wild aufwachsenden bildete sich relativ schnell eine feste Rangordnung, die mehr vom Temperament des einzelnen als von Rasseeigenschaften bestimmt wurde. Man darf diese Ergebnisse sicher nicht überbewerten, denn Rassenunterschiede sind nachgewiesenermaßen zum Beispiel stark am zeitlichen Eintreten bestimmter Reifungsprozesse beteiligt. Aber andererseits erlaubt die Rassenzugehörigkeit nur bedingte Einstufungen und Erwartungen. Was hingegen ohne Einschränkung gilt, ist die herausragende Bedeutung der »Kinderstubenzeit«. Es gibt Kynologen, die behaupten, in dieser kurzen Zeit passiere im Hinblick auf Entwicklungsvorgänge mindestens ebensoviel wie vom Abholen aus dem Zwinger bis an das Lebensende des Hundes. Wer sich an die vielen Tests erinnert, die in dieser Fragestellung bei Mensch und Tier durchgeführt wurden, wird geneigt sein, diesem Statement beizupflichten.

Auf jeden Fall sollte man sich den Zwinger, aus dem man vorhat seinen Welpen zu kaufen, genauestens ansehen und nach Möglichkeit auch die Elterntiere und einige Wurfgeschwister der Vorjahreswürfe überprüfen. Dort, wo aus Liebe und mit möglichst umfangreichem Wissen Welpen nicht nur **aufgezogen**, sondern täglich stundenlang **gefördert** werden, dort sollte man zugreifen. Von Massenzüchtern, die oft mehrere Hündinnen gleichzeitig werfen lassen, ist eher abzuraten. Hat man aber einen Zwinger gefunden, wo Welpen mit entsprechendem Aufwand gute oder gar beste Entwicklungs- und Startchancen mitbekommen, so sollte man einen berechtigten Mehrpreis nicht

scheuen. Rechnet man einige hundert Mark auf die Lebenszeit eines Hundes um, so kommt pro Jahr eine unbedeutende Summe heraus. Was der Welpe aber an Startchancen mitnimmt, das muß 10–15 Jahre vorhalten. Davon zehrt der Hund sein Leben lang, und auch der Hundehalter profitiert von einem gesunden und in vieler Hinsicht unproblematischen Hund.

Ein gewissenhafter Züchter wird auch mit Blick auf das Spielverhalten seiner Welpen möglichst viel unterschiedliche Anreize, Förderungen, Herausforderungen und Gelegenheiten bieten und immer wieder auch sozialisierende Komponenten miteinbeziehen.

Nicht nur die Rassezugehörigkeit, auch die Aufzucht wird das spätere Spielverhalten des Hundes entscheidend mitbestimmen.

Schließlich sind noch die **individuellen** Eigenschaften und Vorlieben eines Hundes zu nennen, denn sie bestimmen Spielstruktur und Spielplanung im Detail. Es kann daher nicht eindringlich genug darauf hingewiesen werden, seinen Hund zu beobachten, sein Temperament zu erkennen, seine Ausdruckssignale immer noch besser verstehen zu lernen, um sich ein immer klareres Bild seiner »individuellen Hundepersönlichkeit« zu machen.

Wie ist mein Hund?

Jetzt müßten wir eigentlich in der Lage sein, uns ein relativ klares Bild von unserem Hund zu machen. Dies soll denjenigen, die dies vertiefen möchten durch einige Fragen abschließend erleichtert werden. Es ist klar, daß sich viele Fragen in der vorgegebenen Form nicht beantworten lassen. Dann muß der Leser die Frage eben selbst so umformen, daß sie dem komplexeren Erscheinungsbild seines Hundes gerecht wird. Bei allen Unzulänglichkeiten, die mit einer derartigen Fragenstruktur naturgemäß verbunden sind, lassen sich doch da und dort bislang unbekannte Charakteristika aufdecken und einordnen. Wurde das erreicht, dann hat das kurze Puzzle seinen Dienst erfüllt. Wem derartige Fragepuzzles nicht liegen, der mag den Abschnitt getrost überschlagen.

Schon im Welpenalter müssen für optimale Entwicklungs- und Reifungsvorgänge die unersetzlichen Anreize vielfältiger Förderungen gegeben werden. Ein verantwortungsvoller Züchter wird eine Menge Zeit, Phantasie und Liebe investieren. Die Hündin allein ist eindeutig überfordert. Was in freier Wildbahn das ganze Rudel an der Erziehung der Welpen einbringt, muß im Mensch-Hunde-Rudel die Familie leisten.

FRAGEPUZZLE

Wie ist mein Hund?

- ❑ Welcher Rasse gehört mein Hund an? Was fällt mir noch dazu ein? ...
- ❑ Zu welchem Temperament neigen Hunde dieser Rasse im Allgemeinen? Was fällt mir noch dazu ein?
- ❑ Entspricht mein Hund den rassebedingten Temperamenterwartungen? Was fällt mir noch dazu ein? ...
- ❑ Hat mein Hund eine niedrige, hohe oder mittlere Reizschwelle?
- ❑ Ist mein Hund eher sehr aktiv, ist er aktiv, wechselhaft, ruhig oder träge?
- ❑ Schläft mein Hund viel oder ist er viel in Bewegung?
- ❑ In welchem Verhältnis stehen Aktivität und Ruhebedürfnis?
- ❑ Wie frißt mein Hund? Schnell? Viel? Gelassen? Schlechter Fresser?
- ❑ Ist mein Hund führig, leicht führig, schwer zu führen?
- ❑ Wie ordnet er sich ein?
- ❑ Ordnet er sich, wenn erforderlich, unter?
- ❑ Ist mein Hund selbstsicher oder unsicher in folgenden ... Situationen?
- ❑ Ist mein Hund ängstlich in folgenden ... Situationen?
- ❑ Wie verhält sich mein Hund anderen Hunden gegenüber?
- ❑ Ist er eher dominant (führend), submissiv (unterwürfig) oder ambivalent (wechselhaft)?
- ❑ Wie verhält er sich in fremder Umgebung, fremden Menschen und Tieren gegenüber?
- ❑ Ist mein Hund »seelisch ausgeglichen« oder eher launisch?
- ❑ Was fällt mir alles zur Beschreibung seiner körperlichen Fähigkeiten ein?
- ❑ Welche Sinnesleistungen sind gut, welche weniger gut ausgebildet?
- ❑ Was mag mein Hund besonders gern?
- ❑ Was meidet mein Hund?
- ❑ Was wurde mit dem Hund im Welpenalter gespielt? Was später?
- ❑ Was spielt mein Hund heute alles gerne? Was am liebsten?
- ❑ Wie würde ich sein Spielverhalten beschreiben?
- ❑ Was müßte noch besser werden im Spiel?

Weitere Fragen: ....

Fragen zur Mensch-Hund-Beziehung:

- ❑ Welchem Temperament würde ich mich zuordnen (grob gesehen)?
- ❑ Welchem Temperament würde ich meinen Hund zuordnen (grob gesehen)?
- ❑ Trage ich Züge verschiedener Temperamente?
- ❑ Trägt mein Hund Züge verschiedener Temperamente?
- ❑ Wo sind Reibungs- und Problempunkte in der Beziehung zu meinem Hund?
- ❑ Woran müßte ich im Rahmen meiner Persönlichkeitsentwicklung arbeiten?
- ❑ Wo müßte ich bei meinem Hund ausgleichend einwirken? In welchem Bereich: Erziehung? Spiel? Auslauf? Weitere: ...?

Zauberworte »Faszination« und »Motivation«

Woher kommt die treibende Kraft?

Die Faszination, die von einer Sache oder in unserem Falle von einem bestimmten Lebewesen ausgeht, schlägt uns in ihren Bann und zieht uns magisch an.

Man fragt sich oft, woher manche Menschen die Kraft nehmen, unter Strapazen und Entbehrungen etwa den Himalaya zu besteigen, durch die Wüste zu wandern, in Höhlen zu tauchen, jahrelang das Verhalten bestimmter Tiere zu beobachten oder ein Leben lang Briefmarken zu sammeln. Was verbindet all diese so unterschiedlichen Tätigkeiten? Wenn wir uns die Beweggründe des Hundehalters vor Augen führen, dann kommt uns unsere Beschäftigung ganz natürlich und selbstverständlich vor. Wir können zwar auf die Frage des Ursprungs der treibenden Kräfte keine definitive Antwort geben. Aber es lassen sich doch einige Umschreibungen finden, die den Vorgang, die *Motivation* als solche erklären. Zur Motivation fallen uns relativ schnell die Begriffe »Faszination«, »Angetriebensein« oder auch etwas weiter entfernt »Hobby« oder »Handlungsfreude« ein. Für uns Hundefreunde bedeutet dies: wir fühlen uns hingezogen zu den Vierbeinern mit der kalten Schnauze, in irgendeiner Form lieben wir unseren Hund und wir suchen den Umgang mit ihm. Man könnte sagen:

Demnach wäre die *Faszination* das übergeordnete, nicht weiter erklärbare Zusammentreffen von Ausstrahlung des Objektes einerseits und unserer Neigung, unserem Angesprochensein andererseits. Einen nicht unwesentlichen Teil unserer Wertvorstellungen bauen wir auf vorausgegangenen *Faszinationen* auf. Hinzu kommen dann im Einzelnen zahlreiche *Motivationen*. *Faszination* und *Motivation* gehen in vielen Phasen und Bereichen fließend ineinander über, vermischen sich und wirken ineinander.

Aber nicht jeder unserer Motivations-Einsätze trägt Früchte. So manche enttäuschte Erwartung vermögen wir dann kraft der übergeordneten, nahezu unantastbaren *Faszination* zu verschmerzen. Sie hilft uns hinweg über die Tiefen des Versagens, über das Ausbleiben von Erfolg und über Durststrecken von Gewöhnung und Alltag.

Ist es nicht verwunderlich, daß wir so viel Aufwand, einen nicht unwesentlichen Teil unserer Freizeit in eine Verbindung investieren, die im Kern von Gefühlen und nicht unbe-

dingt in Erwartung irgendeines profitärem Nutzen erhalten wird? Man mag zu recht einwenden, das sei normal, das mache jeder, der von etwas fasziniert ist. Trotzdem bleibt es bemerkenswert! Denn schließlich verbindet sich mit der Faszination der Hundehaltung auch die Erwartung nach Zuneigung des Hundes. Wieder Gefühle! Vielleicht würde der eine oder andere an Stelle hoch gegriffener Worte wie »Zuneigung« oder ähnlichem lieber von »Mögen«, »Spaß« oder »Freude« sprechen. Aber darauf kommt es hier nicht an. Wir wollen hier lediglich festhalten, daß Motivationen meistens stark affektiv besetzt sind, wie der Psychologe das ausdrückt. Man unterscheidet die *Primär-* von der *Sekundärmotivation* (intrinistische und extrinistische Motivation), indem man auf folgenden Unterschied hinweist: Mache ich etwas um der Sache willen, weil's eben Spaß macht, mich interessiert oder andere Antriebe in mir weckt, so steht die Motivation mit dem Gegenstand in direktem Zusammenhang und man spricht von *primärer Motivation*. Betreibt hingegen jemand Hundesport, um sich vor anderen zu profilieren oder seine Machtansprüche auszuleben, dann ist er nicht primär motiviert, denn dann bedient er sich des Hundes um anderer Ziele willen. Es liegt auf der Hand, daß wir uns um die wirkungsstarken und direkten *primären Motivationen* bemühen müssen und sekundäre kritisch auf ihren Wert hin überprüfen sollten. Andererseits können sekundäre Motivationen primäre unterstützen oder auch in primäre umgewandelt werden. Ein engagierter Hundehalter beispielsweise, der bei aller Begeisterung für den Sport nie den Hund und dessen Bedürfnisse aus den Augen verliert, ist beides gleichzeitig, primär- und sekundärmotiviert. Sein Tun ist auch auf ethischer Ebene gerechtfertigt und solange er den Hund nicht als Mittel zum Zweck einsetzt, können beispielsweise Wettbewerbsziele und -erfolge sich durchaus positiv auf Mensch und Hund auswirken.

Soviel zur Faszination und Motivation des Hundeführers. Was nun den Hund betrifft, so liegen die Dinge anders. Nach allem, was wir über Tiere wissen, müssen wir annehmen, daß man sehr wohl auch beim Hund von Motivation sprechen kann, daß ihm aber *abstrakte Wertvorstellungen* unzugänglich bleiben. Er kann uns ja leider nicht in unserer Sprache mitteilen, was ihn motiviert – und in wieweit ihn das gemeinsame Tun befriedigt oder ihm Lust bereitet. Andererseit aber wird es uns ohne Wissen über die inneren Vorgänge jedoch nur zum Teil gelingen, den Hund auf uns auszurichten! Hier wird wieder einmal klar, wie eminent wichtig es ist, die Ausdrucksformen des Hundes zu erlernen. Denn **sie** zeigen uns , wenngleich chiffriert, mitunter nur bruchstückhaft und in Andeutungen, was in ihm vorgeht. Ich erinnere mich in diesem Zusammenhang immer wieder an einen hervorragenden Schutzhelfer und Hundeführer, der während der Arbeit wie aus innerem Zwang immer laut von sich gab, was er im

Das Spiel der Hunde untereinander ist uns der beste Lehrmeister, wie das Spiel zwischen Mensch und Hund zu gestalten ist.

Augenblick am Hund beobachtete. Hans Krainer aus Henndorf fallen nicht nur die kleinsten und scheinbar unbedeutendsten Signale des Hundes auf, er ist auch in der Lage, sie auf der Stelle richtig zu interpretieren und die entsprechenden methodischen Entscheidungen zu treffen. Von ihm konnte man lernen, *in jeder Situation nie die Beobachtung abzubrechen*. Wenn die Beobachtung abbricht, ist das geistige Band zwischen Führer und Hund schon am reißen. Es ist gewiß nicht leicht, den Hund in jeder Situation zu beobachten, aber genau das wird nach und nach nicht nur möglich, sondern unentbehrlich. Mit der Zeit läuft die Beobachtung mit wie die »geistige Windrose des Seemanns«, der, wie sich das Schiff auch dreht, immer weiß, wo der Wind herkommt, oder ob sich dieser vielleicht ebenfalls dreht.

Eine weitere wichtige Voraussetzung ist die Kenntnis dessen, was der Hund gerne spielt und für welche Übungen er sich besonders eignet. Wenn wir weiter oben festgestellt haben, daß selbst beim vernunftbegabten Menschen Motivationen meistens affektiv besetzt sind, dann gilt das noch viel mehr für den Hund.

Beachten wir also die Gestimmtheit unseres Hundes genau und lenken wir das Spiel in stimmungsfördernde Bahnen.

So dahingesagt ist das jedem klar. Aber wenn man dann sieht, wie manche Hundehalter das Spielen gestalten, dann erkennt man, daß ihnen wohl die Lerngesetze vor Augen stehen, daß sie sich aber zu wenig Gedanken darüber machen, wie der **Hund** im Tun selbst, also schon **vor** der »Belohnung«, Befriedigung und Lust erleben kann. Über die »Belohnung nach erbrachter Leistung« machen wir uns viel Gedanken, aber richten wir unsere methodische Phantasie »innerhalb der Übung« auch richtig aus? Richten wir sie nach der *Primärmotivation*, also auf das, was das Spiel oder die Übung von sich aus an möglichen Anreizen beinhaltet? Oder sehen wir nicht die Übung eher als ein Muß und in der Belohnung ein notwendiges Dressurmittel? Finden wir in unserem methodischem Vorgehen nicht immer wieder Relikte alter, auf Druck basierender Methoden? Es würde doch eigentlich nichts näher liegen, als die »Belohnung im Tun« zu suchen. Aber die Schwierigkeit liegt in der Gretchenfrage: »Wie sag ich's meinem Hund?« Wir wissen zwar, »eigentlich springt er ja gern über die Hürde«, aber daß er es gerade dann macht, wenn wir es wollen und in allen Einzelheiten so, **wie** wir wollen, das begreift der Hund von sich aus nicht! Hier muß unsere Phantasie einsetzen. Einfach gesagt:

Die Absichten des Hundeführers müssen so vermittelt werden, daß sie ohne negativen Beigeschmack und möglichst ohne Umweg zu »Absichten« des Hundes werden können.

Mit anderen Worten: »*Unsere Absichten sollten den Hund motivieren*«. Das wiederum wird nur gelingen, wenn wir wissen, was dem Hund eine »Absicht« werden kann und was nicht. Und dann gilt es noch Folgendes zu berücksichtigen. Nehmen wir an, ein Hundeführer möchte seinem Hund im Winter das Schlüsselsuchen beibringen und er verursacht dabei die naheliegende Fehlverknüpfung, indem der Hund schon beim Kommandeo »Such!« in der Erwartung der Belohnung hinlegte – vor oder hinter dem Schlüssel oder wo er gerade stand. Der Hund kürzte die Aufgabe ab, weil ihn das Suchen selbst

zu wenig motivierte. Im Sommer, wo das Gras durch Tritte verführerische Düfte abgibt, wäre vielleicht alles gut gegangen. Die Natur hätte sozusagen für die Primärmotivation gesorgt. So aber, im Winter, fehlte der Antrieb für das Suchen, was den Hund zu einer anderen, als von uns geplanten Assoziation verleitete. Obwohl *Fehlverknüpfungen* zum Alltag des Hundeführers gehören, so lassen sie sich doch bei Berücksichtigung einiger Prinzipien weitgehend vermeiden oder anschließend leicht korrigieren.

Neben der zweifellos wichtigen Belohnung dürfen wir nie vergessen, das Tun selbst ins Fadenkreuz unserer Methodik zu bringen!

Jede einzelne Übung sollte so gestaltet werden, daß sie auch ohne Belohnung Spaß macht. Der Hund sollte, wo immer möglich, primärmotiviert werden! Gerade das wird aber leider, selbst von Hundeführern, die spielerisch vorgehen, oft übersehen. Spielerische Vorgangsweise bedeutet noch lang keine Erfolgsgarantie! Es kommt, wie gesagt, darauf an, »richtig« zu spielen und das richtige Spielen läßt sich nicht in drei Schubladen oder vier Regeln und schon gar nicht in ein Rezept packen.

Konrad Lorenz' Motivationsmodell

Der Schlüssel zum pädagogischen Erfolg liegt in der Motivation. Darin sind sich heute alle, die in irgendeiner professionellen Form mit Lehren und Lernen zu tun haben, einig. Aus diesem Grund greifen wir hier, kurz vor Beginn des praktischen Spielens, das Zauberwort »Motivation« noch einmal auf. Schon Thorndike hatte im Rahmen seiner Versuche mit Katzen in Problemkäfigen folgendes herausgefunden: Waren die Bedürfnisse seiner Tiere mehr oder weniger befriedigt, so unternahmen sie keine großen Anstrengungen zu ihrer Befreiung. Sie erwiesen sich also für seine Versuche als wenig geeignet. Tiere, die stark motiviert waren, Ausbruchversuche zu unternehmen, weil sie etwa heftigen Hunger verspürten oder dringend zur Herde zurückwollten, eigneten sich unvergleichbar besser für Versuche. Außerdem fand er heraus, daß die Anstrengungen zur Befreiung noch heftiger ausfielen, wenn zur Motivation noch eine Steigerung des Schwierigkeitsgrades hinzukam. Die *Handlungsbereitschaft* stieg also besonders stark an, wenn auf der einen Seite die *Triebstärke* und gleichzeitig *der auslösende Reiz* zunahmen.

Abhängigkeiten und Schwankungen der Handlungsbereitschaft lassen sich sehr gut am Beispiel des von Lorenz (1937, aus Lorenz 1965) entwickelten »psychohydraulischen Motivationsmodells« darstellen. Dies ist auch unter dem Begriff *Energetisches Motivationsmodell* bekannt und in manchen Anlehnungen als »Dampftopfmodell« beschrieben.
Man stelle sich vor, es fließt Wasser in ein Behältnis, dessen Abfluß mit einem Ventil versehen ist. Je mehr Wasser einfließt, desto mehr nimmt auch der auf das Ventil wirkende Druck zu. Bei einem bestimmten Punkt öffnet sich das Ventil und Wasser tritt aus. Das Abfließen des Wassers kann auch dadurch erreicht werden, daß man den Druck des Ventils verringert. Soweit die Kurzbeschreibung des hydraulischen Systems. Überträgt man nun die physikalischen Komponenten auf die Verhaltens-

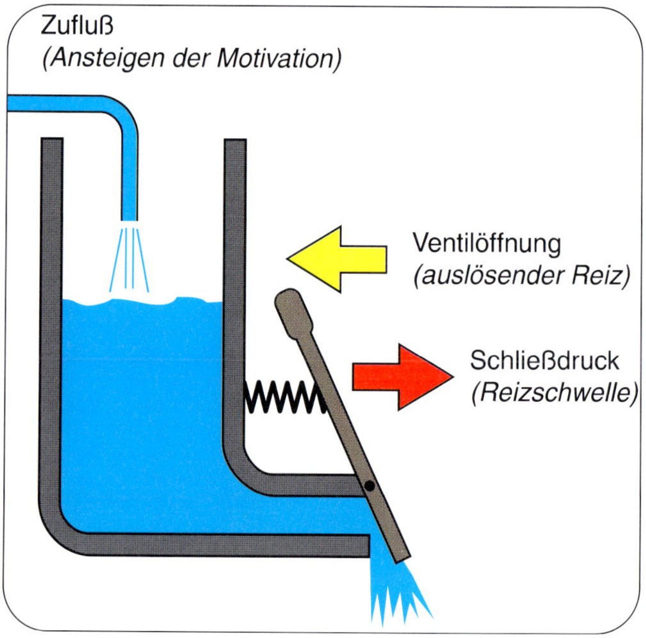

Energetisches Motivationsmodell nach Konrad Lorenz

- **Der Behälter entspricht dem für das Verhalten zuständige System des Zentralen Nervensystems (ZNS).**
- **Das einfließende Wasser entspricht der ansteigenden Motivation.**
- **Das Ventil entspricht dem Reizschwellenwert.**
- **Die Einwirkung am Ventil, etwa eine variable Feder oder ein Gegengewicht, entspricht dem auslösenden Reiz**
- **Das abfließende Wasser entspricht dem ausgelösten Verhalten.**

Ebene, so ergibt sich folgendes Bild:

Hierzu ein Beispiel: Der Dalmatinerrüde Roy hat längere Zeit nicht mehr mit seinem geliebten Ball spielen können. Herrchen mußte für Tage verreisen. So stieg die Spiel-Motivation mit jedem Tag mehr an. Die individuelle Reizschwelle des Hundes wirkte dabei wie ein Ventil, das verhindert, daß sich die aufladende Energie irgendwie verselbstständigt. Als Herrchen nach vier Tagen zurückkommt und den Ball vom Schrank runterholt, öffnet sich das Ventil, der auslösende Reiz ist gegeben und die angestaute Energie enläd sich in lautem Gebell und wildem Spiel.

Der Vorgang könnte aber auch anders ablaufen: Als nach drei Tagen Herrchen immer noch nicht kommt, wird die ansteigende Motivation so stark, daß sie durch das Ventil der Reizschwelle nicht mehr zurückgehalten werden kann. Die Aktionsenergie strömt aus. Weil aber weder Herrchen noch der geliebte Ball vorhanden sind, wird das nächstliegende ähnliche Objekt, etwa ein Strumpf oder Schuh, der an Herrchen erinnert, zum Auslöser, und der Hund simuliert das gewohnte Spiel nun in abgewandelter Weise eben alleine und mit dem Ersatzobjekt.

Diese beiden Modellsituationen zeigen, wie äußere Reize und innere Bedingungen Verhalten auslösen und gleichzeitig die Intensität einer Handlung, die Reaktionsstärke und deren Richtung beeinflussen. Bleiben wir kurz bei der Reaktionsstärke, also unserem ersten Beispiel: Hier spricht man von einer *Doppelten Quantifizierung*.

Demnach kann eine mittlere Reaktionsstärke auf unterschiedliches Zusammenwirken zurückgehen, etwa auf:

- ❑ mittlere Motivation und mittlere Reizqualität und (oder) Stärke;
- ❑ hohe Motivation und schwache Reizqualität und (oder) Stärke;
- ❑ geringe Motivation und hohe Reizqualität und (oder) Stärke.

Das heißt, schwache Motivation kann durch hohe Reizqualität ausgeglichen werden und umgekehrt. Soweit die allgemein bekannten Beschreibungen des psychohydraulischen Motivationsmodells. Bezieht man die bekannten Lerngesetze und die praktischen Erfahrungen der Hundeausbildung mit ein, so erschließt das Modell zahlreiche Zusammenhänge der Ausbildung und wertvolle methodische Ansätze:

- *Spielen und Üben bei hoher Motivation! Bestmögliche Lernerfolge sind bei hoher Motivation und gleichzeitig hoher Reizqualität zu erwarten. Man sollte daher bestrebt sein, sich alle für die Motivation wichtigen Einzelheiten immer wieder vor Augen zu*

führen, um das so wichtige Vorfeld ebenso wie das Milieu bestmöglich zu gestalten. Denn das alles läßt sich planen und ohne den »Unsicherheitsfaktor Hund« einrichten. Es obliegt allein dem Menschen. Wenn man also beispielsweise mit Futter motivieren möchte, so sollte der Hund hungrig sein.

- *Übermotivation vermeiden! Wie hungrig der Hund allerdings sein sollte, das hängt von seinem Temperament, der konkreten Aufgabe und dem augenblicklichen Ausbildungsstand ab. Gehört er dem leicht erregbaren (etwa dem »cholerischen«) Temperament oder auch dem »sanguinischen« Mitteltyp an, dann ist Vorsicht geboten. Eine zu hohe Motivation kann sich in vieler Hinsicht nachteilig auswirken: Statt sich einzuordnen, will der Hund möglicherweise dominieren; – oder er neigt zum (zwar harmlosen, aber unerwünschten) Beißen; – oder er kann sich nicht mehr an bereits Gelerntes erinnern; – oder er tut sich im Aufnehmen von Neuem schwer; – oder er führt die Aufgaben zu schlampig aus; – oder er verwechselt verschiedene Aufgaben, oder er fängt auf der Fährte an zu stürmen usw.*
- *Bei Übermotivation: Erkennt der Hundeführer, daß sein Hund übermotiviert ist, dann kann er durch Verringern der Reizstärke ausgleichend Einfluß nehmen.*
- *Bei Untermotivation: Zeigt der Hund, daß er untermotiviert ist, indem er sich beispielsweise langsamer oder desinteressiert zeigt, so kann der Hundeführer durch höhere Reizstärke und -qualität den Hund wieder neu motivieren.*
- *Was tun bei schwachem Nervengerüst? Bemerkt der Hundeführer, daß sein Hund ein schwaches Nervengerüst besitzt, dann kann er ihm zwar kein neues Gefäß verpassen, um in Lorenz' Bild zu bleiben, aber er kann es durch stützende Maßnahmen wie vermehrte Vertrauensbildung, ausgeglichenere Rangordnung sowie bessere Kommunikationssignale absichern.*
- *Auf den richtigen Augenblick kommt es an! Es muß der richtige Augenblick gefunden werden, wann der Reiz gegeben wird. Wann, bildlich gesprochen, das Wasser abfließen, wann also die gewünschte Handlung einsetzen soll.*
- *Timing und Balance der Motivationsgestaltung bestimmen in hohem Maß den Lern- und Leistungserfolg*

Untermotiviert. Was tun?

Nach einer neueren Interpretation (1978, S. 143) erweiterte Lorenz

das Modell dahingehend, daß auch auslösende Reize als Zuflüsse gedeutet werden können, wobei sich dann der Motivationsgrad erhöht und der Gegendruck des Ventils überwunden wird. Zitat: »Nach diesem Modell unterscheiden sich die unmittelbar auslösenden Reizkonfigurationen von den aufladenden nur durch die Schnelligkeit ihrer Wirkung.«

Wer noch mehr über Motivation wissen möchte, der möge beispielsweise bei Tembrock (1967) nachlesen oder sich über neuere, biokybernetische Modellvorstellungen etwa von Hassenstein (1973) informieren.

Motivation und »Anspruchsniveau«

Auch im Spiel müssen wir uns immer wieder die Frage stellen: »Wie hoch setze ich den *Schwierigkeitsgrad*, oder wie man in der Motivationsforschung sagt, das *Anspruchsniveau (AN)*? Hierzu einige an Schülern und Erwachsenen durchgeführte Untersuchungen aus den USA: Man fand heraus, daß *erfolgsorientierte* Schüler, läßt man sie frei wählen, solche Aufgaben bevorzugen, die weder zu schwierig noch zu leicht sind. Die Chancen zur Lösung betrugen zirka 50%. *Mißerfolgsorientierte* Schüler dagegen lassen meistens auch ein unrealistisches Anspruchsniveau erkennen. Um den Mißerfolg um jeden Preis zu vermeiden, betonen sie entweder den Erreichbarkeitsgrad oder sie bewerten den Anreiz, der mit einem Erfolg einhergehen würde, überdimensioniert stark. Die Aufgabenstellungen werden daher, gemessen an der realen Leistungsfähigkeit, unangemessen leicht oder zu schwierig gewählt. In der Folge tritt bei zu leichten Aufgaben eine Abnahme der Motivation (bis zur *Demotivation*), bei zu schwierigen Aufgaben mangels Erfolg die unausweichliche *Frustration* ein. Aus einer Studie von Atkinson in USA geht hervor, daß besonders erfolgreiche Erwachsene verschiedenster Branchen eines gemeinsam haben: Wie im vorangegangenen Beispiel zeichnen auch sie sich durch realistische Zielsetzungen aus, indem sie in der Regel ein Anspruchsniveau um die 50% wählen. Interessant ist in diesem Zusammenhang, daß die *Ich-Beteiligung* sowohl bei zu hohem als auch bei zu niedrigem Anspruchsniveau leidet. Bei extrem leichten oder schwierigen Aufgaben kann der Mensch einfach keine positive Einstellung zur Anforderung mehr gewinnen. Auch hier gibt es natürlich Ausnahmen. Wer wüßte nicht, daß man mitunter »über sich hinauszuwachsen« vermag und ein AN weit über der 50% Marke mit einer geradezu exemplarischen Leistungssteigerung beantwortet wird. Aber das sind Ausnahmesituationen, auf deren Basis sich keine alltägliche Strategie aufbauen läßt.

Was hier über das Anspruchsniveau zusammengefaßt wurde, gilt in ähnlicher Weise auch für den Hund. In mancher Beziehung sogar noch ausgeprägter, denn der Hund ist nicht in der Lage, fehlende Motivationspotentiale durch positive Vernunftserwartungen auszugleichen. Der Mensch kann kraft seines hochentwickelten Abstraktionsvermögens in Verbindung der Vernunft und des Willens auf die Lusterfüllung des Augenblicks verzichten. So ist er in der Lage, sich aus rein geistigen Zukunftserwartungen zu motivieren. Er kann zum Beispiel ein tägliches, langweiliges und überwindungsintensives Hanteltrainig freiwillig und motiviert auf

sich nehmen, weil er weiß, daß er in absehbarer Zeit dadurch seine Schwimmleistung steigern kann. Zu ähnlichen Vorgängen ist der Hund nur äußerst begrenzt im Stande. Auch die moderne Kinderpädagogik geht mehr und mehr davon aus, das »Lustgefühl im Tun« den »zukunftsorientierten Motivationen« vorzuziehen. Das betrifft nicht nur die Lernsequenz als Ganzes. Auch, und gerade hier gibt es noch viel zu tun: *Jeder einzelne kleine Lernschritt* ist im Idealfall so zu gestalten, daß er in sich unabhängig vom Endergebnis beschreitbar ist und daß auch die gesamte Sequenz spontan lustvoll erlebt werden kann. Auch für die Hundeerziehung und -ausbildung lassen sich daraus (ohne die geringste Vermenschlichung!) eine ganze Reihe wertvoller Hinweise ableiten.

Zuerst einmal gilt es zu bedenken, daß der Hundeführer die Ziele nicht nur für den Hund, sondern auch für sich selbst steckt. Er sollte also genau abschätzen, was möglich ist und was im Bereich vager Illusionen liegt. Nicht selten hört man Hundesportler, die noch nicht einmal eine Begleithundeprüfung mit ihrem Vierbeiner bewältigt haben, davon reden, daß sie in einigen Jahren (sie wissen dann meist genau, wie lange sie dafür brauchen) zur Weltmeisterschaft antreten werden. Auf die Frage, ob das nicht zu hoch gegriffen wäre, erhält man dann vielleicht die Antwort, derjenige wolle die Ziele möglichst hoch stecken, es zeige sich dann ja sowieso, was sich erreichen ließe. Das AN derart hoch anzusetzen, ist natürlich ganz und gar falsch, ja es behindert denjenigen mehr als es ihm nützt. Aus dieser irrealen, wunschgeleiteten und pauschalen Sicht lassen sich kaum noch die anstehenden Detailziele erfassen. Genau die aber sind es, die einen weiterbringen. Das nächstliegende Ziel (aus dem Blickwinkel einer

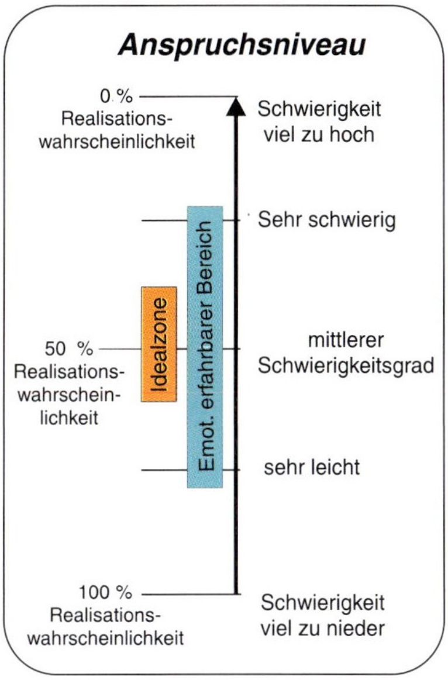

mittelfristigen Strategie) *so gut als möglich anzustreben* ist durchaus förderlich – aber eben nur im Rahmen vernünftig realer Chancen. Wenn sich ein Hundeführer unter- oder überfordert, wird er mit großer Wahrscheinlichkeit auch für den Hund nicht das richtige Anspruchsniveau finden können, denn beides steht ja in enger Wechselbeziehung.

Bei aufmerksamer Beobachtung kann man feststellen, daß auch Hunde ganz unterschiedlich auf ein- und dieselbe Herausforderung reagieren. Man sieht, ohne fundiertes Wissen um Leistungsfähigkeit und Temperament steht auch das so selbstverständlich anmutende Spiel auf wackeligen Beinen. Dem Hund das richtige Anspruchsniveau zu setzen, ist sicher nicht immer leicht, denn wir können schließlich nur vermuten, was wir dem Hund zutrauen können und was nicht. Und wir können ihn nicht vorher fragen, was er dazu meint. Setzen wir das AN zu tief, wird er sich langweilen und die Lust verlieren, setzen wir es zu hoch an, müssen wir mit Unsicherheit, Fehlern, Verspannung und anderem rechnen.

Die Grafik weist vor allem auf zwei wichtige Zonen hin: auf den emotional erfahrbaren Bereich und auf die Idealzone. In beiden Fällen handelt es sich um Bereiche, die mit deutlichen individuell bedingten Toleranzspannen ausgelegt sind. Ein besonders aktiver, lebensbejahender Mensch wird dazu tendieren, seine Idealzone etwas oberhalb der 50%igen Realisationswahrscheinlichkeit anzusetzen, während sich ein eher ängstlicher, antriebsschwacher Typ in der Mitte der Realisationswahrscheinlichkeit möglicherweise schon überfordert sieht.

Hier helfen uns wieder die angewandten Lerngesetze bei gleichzeitigem, ständig aufmerksamen Beobachten des Hundes!

Bemerkt man, daß der Hund unterfordert wurde, dann erhöht man entweder den Schwierigkeitsgrad oder man erhöht die anschließende Belohnung – oder man entschließt sich für beides. Das heißt, man tariert (gleicht aus) Anspruchsniveau und Reizstärke (bzw Reizqualität aus). Dieser Vorgang, den ich *»Motivationsbalance« nenne, wird in meinem Ausbildungsbuch »Verhalten, Lernen und Trainingsgestaltung« ausführlich beschrieben. Eine weitere Möglichkeit, auf Unterforderung zu reagieren, liegt in der Veränderung oder Verstärkung der bisher entgegengebrachten Kommunikation: Man ändert also beispielsweise den Tonfall, das Kommando, Körperhilfen und Mimik oder man wechselt die Umgebung.*

- Hat man, was dann und wann jedem Hundeführer mal passiert, den Hund überfordert, dann wird die Aufgabe unter deutlich reduziertem Schwierigkeitsgrad sofort wiederholt. Gegebenenfalls muß darüberhinaus auch die Reizstärke oder -qualität verändert werden.
- In einer zweiten Aufzählung fassen wir hier jene Punkte zusammen, die zwar nicht direkt zum Anspruchsniveau gehören, aber in »übergeordnetem Zusammenhang von Über- und Unterforderung« doch ähnliche und gleiche Wirkungen zeigen:

Zu motivationaler Unterforderung führen: Stereotypie – Abnützung – Abstumpfung wie zum Beispiel: Immer der gleiche Trainingsablauf, das gleiche Spielzeug, die gleichen Korrekturen, das gleiche Lob, die gleiche Reihenfolge, die gleichen Übungen, am gleichen Ort, in der gleichen Art und Weise, die gleiche Reizauswahl, die gleiche Reizstärke usw., ebenso zu viele Wiederholungen pro Trainingseinheit, pro Tag, pro Woche usw.

Zu motivationalen Überforderungen führen: Zu schwierig, zu selten, zu anstrengend, zu wenig artgerecht, zu früh für das Alter oder die Reife des Hundes, zu wenig klar in der Aufgabenstellung oder -vermittlung, irrtümliche, widersprüchliche oder zeitlich nicht verknüpfbare »Bestrafung«, falsch plaziertes »Lob« usw.

Schon beim Welpen muß man aufpassen, ihn weder zu über- noch zu unterfordern.

»Einfache« Spiele

Spiel für jedes Hundealter

Kommt der Welpe mit sieben bis acht Wochen zum neuen Besitzer, so wird er gleichzeitig von den Rudelgeschwistern und von der Mutter getrennt. Selbst wenn er im Zwinger schon viele Begegnungen mit Menschen hatte, stellt dieser Wechsel einen tiefen Einschnitt im Leben eines Hundes dar.

Es gibt nichts, was den Verlust der gewohnten Geschwisterumgebung, die ja eine Spielumgebung war, besser ausgleichen könnte als wiederum Spiel.

Vor allem in den ersten Tagen und Wochen nach der Trennung braucht der Welpe viel und mannigfache Zuwendung, er braucht Spiele und eine Menge körperlichen Kontakt. Neben den artspezifischen und individuellen Vorlieben sind also auch die des aktuellen Alters zu berücksichtigen. Der Welpe steht ganz im Zeichen der Entdeckung: Im Sturm erobert er die Welt und schießt dabei oft übers Ziel hinaus. Unsere Aufgabe ist es, ihm bei seinen »Entdeckungsunternehmen« behilflich zu sein, ihn spielerisch die Verhaltensweisen des Einordnens zu vermitteln und behutsam die Grenzen abzustecken. Erwachsene Hunde sind meist ausgeglichener, die Neugier nimmt ab und bestimmte Gewohnheiten gewinnen an Bedeutung. Wurden im Welpen- und Junghundalter die entsprechenden Appetenzen entwickelt, dann kann auch der erwachsene Hund noch eine Menge dazulernen. Vielleicht haben Sie Ihren Hund in der Agility schon gut ausgebildet und nun reizt es Sie, mit dem Hund zu Schutzhundturnieren anzutreten. Oder Sie entdecken den Reiz der Fährtensuche. Möglicherweise wollten Sie schon immer eine Rettungshundeausbildung absolvieren. Tun Sie es! Beginnen Sie! Auch wenn der Hund vier oder fünf Jahre alt oder älter ist. Auch für Hunde gilt: »Man ist so alt wie man sich fühlt«. Auch unter Hunden findet man, wenngleich seltener, »jugendliche Greise« und »alte Vitalitätsbündel«. Und selbst wenn der Hund bei seiner alten Disziplin bleiben soll, dann braucht

Dieser fünfzehnjährige Dackel kann sich kaum noch bewegen, aber er wird täglich mit dem Fahrrad ausgefahren.

er natürlich Übung, Auffrischung, Verfeinerung und die mit zunehmendem Alter immer wichtiger werdende *Erhaltung der Motivation*. Und der alte Hund? Ein alter, erfahrener Mann, der das Alphabeth mehrmals durchgezüchtet hatte, sagte mir hierzu folgendes: »Nicht zuviel Fleisch und Trockenfutter! – Viel Gemüse! – Regelmäßig Fahradfahren! – Viel Liebe! – Viel Spiel! – Und keine Gewalt! – Dann wird Dein Hund alt, ohne krank zu werden.«

Und er fügte noch hinzu: »Die meisten Alterskrankheiten beim Hund sind hausgemacht.« Eine jüngst veröffentlichte Studie der Bonner Zoologin Helga Eichelberg bestätigt dieses Statement. Man sollte sich also die Worte des Praktikers zu Herzen nehmen. Natürlich müssen wir unsere Erwartungen an die veränderten physisch-psychischen Bedingungen des alten Hundes anpassen. Wir dürfen ihn weder über- noch unterfordern und wir müssen uns Gedanken darüber machen, welche Spiele für ihn geeignet sind. Oft ist man es einfach so gewohnt, mit dem alten Begleiter die alten Spiele zu spielen und man ist dann enttäuscht, wenn's nicht mehr so klappt. Auch für den Hund ist eine derartige Situation nicht befriedigend. Vielleicht müßte man neue Spiel ausdenken und ausprobieren?! Möglicherweise motivieren die alten einfach nicht mehr genügend, sie haben sich im Laufe der Jahre abgegriffen oder sie sind beschwerlich geworden. Vielleicht sind sie sogar mit Schmerzen verbunden. Andererseits sind es oft gerade die alten Spiele, die dem Hund sichtlich Jovialität verleihen. In diesem Falle würde man gut daran tun, diese auf die veränderten Umstände hin lediglich abzuwandeln. Und auch für den Hund gilt: »Wer rastet, der rostet.« Darüberhinaus darf man bei diesem gesamten Komplex die psychische Seite nicht unterschätzen! Leider wissen wir noch viel zu wenig über die psychischen Veränderungen beim alternden Hund.

Berühre mich! – Rühr mich nicht an!

Wer wüßte nicht um das Erlebnis der Berührung unter Menschen. Zahlreiche wissenschaftliche Untersuchungen unterstreichen nicht nur die Bedeutung des Körperkontaktes für Babys und Kinder, auch der erwachsene Mensch bedarf der zärtlichen Berührung durch den anderen. In vielen Handlungen, wie zum Beispiel dem Händedruck, dem Streicheln über den Kopf oder dem Klopfen auf die Schulter bringen wir symbolhaft Bestimmtes zum Ausdruck – ganz ähnlich wie unsere Hunde. Allerdings, und hierin unterscheiden wir uns, drücken die Symbolhandlungen des Menschen längst nicht immer seine innere Gestimmtheit oder seine wirklichen Absichten aus. Der Mensch kann sich verstellen. Viele seiner Kommunikationssignale dienen nicht dem Zweck, die eigene Gestimmtheit ehrlich mitzuteilen, sondern sie sind Teil feststehender Normen. Wir könnten in diesem Zusammenhang ruhig, wie wir es bei Tieren tun, von »ritualisierten Verhaltensweisen« sprechen. Wie oft unterwirft sich der Mensch dem Ritual der Konvention, indem er sein Gegenüber anlacht oder andere Aufmerksamkeiten und Freundlichkeiten schenkt, – bis hin zu festen Redewendungen, die unter Umständen seinem wirklichem Denken ganz und gar nicht entsprechen. Beim Hund hingegen stimmen die Signale mit der inneren Gestimmtheit überein. Diesen

Unterschied sollten wir im Umgang mit Tieren nicht außer Acht lassen. Daraus folgt für die Praxis, daß wir dem Hund einerseits nichts vorspielen, und andererseits unsere Signale möglichst verständlich ausfallen müssen. Natürlich kann der Hund menschliche Kommunikationsformen lernen, und das praktiziert er ja auch fortwährend – mit und ohne unser Zutun. Widersprüche in der Verständigung zwischen Hund und Mensch sind also möglichst zu vermeiden. Bei den Berührungen, die der Mensch seinem Hund zuteil werden läßt, kommt es leider oft zu Mißverständnissen und Fehlinterpretationen auf beiden Seiten.

Aber halten wir zunächst einmal die Gemeinsamkeiten fest. Auch Hunde suchen den Körperkontakt, untereinander und zum Menschen. Sie lehnen sich an, sie drücken sich gegen uns, legen sich gezielt auf unseren Fuß oder sie werfen ihren Vorderlauf auf unsere Hand. Wenn man sie läßt, suchen sie auch die typischen Körperkontakte des Spielbeißens, des Nasenstupsens und Ableckens. Auch bei Menschen haben sich einige ganz ähnliche Kontaktbedürfnisse erhalten. Wir erinnern uns dabei nicht nur an das Umarmen oder Berühren der Lippen beim Kuß. Vielleicht beobachten Sie sich einmal, was mit Ihrem Kiefer passiert, wenn Sie ein Kind innig herzen oder auch mit Ihrem Hund schmusen. Vielleicht stellen Sie überrascht fest, daß auch wir dazu neigen, die Zähne zusammenzubeißen und den Kiefer festzumachen. Offensichtlich hat sich hier ein stammesgeschichtlich weit zurückreichender Drang erhalten. Es ließen sich in punkto Berührung noch weitere Gemeinsamkeiten zwischen Mensch und Hund aufzählen.

Daneben gibt es aber auch ganz gravierende Unterschiede. Berührungen zwischen fremden Hunden lösen mitunter Reaktionen des Erstarrens, der Flucht oder des Angriffs aus. Bei gespannter oder ungewisser Gestimmtheit wird die Berührung also eher vermieden und bei negativer Gestimmtheit wirkt sie als Auslöser zur Flucht oder zum Angriff. Berührung wird in der Regel also nur bei positiver Gestimmtheit ausgetauscht. Ist der Hund in Putz- (Fellpflege) oder Kontaktstimmung, dann ist das Heranführen der Hand und das

Hundebegegnungen laufen nach einem in vielen Punkten streng geordneten Ritual ab.

nachfolgende Streicheln willkommen, ist er aber auf Sicherung oder gar Aggression gestimmt, dann können die **gleichen** Bewegungen völlig andere Handlungen auslösen. Außerdem kann natürlich auch die Berührung selbst oder das damit verbundene Annähern eine so oder so gelagerte Stimmung auslösen. Ist das Empfinden des Hundes nicht positiv gestimmt, so muß man mit Überraschungen rechnen.

Der Mensch geht davon aus, daß seine eigene friedliche Absicht für eine friedliche Begegnung mit Mitmenschen – und auch mit Hunden – genügen müßte. Aber bei Hunden ist das anders. *Erstbegegnungen* erfordern ein ganz bestimmtes *Ritual*. Unter Hunden gilt: Vorsichtig und langsam nähern, aber nicht zu nahe kommen (Individualdistanz nicht verletzen!), Signale geben und die empfangenen interpretieren! – Vorsichtig nähertreten (je nach Dominanzverhältnis aus der richtigen Richtung! T-Stellung beachten usw.!) Es folgen verschiedene Geruchskontrollen. Dann erst weiß jeder den anderen annähernd einzuschätzen. Eine derartige *Erstbegegnung* dauert oft Minuten und nicht, wie bei Menschen, einige Sekunden! Uns hilft die *Konvention* über das in der Natur übliche, aufwendige *Sicherheitsverhalten* hinweg. Wir können (in der Regel) darauf vertrauen, daß uns auch ein Fremder nicht ans Leder geht, denn das verbietet die Konvention. Wenn wir im Büro zum Beispiel Besuch eines Fremden bekommen, dann werden wir ihm wahrscheinlich ohne erhöhten Puls und ohne Angst bis auf einen halben Meter nähertreten und ihm die Hand geben. Hierin liegt der eigentliche Grund, weshalb Menschen das Begrüßungsritual auf den Torso des Händedrucks reduzieren konnten. Wären Sie aber allein irgendwo im Norden Kanadas in einer Waldlichtung und derselbe Fremde würde sich Ihnen nähern, da würde in Ihnen wahrscheinlich das uralte Sicherheitsdenken aufflammen, was doch einige Veränderungen im Empfinden und Verhalten der Annäherung mit sich brächte. Wenn wir diesen Unterschied begriffen haben, dürfte die richtige Annäherung zum Hund keine Schwierigkeiten mehr aufwerfen. Also: Mehr Zeit lassen! – Deutliche Signale geben! – Am besten auf mehreren Ebenen: erst mal von der Ferne freundlich ansprechen (so wie man es bei Pferden macht), dann ungezwungen, aber nicht hektisch weiterbewegen! – Währenddessen genau die »Mitteilungen« des Hundes beobachten und darauf entsprechend reagieren. Versuchen, bereits aus der Distanz eine positive Stimmung zu erzeugen! Nicht unbedingt auf Berührungen hinarbeiten! Bei einem völlig fremden Hund reicht ein Augenzwinkern fürs erste völlig aus. Anstarren vermeiden! Wenn im weiteren Verlauf Berührungskontakte erwünscht und nach Lage der Dinge auch erreichbar sind, dann in Ordnung. Auf jeden Fall sollte die positive Stimmung im Hund gesichert sein, **bevor** man die Hand nach ihm ausstreckt. Und damit sind wir beim neuralgischen Punkt: bei der Hand.

Es sind vor allem die Handbewegungen, die unsere Hunde oft mißverstehen. Machen Sie einmal folgenden kleinen Test: Strecken Sie die Hand aus und streicheln Sie Ihren Hund über den Kopf, so wie es vielfach üblich ist. In den meisten Fällen können Sie beobachten, daß die Augenlider des Hundes zucken, daß er vielleicht sogar den Kopf in einer Art Ausweichbewegung mehr oder weniger abduckt. Offensichtlich kam unsere »Nachricht«, die wir mit der Berührung mitteilen wollten, viel zu früh und **in** anderer als vorgesehener Bedeutung an. Auf schnelle

Bewegungen, selbst wenn sie vom vertrauten Herrchen kommen, reagiert der Hund meist mit einem *Schutzreflex*. Schutzreflexe sind angeborene Mechanismen, auf eine Gefahr mit einer bewährten, vorbestimmten Bewegung zu reagieren. Sie laufen als unbedingte Reflexe ohne weitere »Überprüfung« oder Anpassung ab. Ein drei Monate altes Baby reagiert übrigens auf schnelle Annäherungen der Hand ganz ähnlich. Höhere Säugetiere und auch Menschen sind mit zahlreichen Schutzreflexen ausgestattet: Wenn ein Hund zum Beispiel starken Schmerz empfindet und keine Fluchtmöglichkeit sieht, beißt er gewöhnlich zu. Aber nicht, weil er ein böser Hund ist, sondern weil hier ein ganz natürliches Sicherheitsverhalten, eine Schutzreaktion zum Tragen kommt. In der Regel sind dies schnelle Rückhol- oder Ausweichbewegungen der Gliedmaßen oder auch Schnapp- und Beißbewegungen des Fangs. Eine Hand, die direkt von vorn kommt, kann vom Hund nur verschwommen wahrgenommen werden. Beobachten Sie vielleicht noch einmal, was passiert, wenn Sie Ihre Hand von vorn auf den Hund zubewegen. Infolge des Augenstandes fängt er regelrecht zu schielen an. Und dies um so mehr, als Sie die Hand in Richtung Nasenspitze bringen. Eine Hand, die sich zu schnell und direkt von vorn, möglicherweise nicht im Einklang des üblichen Rituls nähert, wird daher in vielen Fällen Schutzmaßnahmen auslösen. Im Extremfall können Ritualsverletzungen sogar zum Schnappen oder Beißen des Hundes führen. Das oben beschriebene Augenzucken und Wegducken verläuft in der Regel harmlos. Nach dem ersten »Mißverständnis« wendet sich dann das Bild gewöhnlich schnell zum Guten und der Hund genießt das Streicheln, was er mit angelegten Ohren, freundlichem Blick, oder sogar mit leicht geöffnetem Fang und entspannter Zunge zum Ausdruck bringt. Trotzdem sollte man dieses häufig auftretende *Mißverständnis im Erstkontakt* durch besser angepaßte Berührungs-Kommunikation vermeiden.

Versuchen Sie noch einmal eine Handannäherung, aber bewegen Sie die Hand beim *Erstkontakt* diesmal deutlich langsamer und halten Sie etwa zehn bis zwanzig Zentimeter vor der Nasenspitze des Hundes an. Geben Sie ihm auf diese Weise Gelegenheit, sich selbst Ihrer Hand zum Beriechen zu nähern. Sie werden sehen, die Reaktionen des Hundes fallen ganz anders aus. Hat der Hund Ihre Hand ausgiebig berochen und zeigt er die typischen Signale der Akzep-

UNTEN: Richtige Annäherung der Hand: Langsam seitlich von vorn in Richtung Backe.

GANZ UNTEN: Anschließendes Kraulen der Backe.

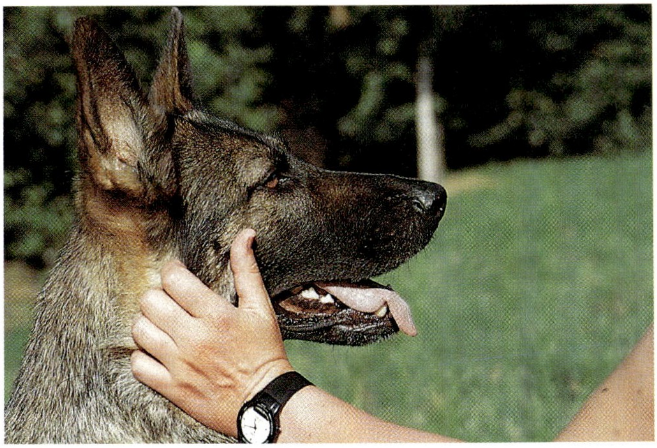

tanz, können wir zum Streicheln übergehen, indem wir die Hand zu den Wangen führen und in der Nähe der Lefzenwinkel kraulen. Dies gilt, wie gesagt, für Erstkontakte. Hunde, die wir gut kennen oder unsere eigenen Hunde verzichten von sich aus in der Regel auf den »Schnuppertest«. Es sei denn, sie wollen auf diese Weise herausfinden, wo wir vorher waren. Doch selbst bei unseren eigenen Hunden können wir beobachten, daß die schnelle Annäherung der Hand, direkt von vorn und ohne Endabstand, zu Augenzucken und dann und wann auch zum Abducken führt. Das läßt sich vermeiden, wenn wir die Hand etwas von der Seite, langsamer und mit einem Endabstand heranführen. Anschließend sollten wir, wie vorhin beschrieben, nicht gleich über oder gar hinter den Kopf fahren, sondern mit dem Streicheln oder Kraulen an den Backen beginnen.

Diese Annäherung wird in der Regel richtig interpretiert. Sie löst weder Unsicherheit noch Verteidigungsreaktionen aus. Und trotzdem sollte man auch diese verhaltensbiologisch angepaßte Annäherung bei Erstkontakten erst dann einleiten, wenn die Gestimmtheit aus der Distanz geprüft wurde. Wir müssen also, wie uns die Zeichnung vermitteln möchte, Zeichen unserer friedlichen Absicht geben, **bevor** wir nähertreten! Und das »Nähern« sollte in ruhiger, gelöster Haltung und Bewegung erfolgen.

»Weiße Fahne zeigen« bei Annäherung, das heißt, für den Hund verständliche Signale geben.

Erst dann folgt die Begrüßung.

Hat sich die positive Gestimmtheit beim Gegenüber eingestellt, so kann man den Hund nach der beschriebenen Handannäherung zum Beriechen und ersten Berühren an der Backe anschließend in der Regel ohne Bedenken auch in gwohnter Art und Weise, etwa über den Kopf, streicheln. Bei verhaltensgestörten oder abnormal veranlagten Hunden oder bei Hunden, die schon schlechte Erfahrungen mit Menschen oder mit der Hand gemacht haben, kann es allerdings erforderlich sein, Berührungen vorübergehend möglichst einzuschränken. Erst mit zunehmendem Vertrauen lassen sich in diesen Fällen Berührungen wieder nahebringen.

Natürlich gibt es zahlreiche andere Möglichkeiten, den Hund zu berühren, und manche Autoren sind sogar total dagegen, den Hund überhaupt zu streicheln. Andere wiederum sind der Auffassung, das verbreitete »Auf die Flanken« klopfen sei abzulehnen. Ich meine, der Hund bringt eine nicht zu unterschätzende Anpassungsfähigkeit mit, und wenn es uns schon nicht möglich ist, wie unter Hunden üblich, mit Mund, Zunge, Lippen und Zähnen zu kommunizieren, dann brauchen wir Ersatzorgane. Was liegt da näher als unsere Hände und Finger? Hände und Finger sind es, die dem Menschen vom Behauen eines Steins bis hin zum virtuosen, vielstimmigen Klavierspiel oder der Operation einer Organverpflanzung als die allerfeinsten und flexibelsten »Werkzeuge« zur Verfügung stehen. Und neben der funktionellen Vielfalt zählen die Hände zu unseren ausdrucksvollsten Signalgebern. Was also liegt näher, als

unsere »sprechenden Hände« auch in der Kommunikation mit dem Hund einzusetzen? Solange die Mensch-Hund-Beziehung auf festen Beinen steht, wird der Hund ohne weiteres in der Lage sein, die Hand als Signalgeber positiv anzunehmen und deren Signale situationsgerecht zu interpretieren.

Berührungsspiele

Im Idealfall wurden die entscheidenden Weichen der Sozialisierung bereits im Zwinger gestellt. Vor allem die kleinen, privaten Züchter sind es, die hier enorm wichtige Beiträge leisten. Oft beteiligt sich die ganze Züchterfamilie an der liebevollen, einfühlsamen Aufzucht: Vater, Mutter sowie Kinder verschiedenen Alters. Und dies schafft optimale Voraussetzungen für die spätere Einordnung der Welpen in ihren neuen Platz. Vertrauen, soziale Nähe und Geborgenheit, das sind Bedürfnisse, die wichtiger sind als manches andere, und ein nicht geringer Teil dieser Lebensqualitäten wird über die Berührung vermittelt. Wenn wir an Berührung denken, dann ist es doch wohl die Hand, die uns zuerst einfällt. Für den Hund ist die Hand des Menschen von großer Bedeutung: Nicht nur, daß sie sein Fressen zubereitet und vorsetzt, nicht nur, daß sie als wichtigster Signalgeber auf visueller Ebene besonders beachtet wird, nicht nur, daß sie die Leine führt, nicht nur, daß Zurechtweisungen und Korrekturen durch die Hand vermittelt werden: Es ist gleichzeitig die Hand, welche ein breites Spektrum von Gefühlen mitteilt – durch Handhaltung, Bewegung und durch Handberührung. Je nachdem, ob der Hund durch die Hand insgesamt mehr positive oder zweifelhafte, mißverständliche, widersprüchliche oder auch negative Erfahrungen gemacht hat, erhält sie für ihn eine übergeordnet positive oder eher negativ gefärbte Bedeutung.

Artgerechte Berührung kann viel zur positiven Grundgestimmtheit beitragen, sie ist ein Teil des Vertrauens – und damit wären wir wieder bei den drei Säulen der Mensch-Hund-Beziehung.

Fragen wir uns: Nütze ich meine Hand vertrauenswürdig? Versteht mein Hund die Bewegungen und Berührungen meiner Hände und Finger und schließlich: Dient sie einer vernünftigen Rangordnung? Ich bin überzeugt, daß diese selbstkritischen Fragen mindestens ebensoviel zu erfolgreichen Kontaktspielen beitragen wie umfangreiche Anleitungen oder akribische Systematik! Doch nun zur Berührungspraxis:

Experimentieren! Berührungen ausprobieren

Wie wir gesehen haben, sind bei allem, was mit dem Hund zu tun hat, *artspezifische*, *rassespezifische* und *individuelle* Faktoren zu berücksichtigen. Wir müssen daher erst mal in Erfahrung bringen, wie unser Hund auf welche Berührungen reagiert. Finden wir's heraus! Die folgende systematische Beschreibung dient lediglich dazu, Anregungen zu vermitteln. Das heißt, dem weniger Erfahrenen die Möglichkeiten aufzuzeigen und dem Erfahrenen vielleicht einige Details wieder in Erinnerung zu bringen. Es wird nicht erwartet, daß der Leser nun die aufgezählten Möglichkeiten peinlich genau praktiziert.

Wenn der Leser nun zu Hause verschiedene Berührungsarten

ausprobiert, dann darf eines nicht übersehen werden! Bei allen Tests ist immer nur die **erste** Reaktion entscheidend. Man kann also jeweils nur **eine** Version ausprobieren. Bis zur nächsten muß man dann eine ausreichend lange Zeit verstreichen lassen. Dem einen oder anderen mag es hilfreich sein, wenn er sich eine feste Zeit zum Ausprobieren vornimmt: Etwa vor oder nach dem Fressengeben, vor, während oder nach dem Spazierengehen.

- Als erstes bauen wir den oben erwähnten Test weiter aus: Wie reagiert der Hund auf *verschieden Annäherungen der Hand? Finden Sie heraus, wie weit Sie die Hand von der Seite her nähern (spitzer Winkel) und in welcher Höhe Ihr Hund die Annäherung am besten aufnimmt.*
- Als zweites können Sie *verschieden Zentren auf Berührung testen. Wie reagiert der Hund an den Backen, am Hals, an der Brust, am Rücken, am Rist, an der Kruppe, an den Flanken usw.?*
- Dann verändern Sie die *Berührungsweise: Streicheln, Druck verändern beim Streicheln: vom zarten »eben noch berühren« bis zu stärkerem Druck; Kraulen, Tätscheln und was Ihnen sonst noch einfällt.*

Sie werden überrascht feststellen, daß Ihr Hund auf Ihre unterschiedlichen Berührungen ganz verschieden reagiert.Vielleicht fallen Ihnen einige typische Haltungen auf. Wenn Sie zum Beispiel den Hund an den Flanken streicheln, dann wird er möglicherweise jene Körperhaltung zeigen, die wir bei der Schau mancher Rassen als *Stellen* bezeichnen: Um Rückenlinie und Winkelungen besser beurteilen zu können, wird bei parallel stehenden Vorderbeinen ein Hinterbein etwas gestreckt, das andere etwas vorgestellt. Dieselbe Haltung zeigt der Hund in verschiedenen Stimmungslagen von selbst. Wie zum Beispiel beim eben beschriebenen Flankenstreicheln, oder aber auch im Freien, wenn er weit ins Land sieht und beispielsweise in Erkundungs- oder Jagdstimmung ist. Wären im ersten Fall die Ohren nicht angelegt, im zweiten nicht spitz aufgerichtet (neben anderen Details), dann könnte man die Haltungen leicht miteinander verwechseln. Ein Beispiel mehr dafür, daß erst die *Gesamtauswertung* aller Signale und der Details Rückschlüsse erlaubt.

Mit voller Absicht sind die hier beschriebenen Berührungsexperimente den eigentlichen Spielen vorangestellt. Im Umgang mit Hundeführern stellt sich immer wieder heraus, daß sich die Sensitivierung für hundetypisches Verhalten einerseits und das Feingefühl für die Auswirkungen des eigenen Verhaltens auf den Hund andererseits auf diesem Wege relativ gut bilden und ausbauen läßt. Lassen Sie sich ermuntern und machen Sie die Tests – vielleicht ein paar Tage oder eine Woche – auch wenn Sie's vielleicht vorab für kindisch halten! Wenn Ihnen dabei nichts, aber auch gar nichts auffällt, dann sind Sie entweder ein ausgesprochenes Ass oder aber so unbegabt, daß Sie sich besser mit Briefmarken beschäftigen sollten.

Berührungsspiele

Es ist schon merkwürdig. Die einfachsten Spiele lassen sich am schwersten beschreiben. Zumindest verbal. Im Foto, noch besser im Video, geht das ganz einfach. Wie man mit dem Hund balgen oder schmusen soll, wie das im Einzelnen abläuft, das muß nun wirklich jeder selber herausfinden. Wer hier Probleme hat, der möge sich einen erfolgreichen Hunde-

führer zum Vorbild nehmen. Mal sehen, wie der es macht! Aber Vorsicht beim Imitieren! Allzuleicht wird die Imitation zur Karikatur! Das Eigene durch Anderes bereichern – ja! Eigenes durch Anderes ersetzen – nein!

Ein Berührungsspiel könnte in groben Zügen etwa so aussehen:

Überlegungen der Vorsicht gingen voraus: Liegt die letzte Mahlzeit lange genug zurück? Könnte sich der Hund im beabsichtigten Spiel verletzen? Eignet sich das Spiel für meinen Hund im Hinblick auf Rasse und Temperament? Ist es seinem Alter, seiner Entwicklung und seiner Konstitution angepaßt? Bin ich selbst in Form und in der richtigen Stimmung?

Wenn ja, dann kann's losgehen: Nehmen wir an, ich möchte mit meinem jungen, vier Monate alten Welpen Berührung spielen und bezwecke mit dem Spiel das Vertrauen zu festigen und die »dosierte Beißhemmung« zu vermitteln.

Das Spiel könnte etwa so ablaufen: Der Hund liegt in seinem Korb und döst. Nun fällt man nicht mit der Tür ins Haus, sondern macht ihn zuerst aus der Distanz auf sich aufmerksam. Etwa durch leises Rufen seines Namens, durch ein kurzes »Ssst!« oder »Paß auf!«, durch ein auffälliges Umhergehen im Zimmer, durch geheimnisvolle Gestik und Mimik usw. Man sieht den Hund aufmerksam an, nähert sich, kauert oder setzt sich nieder. Dann spricht man ihn an, zwinkert ihm vielleicht mit den Augen zu und nähert seine Hand ganz natürlich und nicht zu schnell an eine der bevorzugten Berührungszonen, etwa an Backe, Hals, Brust oder Flanken. Dabei beobachtet man den Hund genau. Zeigen seine Signale, daß die Berührung in der vorgefaßten Absicht aufgenommen

Berührungen im Spiel ausprobieren! Hand und Pfote begegnen sich.

wurde, geht man einen Schritt weiter: Die Hand streichelt und krault an verschiedenen Zonen, wobei man ständig mit dem Hund spricht. Daß er von den Worten so gut wie nichts versteht, macht überhaupt nichts. Der Hund will von sich aus lernen, das, was er kraft seines Vermögens unseren Worten entnehmen kann, zu entschlüsseln. Das sind Stimmlage und die Emotionalität einzelner Worte und Sätze. Also alles, was zwischen den Zeilen herauszuhören ist: Gefühle, Stimmungen, Absichten.

Je nachdem, ob der Hund nun in Spiellaune oder in Schmuselaune gerät, geht man darauf ein. Beim Junghund oder beim erwachsenen Hund würde man (aus Gründen der Rangordnung) nicht immer nachgeben, sondern man würde das bezweckte Spiel auch wirklich durchziehen, es sei denn, es handelt

LINKS: Berührungsspiel (Knuddelspiel): mal oben ...

RECHTS: mal unten ...

sich um einen ausgesprochen antriebsschwachen oder ängstlichen Hund.

Steht in unserem Fall beim Welpen die Spiellaune im Vordergrund, so wird es nicht schwer sein, den Hund mit Hand und Stimme zum Balgen aufzufordern. Zunächst lassen wir den Hund stärker erscheinen, nach und nach werden wir aber auch selbst Stärke und Dominanz zeigen. Hier die Balance zu halten, ist nicht ganz einfach. Die Einschätzung unseres eigenen Temperaments und die unseres Hundes kann uns auch hier wertvolle Hilfen geben. Im weiteren Verlauf wird es nicht lange dauern, bis der Welpe den Fang einsetzt. Solange er zart kneift, lassen wir das ruhig geschehen. Wird der Druck stärker, dann kann man beispielsweise kurz aufschreien, so wie es die Welpen untereinander tun. Lockert er, ist es gut, lockert er nicht, weist man ihn in Schranken, indem man ihn beispielsweise mit der anderen Hand im Genick fast und sanft, aber bestimmt auf den Boden drückt, bis er ausläßt, dann wird weiter gespielt. Die Einwirkung sollte auf den Hund nicht den Eindruck machen, daß wir haushoch überlegen sind! Wir täuschen vor, daß es uns Mühe kostet, ihn zu überwältigen. Bei außergewöhnlich dominanten Hunden allerdings sind eindeutige Einwirkungen vorzuziehen. In jedem Falle jedoch ist wichtig, daß die Einwirkungen sachlich und ohne Zornausbruch erfolgt. Außerdem müssen Übertretung und Einwirkung im richtigen Verhältnis stehen. Am Genick zu schütteln wäre für dieses kleine Vergehen eine überdimensionierte Zurechtweisung.

Vorübergehend spielen dann auch wir die Rolle des Überlegenen, verwandeln uns in den Angreifer, fassen ihn nach Welpenart am Hals oder kneifen ihn leicht. Auch uns ist es erlaubt, ihm dann und wann mal ein bißchen weh zu tun, was er dann sicher durch entsprechendes Lamento rechtzeitig beklagt. Daraufhin lösen wir den Druck sofort. So geht das einige Zeit hin und her. Dann verwandelt sich unsere Hand zu einer sich versteckenden Beute, etwa in eine »Maus« oder in einen »Vogel«. Wir verstecken

LINKS:
und wenn der Hund zu groß wird: ...

RECHTS:
... in die Schranken verweisen!

die Hand unter dem Teppich, unter dem Fuß oder Oberschenkel, kratzen ein wenig mit den Fingern, begleitet von interessanten Lauten. Vielleicht macht jetzt der Hund den Mäuselsprung auf die versteckte Hand oder er neigt den Kopf verwundert von einer Seite zur anderen. Die »Maus« wird frech und zwickt den Hund ins Hinterbein, um sofort wieder davonzulaufen oder sich zu verstecken. Es kann vorkommen, daß der Hund ganz anders reagiert, als erwartet. Man gehe ruhig auf seine »Spielideen« ein, wie man sich generell beim Spielen für Abwandlungen immer offen zeigen sollte. Am Ende verwandelt sich die Hand wieder zur Menschenhand, die Freundlichkeit vermittelt. Wir versuchen, den Hund durch Streicheln und Zureden zu entspannen und die Stimmung in Richtung Ruhe und Spielende zu färben. Nicht nachgeben! Auch der Welpe und der junge Hund muß lernen, daß Anfang und Ende des Spiels von Herrchen bestimmt werden. Wer hier nachgibt, hat möglicherweise erheblich an Dominanz eingebüßt. Das Spiel wird dann mit einem Hörzeichen, etwa mit »Fertig!« oder »Schluß!« beendet. Unter keinen Umständen geht man danach auf weitere Aufforderungen ein. Es kann durchaus vorkommen, daß man erst nach Spielschluß bemerkt, daß der Hund noch überschüssige Energien abbauen müßte. Trotzdem darf man getroffene Entscheidung nicht rückgängig machen. Das gilt allgemein! Der Rudelführer hat immer recht (auch wenn er nicht recht hatte)! Widersprüche oder Inkonsequenz schwächen die eigene Position in der Rangordnung. In unserem Beispiel würde man anschließend noch einen kurzen Spaziergang machen oder dem Hund anderweitig Gelegenheit bieten, sich auszutoben.

Zurück zum Beginn des Spiels. Ist der Welpe mehr in Schmuselaune als in Spielstimmung, dann wird die Hand durch Streicheln und Kraulen *Zuneigung* vermitteln. Die Bewegungen erfolgen eher ruhig und sanft. Auch hier wird die Berührung durch Zureden verstärkt. Vielleicht dreht sich der Hund auf den Rücken, wobei er die Vorderläufe anzieht und vor

der Brust hält. Das ist schon ein beachtliches Vertrauenssignal, das wir mit allerlei Berührungen beantworten. Oft will der Hund anschließend ins Spiel überwechseln. Beim Welpen gehen wir häufig auf seine augenblickliche Stimmung ein. Wird der Hund älter, so hat er gelernt, seine Stimmung den Gegebenheiten anzupassen. Er wird sich dann problemlos auf unsere Spielaufforderung einstellen können, auch wenn er eigentlich mehr in Schmuselaune oder Freßstimmung war.

Fassen wir das Berührungsspiel, das sich zum Teil in Beutespiel gewandelt hat, zusammen, so finden wir alle Elemente, die ein richtiges Spielen beinhaltet:

SPIELELEMENTE

- Aufbau der Aufmerksamkeit,
- richtige Annäherung,
- artgerechte Berührung,
- Freiraum und Grenzen im Spiel,
- Übergang in andere Spielweisen,
- richtiges Beenden des Spiels.

Beim jungen Hund und noch mehr beim Welpen muß man im Hinblick auf erforderliche Schranken aufpassen, daß hier bei aller Entschiedenheit die Behutsamkeit nicht zu kurz kommt. Aber wer seinen Hund im Spiel beobachten gelernt hat, dem müßte ein Abgleiten in Angst oder Mißtrauen eigentlich sofort auffallen.

Während der erwachsene Hund ganz im Zeichen der Aktivität steht und die Berührung nicht mehr jenen Stellenwert einnimmt wie beim Welpen, scheint sich beim alternden und beim alten Hund der Kreis zu schließen. Ähnlich wie der Welpe braucht er wieder sehr viel Berührungskontakte, eine Menge liebevoller Zuwendung und Bestätigung. »Action« steht nicht mehr im Vordergrund, dafür aber treten die feinen Signale des Füreinanderdaseins in der Mensch-Hund-Familie in den Vordrgrund.

Beim Anblick eines Junghundes oder Welpen hört man Leute immer wieder sagen: »So jung müßte der Hund immer bleiben!« Diese Ansicht beruht auf einer groben Fehleinschätzung! Der alte Hund gibt dem Menschen zwar anderes als der junge, aber sicher nicht weniger. Im Gegenteil! Es ist wie mit der Liebe unter Menschen. Sie wandelt sich mit der Zeit und mehr noch mit dem beiderseitigen gemeinsamen Reifen, und sie wird, wenn nicht durch Egozentrik verzerrt, immer tiefer, edler und reiner. Auch das Band zum alten Hund wird zusehends fester. Beide haben im jahrelangen Miteinander gelernt, die feinsten inneren und äußeren Regungen des anderen zu »verstehen« und darauf zart und mit tiefgehendem Verständnis einzugehen – jeder auf seine Weise und im Rahmen seiner Grenzen. Daher wird unsere Beziehung zum alten Hund um vieles inniger als sie es zum jungen Hund je sein könnte.

Notwendige Berührungen

Am Schluß dieses Abschnittes soll noch auf Berührungen eingegangen werden, die man sehr bewußt gestalten sollte. Es ist die Rede von allerlei notwendigen Berührungen, etwa beim Anlegen des Halsbandes oder bei Pflegemaßnahmen wie Bürsten, Ohrenreinigung, Krallenschneiden und, wer sich die Mühe macht, Zähne putzen. Ob man spielerisch, sachlich oder in Richtung Sozialverhalten vorgehen

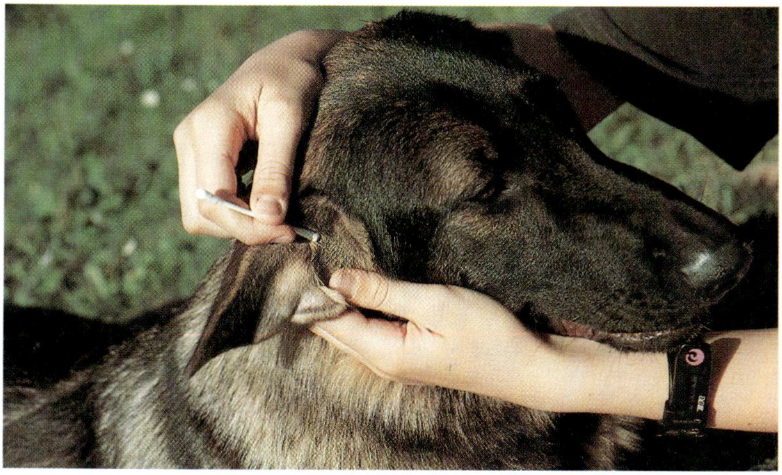

Ohrenputzen kann für den Hund, wie viele andere notwendige Berührungen, bei artgerechter Vorgehensweise zum Vergnügen werden.

möchte, muß jeder für sich entscheiden. Gegen spielerisches Vorgehen spricht, daß sich in der Folge dann Einwirkungen oft nicht vermeiden lassen. Daher bevorzugen viele entweder sachliche Berührungen oder Stimmungslagen, wie sie Hunde untereinander vermitteln, wenn sie gegenseitige Fellpflege betreiben. Wer mehrere Hunde im Rudel hält, weiß, daß sie sich gegenseitig putzen und sogar die Ohren auslecken. Und Putzender wie Geputzter genießen die Pflegemaßnahmen mit sichtlichem Behagen. Pflegemaßnahmen müssen also durchaus nicht unangenehm sein. Leider kann man oft beobachten, wie Hunde bereits beim Anleinen das Weite suchen. Auch das müßte nicht sein. Schon früh gewöhnt man den Welpen an Halsband und Leine, lange bevor man beides tatsächlich nützt. Man legt ihm das Halsband ruhig, mit freundlichem Zureden und sanften Berührungen an. Nachdem die Leine befestigt wurde, sucht man seine Aufmerksamkeit und unmittelbar danach wird irgend etwas Motivierendes unternommen: Spielen, Spazierengehen, Belohnungshappen usw. Nach kurzer Zeit wird die Leine wieder abgenommen. So verbindet der Hund schon früh Halsband und Anleinen mit etwas Positivem. Wird das konsequent weitergeführt und entsprechend ausgebaut, so läßt sich der Hund später in jeder Situation gerne anleinen.

Bei Pflegemaßnahmen fällt es oft schwer, den Hund ruhig zu halten und die Prozedur bis zum Ende durchzuführen. Das liegt meist daran, daß man mit der Eingewöhnung viel zu spät begonnen hat oder daß man zu wenig Einfühlungsvermögen walten läßt. Auch hier gilt: Durchsetzen, aber sanft! Nicht grob werden, wenn sich Ihr Hund gegen das Zähnezeigen oder andere Maßnahmen zunächst sträubt! Setzen Sie ihn in eine Ecke des Raumes, wo er nicht entweichen kann, kauern Sie sich neben ihn, streicheln und beruhigen Sie ihn. Widersetzt er sich beim Einleiten notwendiger Berührungen wiederholt, dann beherrschen Sie sich bitte. Aufbrausen oder Gewaltanwendung würden gerade das Gegenteil dessen bewirken, was Sie vorhaben, denn der Hund bringt ja bereits eine sichtliche Abneigung gegen den Vorgang mit. Daß diese Abneigung aus unserer Sicht sinnlos ist, hilft dem Hund überhaupt nichts. Für ihn ist eben manches angsteinflößend, das müssen wir akzeptieren. Mit Gewalt helfen wir

ihm über derartige Gefühlslagen am allerwenigsten hinweg! Beim Junghund kann die eine oder andere Unbeherrschtheit bereits unauslöschbare Spuren des Vertrauensschwundes nach sich ziehen. Gewalt erzeugt wieder Gewalt.

Besser ist es, den Hund zwar festzuhalten, aber immer wieder zu beruhigen, neu zu beginnen und dabei freundlich und besonnen zu bleiben. Sie werden erleben, das wirkt Wunder! Der Hund wird ruhiger und wenn er so nach und nach *erlebt*, daß seine Ängste unbegründet waren, dann läßt er allerhand mit sich anstellen. Aber überfordern sie ihn dann nicht! Hat sich der Hund damit abgefunden, sich beispielsweise die Lefzen beim Zahntest hochziehen zu lassen, dann seien Sie damit zufrieden und erwarten Sie nicht, daß er sich das gleich minutenlang gefallen läßt.

Manche Hunde genießen auch das Bürsten mit einer empfehlenswerten Hunde-Elektrobürste.

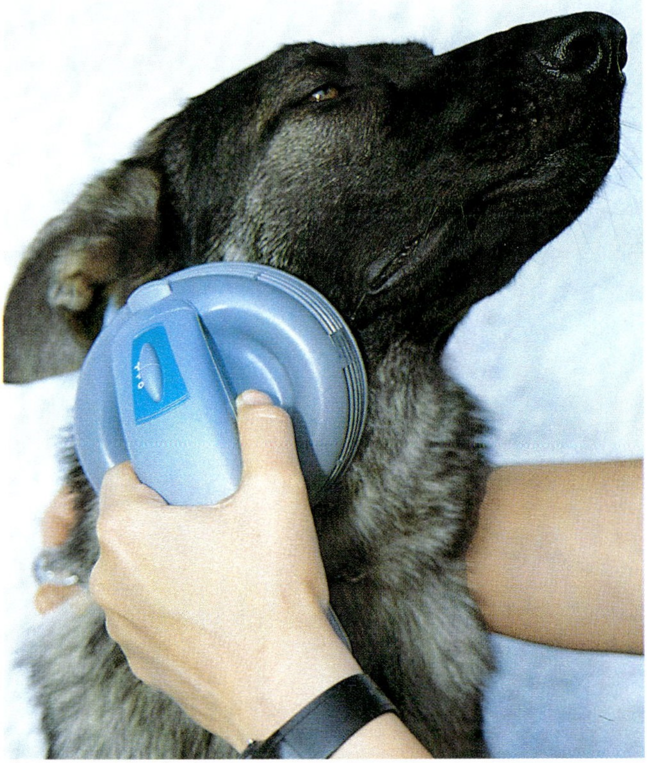

Morgen ist auch noch ein Tag und wenn er das Pensum in ein bis zwei Monaten beherrscht, dann ist es doch gut.

Aus dem Dulden kann mit der Zeit ein genüßliches *Über sich ergehen lassen* oder sogar *Genießen* werden. Auch beim Bürsten sollte man gefühlvoll vorgehen! Zu festes Andrücken oder gewaltsames Durchziehen verfranster Haare ist dem Hund äußerst unangenehm, ja schmerzhaft. Gestalten Sie ihm das Bürsten, ebenso wie alle anderen Pflegemaßnahmen, so angenehm wie möglich, und die Prozedur wir auch für Sie zusehends unproblematischer. Frauen haben in der Regel mehr Erfahrung im Umgang mit Haaren und sind daher meist die besseren Fellpfleger. Männer gehen mangels Erfahrung leicht zu grob an die Sache heran. Das ließe sich natürlich ändern, bei entsprechender Korrektur der inneren Einstellung.

Wenn man es richtig anstellt, können Pflegemaßnahmen vom geduldeten Übel zu erwünschten Sozialerlebnissen avancieren.

Verbinden Sie jede einzelne Maßnahme mit einem prägnanten Wort. Etwa: »Zähne!« – »Bürsten!« – »Halsband!« – »Ohren!« – Und beim Bürsten das wichtige: »Stehen!« oder auch »Stellen!« (Manche vermeiden das Wort »Steh!« aus der Unterordnung wegen der doch anders gelagerten Aufgabenstellung). Keine Angst vor vielen Kommandos! Der Hund kann zahlreiche Worte mit bestimmten Gegebenheiten verbinden, und je mehr Worte er kennt und unterscheiden lernt, desto leichter fällt es ihm, neue hinzuzulernen. Durch Lernen gewinnt man nicht nur Neues, sondern die Assoziationsfähigkeit als solche bildet sich bekanntlich durch Lernen immer besser aus. Man könnte sagen: »Durch Lernen

lernt man Lernen«. Die Hunde in unserer Familie beispielsweise beherrschen in den Bereichen Unterordnung, Fährte, Schutz, Agility, Schau und Körung, Wagen- und Schlittenfahren sowie in Haus und Garten insgesamt etwa 65 Worte und sie haben von sich aus nach unserer Beobachtung mindestens weitere fünfundzwanzig gelernt – problemlos.

Und hier noch ein anderer überlegenswerter Punkt: Manche Hundeführer sind stolz darauf, wenn ihr Hund den Freßnapf ebenso grimmig verteidigt wie seine Spielsachen oder sonst etwas. Ja, sie erziehen den Hund geradezu in Richtung aggressiver Verteidigung von Objekten. Meine Meinung hierzu ist die: Für bestimmte Objekte mag es sinnvoll sein, den Hund als Wächter zu dressieren. Was das Fressen anbetrifft, sehe ich keinen Sinn darin. Im Gegenteil! Man muß damit rechnen, daß dann und wann fremde Leute oder auch Kinder in die Nähe des Hundes kommen. Hat er dann gerade etwas Fressbares oder ein Spielzeug im Fang, so kann sich bei »aggressiver objektbezogener Verteidigungsmotivation« des Hundes sehr schnell eine äußerst gefährliche Situation einstellen. Und wenn Herrchen gerade nicht in der Nähe oder auch nur für einen Augenblick abgelenkt ist, so passiert es, und die Presse hat dann wieder eine Sensationsmeldung mehr. Daher sollte man schon im Welpenalter darauf achten, daß beim Fressen keine Aggressionen aufkommen. Erinnern wir uns. Wie verhalten sich Welpen in der Zwingerzeit beim fressen? Sie drängeln zwar und jeder sucht den anderen zu übervorteilen, aber am Freßnapf wird nicht gekämpft. Wer kämpft, kann nicht gleichzeitig fressen. Er würde zu kurz kommen, denn anders als in der freien Wildbahn ist ja in der Familie genügend da. Fressen ist also wichtiger als Kämpfen. Wir setzen uns daher schon früh neben die fressenden Welpen, streicheln sie, sprechen sie an, berühren den Napf, nehmen ihn auch mal weg und stellen ihn wieder hin. Die Hunde lernen so, daß man ihnen nichts wegnimmt und tolerieren den Menschen auch beim Fressen in unmittelbarer Nähe. Ich glaube, in dieser Form ist ein wesentlicher Beitrag zur allgemeinen Sicherheit geleistet. Die Befürchtung, daß der Hund dadurch nicht mehr seinen vollen Einsatz in anderen Bereichen zeigen könnte, ist ganz und gar unbegründet. Es ist bekannt, daß ähnliche Verhaltensweisen in unterschiedlichem Rahmen mit oft gegensätzlichen Emotionen besetzt werden. Hunde können sehr wohl unterscheiden, wann sie Motivationen voll entfalten können und wann sie es nicht dürfen. Hinzu kommt die Macht der Gewöhnung.

Zum Abschluß hier noch eine Stichwort-Checkliste für den Fall, daß Sie sich vor dem Üben zu Hause nochmals an die wichtigsten Punkte erinnern wollen:

CHECKLISTE BERÜHRUNGSSPIEL

- ❑ Eigene Gestimmtheit und die des Hundes in Ordnung?
- ❑ Vorsicht bei Berührungs-Erstkontakt! Weiße Fahne!
- ❑ Einleitungswort klar? (z. B. »Zähne!« oder »Anleinen!«)
- ❑ Berührungsqualitäten in Ordnung? (Vertrauen – Verständigung – Rangordnung!)
- ❑ »Spielregeln« beiden klar?
- ❑ Freiraum und Grenzen im Spiel für beide in Ordnung?
- ❑ Spielende für den Hund klar? (Kommando »Schluß!« oder andere)

Bewegungs- und Geschicklichkeitsspiele

Ausreichende Bewegung ist eine der wichtigsten Voraussetzungen für das Wohlbefinden des Hundes. Bewegungsmangel macht ihn physisch und psychisch krank. Nun bringen ja Hunde von sich aus einen enormen Bewegungsdrang mit. Im Gegensatz zu den meisten erwachsenen Menschen bereitet es Hunden sichtlich Freude, sich körperlich zu verausgaben. Aber Bewegungen erfreuen nicht nur. Sie sind überaus nützlich für die verschiedensten physiologischen Vorgänge. Man denke nur an die unterstützende Wirkung der Peristaltik für Verdauung und Stuhlgang. Muskeln, Bänder und sogar Knochen werden durch Bewegungen positiv beeinflußt. Blutdruck, Kreislauf, Stoffwechsel, ebenso wie zahlreiche psychische Vorgänge verändern sich in Abhängigkeit von Bewegungen oder deren Ausbleiben. Hinzu kommt, daß zahlreiche Lernprozesse an Bewegungen geknüpft sind. Wir kennen ja die Vorteile des *sensomotorischen Lernens* auch beim Menschen (»Learning by doing«).

Im gemeinsamen Spiel kommen bewegungshungrige Hunde besonders gut auf ihre Kosten.

Bewegungsmangel macht Hunde agressiv, das weiß man aus vielen Verhaltensbeobachtungen an Zwinger- und Kettenhunden. Umgekehrt beugen Bewegungen Aggressionen vor. Das alles würde ja für den Menschen in verblüffend ähnlicher Weise gelten. Es ist zum Beispiel nachgewiesen, daß körperliche Anstrengung allerlei psychische Ungereimtheiten auszugleichen im Stande ist, und daß das Selbstwertgefühl beispielsweise nach absolviertem Kraft-Training deutlich zunimmt. Eines vom wichtigsten jedoch ist: Nach Überwindung von Antriebsschwäche, Bequemlichkeit und allgemeiner Unlust stellt sich ein Hochgefühl *positiver Lebenshaltung* ein. Man weiß das ja alles, aber damit sich etwas ändert, muß das Wissen wachgerufen und die Motivation durch innere Beschäftigung und vorsatzhafte Willensaktivierung immer wieder neu entfacht werden.
Was liegt näher, als den eigenen Bewegungsbedarf mit dem des Hundes zu verbinden? Gemeinsames Joggen ist sicher eine gute Lösung. Da der Hund jedoch eine weitaus höhere Laufleistung mitbringt, eignet sich für ein beiderseits ausgewogenes Bewegungs- und Konditionstraining nichts besser als Fahrradfahren oder Schwimmen, am besten durchsetzt mit ein paar gemeinsamen Laufstrecken. Weiter unten werden wir darauf näher eingehen.

Bedeutung der Bewegung für den Junghund

Auf die Bewegungsspiele im Zwingeralter können wir hier aus Raummangel nicht eingehen (siehe Video-Film *Ratsfels-Produktion* »Zehn kleine Hundebabys- Geburt und Aufzucht«). Beim Junghund muß man bedenken, daß es neben seinem ausgeprägten Bewegungsdrang auch sein Erkundungsbedürfnis zu stillen gilt. Tiere in freier Natur werden von klein auf täglich mit zahlreichen Herausforderungen konfrontiert und die Bewältigung jedes einzelnen Problems macht sie lebenstüchtiger. Diese Herausforderungen fehlen den Haustieren weitgehend, und wenn sich das über Generationen hinweg fortsetzt, dann sind Degenerationserscheinungen vorprogrammiert. Einen kleinen Ersatz für die entbehrten Naturherausforderungen bieten: Spaziergänge, Joggen, Bergwandern, Fahrradfahren oder auch ein Ausflug in die Stadt, in den Park oder an einen See. Ausflüge dienen nicht nur der Beweglichkeit. Sie stärken die Kondition und bieten auch mannigfache Anreize für Nase, Augen und Ohren des Hundes und sie festigen das Band zwischen Mensch und Hund in ganz besonderer Weise. Darüberhinaus lassen sich Bewegungsspiele auch im Garten, auf freien Plätzen oder im Haus abwechslungsreich und motivierend gestalten.

Das Gehirn des Junghundes ist zwar mit zehn bis zwölf Wochen voll ausgebildet, aber jetzt gilt es, Sinnesleistungen zu erproben, Feinmotorik zu üben, Bewegungsmuster anzuwenden und anzugleichen, Erfahrungen zu sammeln, Instinkthandlungen zu modifizieren, neue Appetenzen zu bilden und bereits vorhandene zu adaptieren.

Gemeinsames Joggen tut beiden gut und festigt das Band zwischen Mensch und Hund.

Alles, was im Spiel angelegt wurde, muß nun durch Training zu lebenstüchtigen Leistungen weiterentwickelt werden. Ohne unsere Hilfe kann sich ein Hund in der Zivilisation nicht voll entwickeln. Das wird leider häufig übersehen, und es gibt immer noch Leute, die meinen, ihren Hund besonders »natürlich« zu halten, indem Sie ihn weitgehend auf sich selbst gestellt lassen und möglichst wenig von ihm fordern. Sie übersehen, daß es an uns liegt, Gelegenheiten für Anreize überhaupt erst zu bieten und daß der Hund in der Zivilisation bei weitem zu wenig Möglichkeiten hat, zur rechten Zeit die richtigen Förderungsmaßnahmen von sich aus aufzufinden. Ohne die fürsorgliche und verständnisreiche Hilfe des Menschen verkümmert der Hund. Doch Förderungen wollen artgerecht und maßvoll gestaltet sein! Bei allen wohlgemeinten

Maßnahmen darf man den jungen Hund nicht **über**fordern. Vorsicht! Kein falscher Ehrgeiz – etwa beim Radfahren! Bauen Sie die Strecke langsam aus! Die Laufleistungen einzelner Hunderassen liegen weit auseinander. Fragen Sie jemanden, der sich in der Rasse Ihres Hundes genau auskennt. Ein Schäferhund beispielsweise läuft einen Mitteltrab mit zirka 14 bis 15 km/h, den schnellen Trab kann er bis zu 18 oder 19 km/h steigern. In der Regel fällt er jedoch ab 18 km/h in den leichten Galopp. Das ideale Fahrtentempo für einen Schäferhund liegt daher bei zirka 14 bis 16 km/h. Beim Junghund müssen wir vier bis sechs km/h in jeder Laufart vom Mittelwert aus reduzieren.
Vorsicht bei Ausflügen ins Freie! Sommehitze, Kiesel- und Splitwege oder eisglatte Straßenflächen bergen allerlei Gesundheitsrisiken. Fremde, aggressive Hunde, Autos, Radfahrer, Wild, Geflügel, Katzen oder elektrische Weidezäune warten wieder mit anderen Gefahren auf. Probleme können vermieden werden durch ständige Aufmerksamkeit, durch Vorausschauen und vor allem **Vorausdenken** (siehe Video-Film *Ratsfels-Produktion* »Der lehrreiche Spaziergang«). Die Leine wird ausnahmslos bei jedem Spaziergang mitgenommen und der Hund muß so weit sein, daß er auf Kommando sicher zurückkommt. Ein ebenfalls weitverbreiteter Irrtum liegt in der Annahme, daß ein junger Hund noch nicht folgen müsse und es dann später, vielleicht mit sechs Monaten oder einem Jahr, schon lerne. Gerade in der Jugendzeit kommt der Hund viel eher zurück. Die meisten (verhaltensbiologisch orientierten) Hundebuchautoren stimmen mittlerweile in diesem Punkt glücklicherweise überein: Mit einem halben Jahr **muß** der Hund die Grundverhaltensweisen der Einordnung in die Zivilisation beherrschen. Das sind: »Hier!« – »Sitz!« (oder ersatzweise »Steh!«) – »Platz!« und »Bleib!«. Wobei »Hier!« als das wichtigste Kommando an erster Stelle steht! Wenn ich sagte »muß«, dann meine ich damit die Verantwortung des Hundeführers und nicht, daß der Hund zu den entsprechenden Ausführungen gezwungen wird! Der junge Hund sollte alles spielerisch lernen, auch das »Platz!« – Wenn er die Ausführung beherrscht, dann kommen Ablenkungen, Belastungen, zeitli-

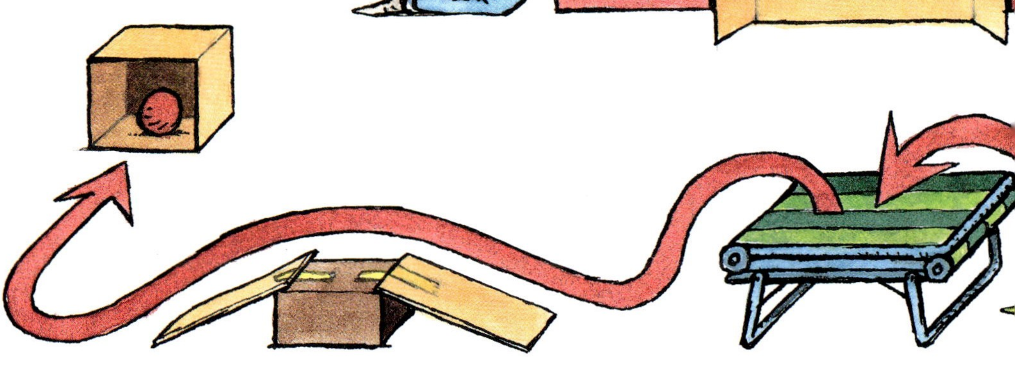

che Ausdehnung, Gehorsam und andere Leistungssteigerungen hinzu. Und in dieser Phase sollte dann das »Platz« als das strengste aller Kommandos in absolut sicherer Ausführung beherrscht werden, was sich sicher nicht ohne Strenge und gelgentliche Einwirkung erreichen läßt.

Bewegungs- und Geschicklichkeitsspiele für den jungen Hund

Alle Bewegungs- und Geschicklichkeitsaufgaben wie gemeinsames Spazierengehen, Joggen, Fahrradfahren, Schwimmen, Ballspielen, Hindernislaufen usw. sollten beim Hund nicht betont sachlich, also mit konditioneller Zielsetzung, sondern mehr spielerisch gestaltet werden. Nicht das Maß der Leistung, sondern die Vielfalt herausfordernder Reize stehe beim jungen Hund im Vordergrund. Aus Raummangel beschreiben wir im Folgenden nur zwei Spielabläufe, einen für den jungen und einen für den erwachsenen Hund, wobei wir beim Junghund ein Spielbeispiel im Raum und beim erwachsenen einen Ausflug ins Freie darstellen. Es dürfte kein Problem bereiten, die beiden Spiele jeweils auf ein anderes Alter und eine andere Umgebung zu übertragen.

Beispiel: Parcours-Spiel im Haus – für den Junghund

Angenommen, wir planen für unsere fünf Monate alte Junghündin Banja einen Spielablauf im Haus. Wie gewohnt, schreiten wir nicht gleich zur Tat, sondern überlegen erst mal: Welche Gefahren sind zu berücksichtigen? Eines der größten Probleme aller Spiele im Haus stellen glatte und rutschige Böden dar. Ständiges Durchknicken im Vorderfußwurzelgelenk kann gravierende Gesundheitsschäden in der Vorderhand nach sich ziehen. Es gibt Leute, die finden es zwar lustig, wenn der Hund über den Boden schleift und rutscht und manche nehmen ihn aus diesem Grund sogar mit aufs Eis. Aber für die Vorderhand als eines der anfälligsten Gelenke des Hundes ist das alles andere als lustig. Reiter wissen um ähnliche Probleme bei Pferden. Sie vermeiden den Galopp im abschüssigen Gelände und sichern die Sprunggelenke durch Bandagen gegen Verletzungen. Zeitlupenaufnahmen von Hunden, die über Hürde oder Kletterwand

Improvisierter Parcours im Haus.

springen, zeigen die enormen Belastungen, die beim Abfangen des Sprungs auftreten. Schonen Sie daher die Vorderhand Ihres Hundes und prüfen Sie die Beschaffenheit des Untergrundes. Teppiche sind in der Regel griffiger als Parkett- oder Steinboden, aber auch bei Teppichen sind die Unterschiede in der Griffigkeit enorm. Spiel im Haus strapaziert die Böden, auch daran sollte man denken. Wer zum Beispiel einen schönen Wohnzimmerteppich sein eigen nennt, möchte ihn wohl kaum beschädigen lassen. Abhilfe könnte man durch günstige Restware schaffen – Teppiche, die am Zimmerrand aufgerollt liegen und nur zum Spiel ausgebreitet werden. Vielleicht benötigt man die »Spielteppiche« nur vorübergehend, z. B. wenn man aus Witterungsgründen nicht hinaus kann oder wenn der mit Ausflügen verbundene Zeitaufwand im Augenblick einfach nicht zur Verfügung steht. Oder gibt es vielleicht doch ein Zimmer mit zumutbarem Boden im Haus? Auch eine Garage oder ein überdachter Vorraum kommen in Frage. An den Vorbereitungen würde ich den Hund allerdings nicht teilhaben lassen, da er den Umbau als Spiel-Herausforderung und den Teppich als Spiel-Objekt verstehen könnte. Wenn die Frage des Untergrundes gelöst ist, sucht man nach vorhandenen Gegenständen, die sich für den Aufbau eines »Parcours« anbieten. Gegenstände, die zum *Durchschlüpfen* einladen (mit Stühlen und einem Tuch hergestellt), Gegenstände zum *Draufspingen* (z. B. eine aufgestellte Sommerliege), allerlei Gegenstände, die als *Hindernis* dienen, eventuell auch ein Tunnel zum *Verstecken* (z. B. »Höhle« aus Pappkarton mit ausreichend großer, hineingeschnittener Öffnung), eine Kommode, ein Kasten oder etwas anderes, was sich zum *Verstecken* und *Fangenspielen* eignet und Gegenstände, die sich fürs *Drüberspringen* anbieten: zum Beispiel ein längsseits hochkant aufgestelltes Bügelbrett oder ein Besenstiel, der durch die Fußstreben zweier Stühle gesteckt wurde oder einige nebeneinander aufgestellte Schachteln. Ebenso geeignet sind auch ein alter Autoreifen zum *Durchspringen,*

Improvisierter Parcours im Garten.

ein Brett zum *Drüberbalancieren* und vieles mehr. Damit der Aufsprung nicht mit einer Bauchlandung endet, würde ich hinter jeden Springgegenstand einen gut griffigen Fußabstreifer legen.

Finden Sie heraus, wo das mittlere Anspruchsniveau in den einzelnen Aufgaben liegt und korrigieren Sie die Anforderung gegebenenfalls. (Wir erinnern uns: Optimale Motivation ist bei mittlerem Anspruchsniveau gegeben!)

Wie nun das Spiel im einzelnen abläuft, wird von Rasse zu Rasse, von Hund zu Hund anders verlaufen. Spielen Sie einfach im Rahmen Ihrer Möglichkeiten und der Ihres Hundes, **beobachten** Sie Ihren Hund ständig und prüfen Sie dann und wann, ob nicht eine der drei berühmten Säulen vor lauter Spiel ins Wanken gerät. Zwischendurch dürfen bei gelungenen Bewältigungen weder Lob noch Berührung zu kurz kommen! Macht der Hund Fehler, so schimpfen Sie ihn nicht, sondern ignorieren Sie das Mißgeschick einfach. Wiederholen Sie die Übung noch einmal, nachdem Sie das Anspruchsniveau entsprechend herabgesetzt haben. Während des ganzen Spiels sollte der Hund ständig angesprochen werden. Reden Sie mit ihm, als sei er ein Mensch. Er versteht zwar die Worte nicht, aber aus dem Tonfall und aus dem Gesamteindruck lernt er, Ihre Signale zu interpretieren. Zusätzliche Phantasielaute machen das Ganze noch spannender (siehe Video zum Buch). Das *Parcoursspiel* kann beliebig erweitert und abgewandelt werden und läßt sich ohne weiteres in den Garten versetzen, wo sich zusätzliche Gegenstände anbieten und wo vor allem der Untergrund für wesentlich mehr Tempo und Motivation im Spiel sorgt.

Hunde, die im Spiel immer aufpassen müssen, daß sie nicht ausrutschen, werden erheblich langsamer und vorsichtiger. Ein Grund mehr, so oft wie nur möglich im Freien spielen.

Das Spiel kann auch durch die Verwendung eines Balls oder eines anderen Spielzeugs erweitert werden, und zwar in vielfältiger Art und Weise. Etwa so, daß der Ball erst freigegeben wird, wenn kleinere Aufgaben gelöst wurden. Man legt den Hund kurz vor dem ersten Hindernis ab (das sollte er mit fünf Monaten schon können! Mit fortschreitendem Vermögen abwechselnd einmal absitzen, einmal stehen und ein andermal vor dem Aufgabenreichen ablegen), geht mit dem Ball zum Hindernis, ruft den Hund, nennt das Hindernis oder die Aufgabe mit Namen und hilft ihm spielerisch bei der Bewäl-

Balancieren über den Baumstamm fordert vom Junghund Mut und Geschicklichkeit. Lernt er beides nicht rechtzeitig, so wird er als erwachsener Hund für ähnliche Aufgaben kaum noch zu bewegen sein.

tigung. Auf diese Weise lassen sich viele Elemente des Agility bereits im Welpen- und Junghundalter absolut streßfrei vermitteln. Oder der Ball wird zur Bewältigung der Aufgabe miteingesetzt, etwa so, daß man ihn vor dem Hund über das Hindernis bewegt und damit die Bewegung sozusagen vorzeichnet. Das läßt sich auch fürs »drunter durch« oder fürs »durch etwas hindurch« einsetzen.

Geschicklichkeitsspiele im Freien

Im Freien bieten sich zahlreiche Gegebenheiten für Geschicklichkeitsspiele an: Ein Baumstamm, über den der Hund balancieren lernt, ein Steg über ein Bächlein, eine Kies- oder Schotterhalde, auf die man hinaufklettert, ein Maisfeld, durch dessen Gassen man hindurchschlüpft, einzelne Felsbrocken, auf die man hinauf- und wieder hinunterspringt, eine Bachfurt, durch die man hindurchwatet. Man könnte die Aufzählung fortsetzen oder auch in anderen Milieus wie etwa Stadt, Park, Baustelle usw. nach Geschicklichkeitsherausforderungen suchen. Die Kunst liegt darin, in der augenblicklichen Situation die sich anbietenden, oder auch versteckte Herausforderung überhaupt zu sehen. Es ist ja leider eine umgreifende Zeiterscheinung, daß immer mehr Menschen offensichtlich blind durch die Welt gehen.

Sprung über einen Baumstamm.

CHECKLISTE PARCOURS-SPIEL

- ❑ Eigene Gestimmtheit und die des Hundes in Ordnung?
- ❑ Vorbereitungen planen und Parcours gestalten. Rutschfeste Teppiche ausbreiten – vor allem hinter Sprungelementen!
- ❑ Mögliche Gefahren bedenken und entsprechend absichern.
- ❑ Liegt die letzte Mahlzeit ausreichend lange zurück (etwa 2 Stunden
- ❑ Einleitungswort klar? Z. B. »Komm!«; oder »Spiel!«; oder »Ball!« ...
- ❑ Spielbeginn: Motivieren! Spannend gestalten! Abwechslung! ...
- ❑ Spielverlauf: »Drei Säulen« in Ordnung? (Vertrauen – Verständigung – Rangordnung!)
- ❑ »Spielregeln« beiden klar? – Spielregeln einhalten!
- ❑ Bei Regelverletzungen oder Fehlern nicht die Nerven verlieren! Ruhig bleiben! – Nicht strafen, sondern ignorieren!
- ❑ Bei Fehlern Schwierigkeitsgrad (Anspruchsniveau) prüfen und gegebenenfalls ändern. Übung wiederholen. Bei wiederholtem Fehler mit anderen Übungen fortfahren und nach dem Spiel in aller Ruhe eine Fehleranalyse erstellen.
- ❑ Bietet das Spiel auch für den Hund genügend Freiräume?
- ❑ Spielende für den Hund klar? (Kommando »Schluß!«; »Fertig!« oder andere)
- ❑ Vorsätze für das nächste Spiel zusammenfassen und merken!

Entdeckungsspiele

Entdeckungsspiele sind so vielfältig wie das Leben selbst. Sie können als eigene Spielform oder in Verbindung mit Bewegungsspielen oder Umwelterfahrungsspielen (Zivilisationsspielen) eingesetzt werden, und sie lassen sich im Freien ebenso wie im Haus oder Garten durchführen. Am besten eignen sich hierzu Ausflüge. Wer in der Stadt wohnt, muß besonders darauf achten, daß der Hund nicht an Folgen von Reizverarmung oder einseitigen Zivilisationsreizen leidet.

In das oben beschriebene Parcours-Spiel lassen sich ohne großen Aufwand allerlei Entdeckungsaufgaben einflechten. Etwa so: Man bringt irgendeinen Gegenstand, den der Hund noch nie gesehen hat, hinter ein Versteck und macht ihm Mut, das neue Ding zu »kontrollieren«. Dies kann ein Luftballon, ein Wecker, ein neues Spielzeug oder sonst etwas sein.

Futterspiele

Futter bietet sich zu mannigfachen Spielen an. Man kann es beispielsweise verstecken: hinter dem Rücken, in der Hosentasche, hinter oder unter Gegenständen im Raum usw. Oder man wirft einzelne Belohnungshappen, wobei der Hund zum schnellen Nachlaufen und Suchen aufgefordert wird. Futter läßt sich gut in der geschlossenen Faust halten, bis der Hund irgendeine kleine Aufgabe gelöst hat. Erst dann öffnet man die Faust und gibt das Futter frei. Manche halten

Belohnungshappen zwischen den Lippen und erreichen so, daß der Hund konzentriert und erwartungsvoll aufschaut. Andere bringen ihrem Hund das Auffangen geworfener Futterstücke bei. Beim Auffangen ist jedoch Vorsicht geboten! Vor allem, wenn man mehrere Hunde hält. Ich habe miterlebt, wie einer von zwei Hunden, die gleichzeitig nach einem geworfenen Futterstück schnappten, beim Zusammenprall einen Zahn verlor. Auch in der Nähe von harten Gegenständen, Mauern, Stein- und Eisenkanten ist beim Werfen Vorsicht geboten. In der Hitze des Gefechtes übersieht der Hund leicht derartige Gefahren, denn seine Schnappbewegungen beruhen weitgehend auf unkontrollierten Reflexen.

Mit Futter läßt sich viel erreichen. Wer seinen Hund auf Kunststücke trainieren möchte, der kommt ohne Futterspiele kaum aus. Jeder einzelne Lernschritt wird mit Futtergaben belohnt. Nach Festigung der einzelnen Lernschritte werden diese dann zu einer einzigen Übung zusammengefügt. Auf diese Weise lassen sich erstaunliche Dressurleistungen erreichen. An späterer Stelle gehen wir auf diese Lerntechniken noch näher ein.

Das Reisen im komfortablen Anghänger bringt zahlreiche Vorteile: ausreichend Platz, gut belüftet, vor allem aber werden Wartezeiten in der Sommerhitze nicht zum Kreislauftest.

Umwelterfahrungsspiele (»Zivilisationsspiele«)

Hunde müssen heute ungleich mehr lernen als ihre Vorfahren. Enthält man dem Junghund die wichtigen Zivilisations- und Sozialisationserfahrungen vor, so kann dies zu schwerwiegenden Problemen führen, die sich bei ungünstiger Konstellation oft ein Leben lang auswirken. Das Einordnen in die Vielfältigkeit unserer Zivilisation ist in der Ausbildung eines Junghundes daher ebenso wichtig wie die Bewältigung der Unterordnungsübungen »Hier!« – »Sitz!« und »Platz!«. Treppensteigen, den Lärm eines Staubsaugers oder den einer Weizenmühle ertragen, Autofahren, bei Hundebegegnungen den anderen nicht anzukläffen, mit der Flut an Eindrücken in der Stadt zurechtzukommen oder mit den vielen verschiedenen Hunderassen umzugehen, das sind Aufgaben, die der Hund nicht früh genug lernen kann. Damit er aber all diesen Eindrücken unbefangen gegenübertreten kann, müssen wir negative *Ersterfahrungen* vermeiden. Sie haben es sicher schon erraten. Auch hier liegt nichts näher als auf spielerische Art und Weise vorzugehen. Man zwingt den Junghund nicht, eine Treppe hinunterzugehen, sondern man bindet beispielsweise einen Ball an eine Schnur (damit er nicht zu schnell hinunterrollt und den Hund zum Springen ermuntert!) und läßt ihn ein, zwei Stufen hinunterhüpfen. Dann wird er wieder hochgeholt und das Spiel wiederholt. Es wird nicht lange dauern, bis der Hund der Einladung folgt. Setzt man den Schwierigkeitsgrad zu hoch an, indem der

Hund zum Bewältigen der gesamten Treppenlänge aufgefordert wird, endet die Prozedur möglicherweise mit Angst und Ablehnung – also mit einer emotional negativ besetzten Ersterfahrung. Kommt dagegen der Ball ins Spiel (oder etwas anderes), dann wird dies im Zentrum der Aufmerksamkeit stehen und die Treppe nur so nebenbei wahrgenommen. So wird keine Angst aufkommen und der Hund bewältigt die Aufgabe *spielend*, in der Doppelbedeutung des Wortes. Erinnern wir uns! Vor jeder Aufgabenstellung kurz innehalten und das *Anspruchsniveau* kalkulieren (siehe Motivation). In kleinen Schritten vorangehen, morgen ist auch noch ein Tag! Und – last not least – **beobachten**! Auf die Gefahren bei Überbelastung der Vorderhand haben wir schon hingewiesen. Abwärts ist immer Vorsicht geboten!

Oder ein anderes Beispiel: An das Autofahren gewöhnt man den Hund nicht, indem man ihn einfach reinsetzt, drauflosfährt und wenn er dann winselt, ihn auf den Schoß nimmt und streichelt! Viele Hunde haben einen Riesenrespekt vor großen, unbekannten Gegenständen, vor allem, wenn sich diese in Bewegung setzen oder auch noch Laute oder Gerüche verbreiten.

Hunde erleben die Welt ganz ähnlich wie Kinder. Auch für das Kind lebt der Gegenstand, daher kann es im größten Ernst den Ball, der unter das Sofa fiel, zum herauskommen auffordern oder eine Gabel, an der es sich wehgetan hat, als »gemein« ausschimpfen.

Übrigens, es sind weiß Gott nicht immer die wesensschwachen oder ängstlichen Hunde, die sich vorsichtig zeigen! Vorsicht ist ein Wolfserbe und oft kann man bemerken, daß vorsichtige Hunde, wenn's

Von Anfang an Vertrauen aufbauen!

drauf ankommt, nach vorn und nicht nach hinten gehen. Machen Sie sich also keine Sorgen, wenn Ihr Hund Neuem gegenüber mit erkennbar gemischten Gefühlen begegnet! Entscheidend ist vielmehr, **wie** er sich beim Erkunden, beim Nähertreten verhält. Die Neugier muß insgesamt stärker sein als die anfängliche Vorsicht. Und hat der Hund sich von der Ungefährlichkeit des »Monstrums« Auto, Rasenmäher, Schubkarre oder Traktor überzeugt, dann müßte sich das *Vorsichtsverhalten* relativ schnell in *Kennenlernenwollen* verwandeln.

Was sagt uns das für unser Problem der »PKW-Tauglichkeit« unseres Hundes? Wie also könnten wir den Junghund spielerisch an das Autofahren gewöhnen? An Stelle einer Rezeptur beschränken wir uns auf das Wesentliche. Daraus das für den eigenen Hund bestmögliche methodische Konzept abzuleiten, dürfte dem Leser keine Schwierigkeiten bereiten. Also: Konfrontieren und selbst entdecken lassen (bereit zur psychischen oder tätlichen Hilfestellung!), behutsame gemeinsame Annäherung, schrittweises Entdecken. Durch spielerisches Ablenken oder Verharmlosen sollte man das Entdecken von Angstmomenten freihalten (etwa durch behutsame

Gewöhnung, mit oder ohne Hilfe usw.) Jede Form von Zwang ist in unserem Beispiel aus lernpsychologischer Sicht abzulehnen. Druck erzeugt bekanntlich Gegendruck, und gerade beim Junghund erleidet das Vertrauen allzuleicht empfindliche Einbußen.

Spielkombinationen mit dem erwachsenen Hund

Welche Spielform sich letztlich für den eigenen Hund am besten eignet, hängt, wie wir gesehen haben, von zahlreichen Faktoren ab. Ohne hinreichende Kenntnis der Bedingungen sollte niemand für einen anderen diese Entscheidung treffen. Hinzu kommt, daß neben dem, was not tut, auch die individuellen Möglichkeiten zu berücksichtigen sind. Was sich anbietet, davon wird man vernünftigerweise Gebrauch machen.

Haben wir im Spiel-Beispiel des Junghundes den improvisierten Parcours im Haus gewählt, so beschreiben wir für den erwachsenen Hund jetzt eine Spielkombination im Freien. Begleiten Sie mich in Gedanken auf einen meiner Ausflüge, wie ich sie hier am Wallersee im Salzburger Land oft und oft erlebt habe. Vielleicht greifen Sie anschließend heraus, was aus individueller Sicht für Sie zur Nachahmung geeignet scheint.

Es hat sich bewährt, vor einem Ausflug einige Überlegungen anzustellen, um Pannen und Probleme erst gar nicht aufkommen zu lassen oder gegebenenfalls darauf vorbereitet zu sein. Gerade im Umgang mit Hunden hat sich der alte Satz bewährt: Erst denken, dann handeln!

Wir planen einen Radausflug an eine abgelegene Seebucht. Der Weg zum See führt durch Wiesen und Wälder, teils auf Straßen, teils auf Feld- und Waldwegen. Da zur Zeit auf Tollwut hingewiesen wird, nehmen wir eine kurze Handleine und die Acht-Meter- Flexileine mit. In die Packtaschen kommen Ball und Bringholz, ein Säckchen Belohnungshappen, das Badezeug einschließlich Handtuch und eventuell eine Bergsteigerflasche voll Wasser sowie eine kleine Trinkschale. In die Hosentasche stecke ich zwei Filzstückchen für den Fall, daß sich ein Suchen nach Gegenständen anbietet. Obwohl alle unsere Hunde einwandfrei »Bei Rad«! laufen (rechts neben dem Fahrrad auf Höhe des Beines), verwende ich seit Jahren den Federbügel (Springer), welcher sich bei Radausflügen bestens eignet. Die Vorteile des Federbügels liegen auf der Hand. Der Hund lernt auf diese Weise in viel kürzerer Zeit und ohne Einwirkung das Mitlaufen am Rad. Das Fahren und Beaufsichtigen des Hundes während der Fahrt wird wesentlich erleichtert, denn der Hund wird in annähernd gleichbleibendem Abstand gehalten und erhält durch die nachgebende Feder doch noch genügend Freiraum. Die Sollbruchstelle schließlich gibt den Hund in Gefahrensituationen frei. Man sollte den Rat des Herstellers, an Stelle der üblichen Halskette ein Fährtengeschirr zu verwenden, nicht ignorieren, denn der Hund kann sich auf diese Weise bei unbehinderter Atmung freier bewegen. Alles in allem fährt man daher unbeschwerter und um vieles sicherer als mit Leine.

Wenn alles soweit vorbereitet ist, sollte man sich nochmals kurz die geplante Strecke gedanklich vor-

stellen und fragen, welche Probleme auftreten können und wie man sich dann am besten verhält. Führt der Weg beispielsweise an einem Hund vorbei, der als Raufer bekannt ist, dann macht man besser einen Umweg oder ruft den Besitzer kurz an, um ihn zu bitten, den Hund für die nächste halbe Stunde nicht frei herumlaufen zu lassen. Solche Vorsichtsmaßnahmen scheinen auf den ersten Blick übertrieben, wer aber schon einmal draufgezahlt hat, der schwört sich, künftig besser aufzupassen. In den meisten Fällen ist es wirklich klüger, Gefahren aus dem Weg zu gehen als es darauf ankommen zu lassen.

Ob man dem Hund vor dem Losfahren Gelegenheit gibt, vorher Pfützchen und Häufchen zu machen, kommt auf die näheren Umstände und die persönlichen Vorstellungen an.

Oft treten beim Wegfahren allerlei Probleme auf. Der Durchgang für Rad mit Federbügel und Hund ist zu eng, der Hund vor Freude kaum noch zu halten. Um alles zu verrichten, bräuchte man vier Hände. Auch hier bewährt sich die vorausdenkende Vorgangsweise: Der Hund kommt erst aus dem Haus (oder aus dem Zwinger), wenn alles fix und fertig startbereit ist. Das Fahrrad steht schon draußen auf der Straße, wenn man den Hund noch im Garten Fährtengeschirr und Halskette anlegt. Nach dem Einhängen kann's dann endlich losgehen. Dieses Losgehen kann sich je nach Hundetyp als Raketenstart gestalten. Ob und wieweit man den Hund hier einbremsen soll oder will, das muß jeder für sich selbst herausfinden. Wie auch immer das Anfangstempo aussehen mag, nach kurzer Zeit sollte man in mittlerer Trabgeschwindigkeit fahren. Ein Tachometer leistet hier hilfreiche Dienste. Unsere Schäferhunde zum Beispiel traben im hügeligen Voralpengelände gerne zwischen 14 und 16 km/h. Obwohl dieses Tempo dem Radfahrer eher gemütlich vorkommt, sollte man es bis auf kurze Galopp-Sprints und einige Kurzstrecken im schnellen Trab weitgehend einhalten. Und damit sind wir schon beim nächsten Punkt. Wer einen schnellen Hund möchte, der muß aufpassen, daß er seinen Begleiter übers Radfahren nicht zum Dauertraber spezialisiert. Um dies zu vermeiden, halte ich bei jeder Ausfahrt mindestens einmal an, mache den Hund los und lege ihn ab. Nach »Bleib«« fahre ich weg und steigere das Tempo bis auf 40 oder 45 km/h. Das ist annähernd die Grenze dessen, was ich aus meinem Rad rausholen kann. Habe ich mich zirka 50 Meter vom Hund entfernt, rufe ich ihn mit »Hier!«, worauf er mich so schnell als möglich einzuholen sucht. Wir wetteifern dann

Radausflüge mit dem Springerbügel werden in kürzester Zeit zum ungetrübten Vergnügen. Auch hier gilt: schrittweise spielerisch daran gewöhnen.

Besonderheiten, wie hier ein Holzstoß, laden ein zu einer kurzen Pause und zum Raufklettern. Hunde lieben es, von oben herunterzuschauen.

noch etwa 50 Meter in hohem Tempo nebeneinander her, abschließend folgt eine Pause. Ein, zwei kurze Sprints auf jeder Tour stärken die für den Galopp wichtigen Rückenmuskeln, sie erhalten die Galoppkondition, den spezifischen Bewegungsablauf dieser Gangart und die psychische Bereitschaft. Wer möchte, kann die Gangarten auch mit Kommandos verbinden: »Schritt!«, »Trab!« (»Teeerab!« gesprochen) und »Galopp!«

Die Pause läßt sich auf verschiedene Weise gestalten. Hier gehe ich meistens auf den Hund ein. Will er ruhen, dann ruhen wir beide aus. Will er spielen, dann hole ich den Ball aus der Tasche. Ist er auf mich aufmerksam, dann lasse ich ihn beispielsweise abliegen und verstecke mich. Mit einem leisen oder sehr hoch gesprochenen »Hier!« lasse ich ihn frei, worauf er sofort die Suche aufnimmt. Bei mir angekommen, spiele ich mit dem Ball oder mit der Beißwurst oder ich balge mit ihm. Oft laden auch ganz bestimmte Gegebenheiten zum Anhalten und spielerischen Fördern ein:

Das kann ein Holzstoß sein, auf dem man draufsteht, umgesägte Baumstämme, über die man springt oder auf welchen man balanciert, eine Hütte, die zum Fangenspielen animiert oder Gräben und Bäche, die zum Drüberspringen herausfordern. Schmale Brücken oder ein Brett bieten dem Hund Gelegenheit, seine Angst zu überwinden und Selbstsicherheit zu gewinnen. Ein andermal lege ich den Hund in der ersten Pause so ab, daß er mich nicht sehen kann. Ich lege einige Gegenstände ab und fordere ihn anschließend auf, sie zu suchen und zu verweisen. Ist es nicht mehr weit zum Ufer, dann sperre ich manchmal das Rad ab und jogge mit dem Hund bis zum See. Dort will er natürlich sofort in »fliegendem Übergang« ins Wasser, was ich aber mit Rücksicht auf etwaige Gefahren oder Badegäste nicht zulasse. In einigem Abstand vom Wasser heißt es »Leine!«, und ich bestehe auf Einhaltung des Kommandos, bis ich ihn mit »Fertig!« freigebe.

Manchmal lege ich den Hund bis nach dem Umziehen ab, und wir springen gemeinsam ins Wasser. Hin und wieder gehe auch ich zuerst und wenn ich schon 100 Meter weit geschwommen bin, rufe ich ihn mit »Hier!« ab. Sie sehen: der Hund wurde innerhalb des

Ausfluges schon mehrmals in äußerst erregter und motivierter Stimmungslage gezügelt und wieder freigegeben. Macht man das konsequent und wiederholt, so wird der Hund nicht nur in jeder Lage sicher zurückkommen, er wird fast immer galoppieren, um »so schnell wie möglich« zurückzukommen. Auf dem Weg bis zum Ufer hat der Hund mehrere Unterordnungsübungen absolviert. Bei jedem Ausflug sollte man darauf achten, daß immer wieder die verschiedenen Formen der vorübergehenden Unterdrückung von Triebzielen eingebaut wird: *Zügeln*, *Stoppen*, *Verweilen* und *Verharren*. Wir werden darauf an späterer Stelle noch zurückkommen.

Fast alle Hunde schwimmen von Natur aus gern. Aber man muß unter allen Umständen – wie immer – negative Ersterfahrungen vermeiden. Warten Sie ideale Bedingungen ab, alles andere macht der Hund von allein. Auf keinen Fall sollte man ihn ins Wasser zwingen. Mein allererster Hund, ein ebenso schöner wie tüchtiger Schäfer-Husky-Mischling, war zeitlebens ein Wassermuffel, nur weil ich als unerfahrener Neuling auf den Rat eines »erfahrenen« Hundebesitzers hörte. Dieser war der Meinung, ich solle den Hund ins Wasser werfen, er würde dann schon schwimmen. Auf meinen Einwand, daß das Wasser zur Zeit erst etwa elf Grad hätte, belehrte er mich, ein Hund wie der meine würde ohne Probleme bis zu Minus zehn Grad vertragen und ich solle ihm möglichst bald dieses Vergnügen gönnen. Aus dem Vergnügen wurde leider ein Vergällen.

Man tut gut daran, mit der ersten Schwimmstunde ausnahmslos die warme Jahreszeit abzuwarten. Der junge Hund wird mitgenommen, alle gehen nach dem Sonnenbad ins Wasser und der Kleine wird, nach einigen Überwindungen, ganz von alleine nachkommen. Dann genießen wir das einmalige Schauspiel, das sich bietet: Wellenbeißen, Jaulen, Bellen, Prusten, Schnauben, Abschütteln und natürlich immer wieder das wankelmütige vor- und zurück: »Soll ich, soll ich nicht«? Die ersten Schwimmversuche mit aus dem Wasser ins Wasser schlagenden Vorderpfoten erinnern uns an den Crowlstil von Mark Spitz. Ein derartiges Schauspiel bietet Ihnen der Hund leider nur beim ersten Mal. Vergessen Sie

Versteckspiel

Nach vorausgegangenen Abliegen folgt auf »Fertig!« der ersehnte Sprung ins Wasser. Hier beim Sonnenaufgang in Radkersburg am Liebmannsee in der Steiermark.

Gemeinsames Wagenfahren gehört zum Schönsten, was man mit Hunden unternehmen kann. Aber auch hier muß man allerlei Vorsichtsmaßnahmen treffen und die Eingewöhnung behutsam, spielerisch und schrittweise vornehmen (siehe Bezugsquellennachweis Seite 190).

daher nicht, zur ersten Schwimmstunde die Videokamera mitzunehmen!

Sollte der Hund aus unerklärlichen Gründen dem Rudel nicht ins Wasser folgen, dann lassen Sie sich bitte nicht verleiten, es mit Zwang zu versuchen! Vielleicht reagiert er auf spielerische Einladungen mittels Ball, Holz oder Belohnungshappen. Auch hier gilt, wie immer: Genau **beobachten** und bei aufkommenden Problemen in kleinen und kleinsten Schritten vorgehen. Anspruchsniveau reduzieren! Morgen ist auch noch ein Tag!

Doch zurück zu unserem Ausflug: Ist das Seewasser möglicherweise starkt belastet, dann gebe ich dem Hund lieber vorher unterwegs zu saufen. Nach dem Bad suchen wir uns einen schattigen Platz zum dösen. Ich leine den Hund vorsichtshalber an für den Fall, daß ich einschlafe. Ja, und anschließend geht's im mittleren Trab mit wenigstens einer *Sprinteinlage* wieder nach Hause. Die Sprinteinlage lege ich übrigens bei jedem Ausflug auf einen anderen Teil der Strecke. Daheim angekommen, gebe ich nach einer kurzen Pause zuerst nur wenig zu fressen. Der Hauptteil wird nach etwa einer Stunde verabreicht. Das gleiche gilt fürs Saufen.

Eine Fahrt an den See wird sich natürlich je nach Art der Umstände anders gestalten. Das gilt für alle Ausflüge. Aber es kam mir darauf an, auf die vielen Zusammenhänge hinzuweisen, die für einen sicheren und fördernden Umgang mit dem Hund wichtig sind, und die leider oft übersehen werden und in der Folge zu Problemen führen, die man hätte vermeiden können. Wir wollen nicht, nur weil ein entsprechendes Thema vorliegt, das »Spiel um jeden Preis«! Spiel ist zwar ein wichtiger, aber eben doch nur einer der vielen Mosaiksteine, aus denen sich ein (so wollen wir hoffen) wunderschönes Bild der Mensch-Hund-Beziehung zusammensetzt.

Wagenfahren – Schlittenfahren

Eines vom Schönsten ist das Wagenfahren mit Hunden. Von einer norwegischen Firma stammt der vierrädrige, ausgereifte Spezialwagen »Sacco«, der es erlaubt, ein oder zwei Hunde vorzuspannen und mit ihnen in die Landschaft zu fahren. Es werden auch Wettbewerbe abgehalten. Solange es sich um kurze Strecken handelt, mag das angehen. Bei längeren Strecken, welche von Anfang bis

Ende im Galopp bewältigt werden, möchte ich angesichts drohender Herzerweiterungen und mannigfacher Abnützungserscheinungen erhebliche Bedenken anmelden.

Weit populärer als das Wagenfahren ist bekanntlich das Fahren mit Schlitten. Die Musher (so nennt man den Führer eines Schlittens) fahren in unterschiedlichen Gespanngrößen von 2 – 4 Hunden (C Klasse), 4 – 6 (B) sowie 6 – 8 (A). In der offenen Klasse ist keine Beschränkung gegeben. Hier können Gespanne jeder Zahl antreten. Der Leit-Hund nimmt nicht nur im Gespann, welches er weitgehend führt, indem er die Kommunikation des Hundeführeres auf das Rudel überträgt, eine Sonderstellung ein. Wegen seiner herausragenden Bedeutung für das Gelingen der (Wett-) Fahrt bemüht sich der Musher in ganz besonderer Weise um ihn. Das betrifft vor allem die Ausbildung. Je mehr Hunde gehalten werden, umso weniger an Zuwendung fällt auf den einzelnen ab, das geht den Schlittenhundehaltern nicht anders als den SchH-Hundeführern. Musher sind vielfach naturliebende Sportler, die gerne durch die Landschaft fahren und den engen Kontakt zum Leittier und zum Rudel suchen. Im Idealfall versteht und erlebt sich der Musher nicht nur als Lenker des Schlittens, sondern als Teil des Rudels. Aber wie überall, so gibt es natürlich auch unter den Mushern schwarze Schafe, die ihre Hunde auf Trainingslagern unter fragwürdigen Umständen halten: Außer im Gespann kein Auslauf, kaum Kommunikation, stundenlang in den Boxen oder am Pflock angeleint, fristen diese Tiere ein rein auf Leistung ausgerichtetes Leben. Wie weit diese Haltung noch als artgerecht zu bezeichnen ist, sei dahingestellt. Andererseits stellt gerade das Wagen und Schlittenfahren eine unvergleichbar natürliche Möglichkeit dar, dem Hund artgerechtes Training und Sozial-Erlebnis in Einem anzubieten. Dies gilt vor allem für „laufdurstige" Rassen. Nur 20 Minuten im Gespann beanspruchen den Hund meiner Erfahrung nach mehr als stundenlanges Fahrradfahren oder gar Joggen. Und Hunde lieben es, durch die Landschaft zu laufen - vor allem, wenn das ganze Rudels, Herrchen oder Frauchen mit eingeschlossen, beieinander ist. Wagen- und Schlittenfahren macht Hunden Spaß, daran kann kein Zweifel sein. Natürlich eignen sich manche Rassen besser, manche weniger gut. Und bevor man Hunde in den Wagen spannt, sollten sie gut in der Unterordnung stehen und schrittweise an den Wagen gewöhnt werden. Zughunde müssen einige neue Kommandos lernen und sie müssen wirklich zuverlässig in der Hand des Hundeführers stehen! Wir gebrauchen beim Wagenfahren die Kommandos: »Los!« – »Anhalten!« – »Stehen!« – »Links!« – »Rechts!« – »Links Kreis!« – »Rechts Kreis!« – »Teerab!« – »Galopp!« – sowie Aufmunterungs- und Zügelrufe wie »Go!- Go!« oder »Langsam!« – Darüberhinaus braucht man auch einige Vorwarnungen bei nahenden anderen Hunden, Katzen oder Wild. Hier geht es dann um das rechtzeitige *In Unterordnung-Bringen* durch verbale Einwirkung wie »Brav sein!« – »Katze Nein!« und Ähnliches.

Wer nun aber meint, für ihn reiche ein »wenig Schlitten- oder Wagenfahren« aus und dafür würde es wohl auch ein Kinderschlitten oder ein ausrangierter Kinder- oder Leiterwagen tun, der spielt mit allerlei Gefahren. Schnell ist man mit unausgereifter Ausrüstung dem Hund hinten reingefahren, was zu erheblichen Verletzungen führen kann. Ganz zu schweigen davon, daß es danach wahrscheinlich ein für allemal vorbei ist mit der Wagenfahrbereitschaft des Hundes.

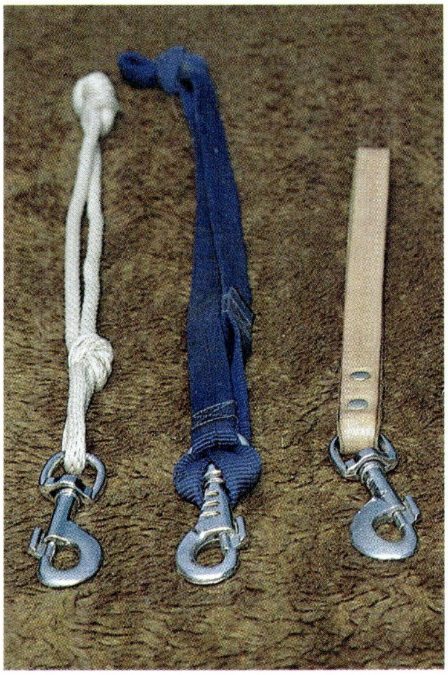

Verschiedene Griffleinen.

Lauftraining hinter dem Auto? Nein!

Zum Abschluß soll noch auf eine leider immer wieder anzutreffende Trainingsform hingewiesen werden. Gemeint ist das Vorausfahren mit dem Auto, wobei der Hund hinterherläuft. Eigentlich müßte ja der gesunde Menschenverstand ausreichen, um eine derartige Vorgehensweise als indiskutabel abzulehnen. Zahlreiche Argumente legen ein eindeutiges Verbot dieser Trainingsmethode nahe. Der Hund ist den geruchlosen CO_2 Abgasen schutzlos ausgeliefert: Bremst der Fahrer, so läuft der Hund auf. Nicht vergessen sollte man auch die gefährliche Ablenkung des Fahrers, bedingt durch die Beobachtung des Hundes. Wenn man schon keine andere Möglichkeit sieht, für das Konditionspensum seines Hundes etwas zu tun, dann sollte man lieber der Laufmaschine den Vorzug geben anstatt ihn hinter dem Auto herrennen zu lassen.

Such- und Versteckspiele

Solange der Hund noch nicht abliegen kann, bleibt einem bei Spaziergängen nichts anderes übrig, als jede sich bietende Gelegenheit zum Verstecken auszunützen. Wenn der Hund vorläuft und sich in unmittelbarer Nähe eine Möglichkeit zum Verstecken bietet, sollte man sie wahrnehmen und den Hund ruhig weiter laufen lassen, bis ihm auffällt, daß er Herrchen oder Frauchen verloren hat. Er wird alles daran setzen, die Rudelmitglieder wiederzufinden und anschließend wird er wahrscheinlich nicht mehr so weit vorlaufen und sehr darauf bedacht sein, die anderen nicht mehr aus den Augen zu verlieren.

Besonders lustig sind Such- und Versteckspiele in der Familie, wobei der Hund einmal mit den Suchenden, ein andermal mit den sich Versteckenden mitmachen kann. Aber auch hier ist es von Vorteil, wenn er schon abliegen gelernt hat und sicher auf Kommando zurückkommt. Andererseits können Such- und Versteckspiele dazu verwandt werden, um die eben zitierten Kommandos auf spielerische Weise zu lernen. Allerdings benötigt man hierzu immer mindestens eine Hilfsperson, die den Hund bis zum Freigeben zurückhält. Bei derartigen Lernspielen hat sich die Kurzleine bewährt. Sie bleibt während des ganzen Spiels immer am Halsband und ist gerade so lang, daß sie den Hund beim Gehen und Laufen nicht behindert.

Der Hund wird beispielsweise von einem der sich Versteckenden mitgenommen. Er wird bald verstehen, daß man sich im Versteck hinkauert oder hinlegt und daß man erst dann aufstehen darf, wenn

man gefunden wird und das Kommando »Fertig!« folgt. Auf ähnliche Weise wird das Zurückkommen vermittelt: Einer aus der Familie bleibt mit dem Hund, den er an der Griffleine hält, zurück. Die anderen verstecken sich. Vorher wurde vereinbart, wer den Hund beim Namen und »Hier!« ruft. Nach dem vereinbarten Auszählen auf zehn oder zwanzig bleibt der Hundeführer ganz ruhig und gespannt stehen, sieht sich um und führt vielleicht Selbstgespräche. Der Hund wird dadurch aufmerksam. Auf den Ruf seines Namens mit anschließendem »Hier!« wird er mit »Fertig!« freigegeben. Am Versteck angekommen, wird gelobt und gespielt.

Natürlich können auch Gegenstände versteckt und gesucht werden. Ähnlich, wie Kinder Verstecken spielen (»warm – kalt«), so sollten wir auch beim Hund Fehlversuche und erfolgreiche Annäherung mit entsprechenden Lautäußerungen begleiten. Der Hund lernt auf diese Weise spielerisch, Korrektur und Bestätigung zu unterscheiden und darauf einzugehen. Such- und Versteckspiele lassen sich im Raum ebenso wie im Freien durchführen.

Sozialisierungsspiele: Hund-Hund und Hund-Mensch

Wie läßt sich ein natürliches und in unserer Zivilisation sinnvolles Verhalten der Hunde untereinander fördern? Da auf sich gestellte Hunde doch manches anders machen würden, als dies im erweiterten Mensch-Hund-Rudel möglich ist, müssen wir neben den natürlichen Verhaltensmustern auch berücksichtigen, diese zu erweitern und rechtzeitig in vernünftige Bahnen zu lenken. Es kommt also darauf an, einen Konsens zu finden zwischen arteigenen Ansprüchen und zwischenartlicher Anpassung. Nur so ist eine in unserer Zivilisation tragbare Hundehaltung akzeptabel. Wir beginnen mit der innerartlichen Sozialisierung und werfen einen kurzen Blick auf das Vorbild wild aufwachsender Hunde.

Eberhard Trumler, ein Schüler von Konrad Lorenz, hat jahrelang das Verhalten wilder Mischlinghunde beobachtet. Die Beschreibungen decken sich weitgehend mit den Beobachtungen, die ich in meinem Rudel grauer Schäferhunde gemacht habe. Welpen, die in einem Wildhunderudel oder einer annähernd ähnlichen Struktur aufwachsen, werden relativ bald, etwa mit drei bis vier Wochen, wenn sie also die Erdhöhle verlassen, nicht nur von der Mutter, sondern von ein oder mehreren »Kindermädchen« miterzogen. Die Mutter überwacht anfangs mehr, später immer weniger die Aktivitäten der Kindermädchen, aber sie läßt durchaus nicht jeden an die Welpen heran. Selbst den Vater oder den Alpha-Rüden hält sie anfangs

Auch auf Spaziergängen bieten sich immer wieder Gelegenheiten, sich zu verstecken.

Welpe bei neuem Besitzer: Sein Schicksal liegt nun in den Händen des Menschen. Wird der Welpe eine liebevolle und verständige Hand erfahren dürfen?

in respektvollem Abstand, obwohl diese ein starkes Interesse an den Welpen bekunden. Ab der sechsten bis siebten Woche werden die Welpen in den Kreis der Jährigen und Ausgewachsenen aufgenommen und mit diesem Zeitpunkt ist dann die totale »Narrenfreiheit« zu Ende. Auch die Mutter läßt sich nicht mehr alles gefallen und geht mitunter recht grob mit ihnen um. Bis zur achten Woche hat die Mutter drei- bis viermal das Lager gewechselt. Man kennt ein ähnliches Vorgehen auch von Wölfen, die gewöhnlich in der dritten Woche in die schon im Vorhinein ausgegrabene zweite Höhle gebracht werden. Jedes neue Lager ist dem Entwicklungsstand der Welpen angepaßt, in fortschreitendem Schwierigkeitsgrad und in Anpassung der zunehmenden sozialen Integration. In vielen Videoaufnahmen haben wir festgehalten, daß die Hündin immer wieder eingreift, wenn Welpen bei Kampfspielen über das Ziel hinausschießen oder wenn das Kindermädchen oder der Vater zu grob werden. Es ist hier leider nicht Raum genug, um diese interessanten Verhaltensweisen weiter zu beschreiben. Wir wollen jedoch wenigstens einige wesentliche Schlußfolgerungen für die Sozialisierung in der Familie und für Hunde untereinander ableiten:

Solange die Welpen noch bei der Mutter sind, haben sie nahezu unbegrenzte Möglichkeiten, mit Geschwistern zu spielen und dabei die wichtigen sozialen Verhaltensmuster zu erlernen. Mit acht bis zehn Wochen, in der Zeit des Wechsels zum neuen Besitzer, ist zwar die sogenannte »Prägungsphase« nahezu abgeschlossen, aber es gibt noch eine Menge zu lernen, bis die Welpen voll im Rudel integriert sind. Jetzt müssten die Jungen Schritt für Schritt Schranken und Tabus anerkennen lernen, um sich immer mehr in die Struktur des Rudels einzugliedern. Auf unsere Haushunde übertragen heißt das, gleich nach dem Abholen sollten dem Hund zahlreiche Gelegenheiten gegeben werden, anderen Hunderassen und Individuen verschiedensten Alters ebenso wie fremden Menschen verschiedenen Alters und Geschlechts zu begegnen. Werden die Sozialisierungsmöglichkeiten nicht oder nur unvollständig geschaffen, so kann das zu nachhaltigen Verhaltensstörungen führen. Andererseits ist innerhalb der gewährten Begegnungen Vorsicht geboten. Wird ein ahnungslos zutraulicher Welpe etwa gebissen oder über sein individuell verträgliches Maß hinaus verängstigt, so kann eine einzige schlechte Erfahrung (im unglücklichsten Fall) lebenslange traumatische Nachwirkungen verursachen. In der Regel jedoch verkraftet ein normal veranlagter Welpe einiges und oft sehen die Spielkämpfe gefährlicher aus, als sie es wirklich sind. Aber vergessen wir nicht, im

Wildhunderudel ebenso wie im Züchterzwinger ist immer noch die schützende Mutter da.

Nach der Übergabe des Welpen an den neuen Besitzer fehlt die ausgleichende, regulierende, fördernde und schützende Kraft der Mutter.

Der neue Besitzer müßte die Stelle der Mutterhündin wenigstens einigermaßen einzunehmen versuchen. Aber wer ist dazu schon im erforderlichen Umfang im Stande? Und wer weiß schon um die vielfältigen Hundemutterpflichten? Wer noch nie eine Welpen-Aufzucht miterlebt hat, ist hier bei weitem überfordert. Verschiedene Hundevereine haben das Problem erkannt und bieten daher vermehrt Welpenkurse an. Wo sie von erfahrenen Fachleuten geführt werden, stellen sie eine wichtige Bereicherung für den Hundeführer dar. Was dort vermittelt wird, das kann ein einzelner seinem Welpen kaum bieten. Wo sonst findet sich die Möglichkeit, mit Hunden aller Rassen und annähernd gleichen Alters zu spielen? Vor allzu freizügiger Aufnahme verschiedener Altersgruppen sei jedoch gewarnt! Das Argument, der Junghund solle lernen, sich auch älteren zu unterwerfen, ist nicht ohne Einschränkung gerechtfertigt. Im Wildrudel werden, wie wir gesehen haben, die Ein- und Zweijährigen, die sich bei der Aufzucht ab der sechsten bis achten Woche besonders hervortun, ihrerseits wieder von den ausgewachsenen Rudelmitgliedern, vor allem aber durch die immer noch anwesende Mutter und dem Alpha-Rüden, wenn erforderlich, in Schranken gehalten. Diese natürliche Bremse fehlt, wenn man Junghunde im Alter von einem Jahr und älter mit Welpen zusammengibt. Denn zum einen kann der Mensch die Aufgabe der Eindämmung nur unvollkommen erfüllen, zum anderen sehen es manche Hundeführer ganz gern, wenn sich ihr Hund, wie sie meinen, stark zeigt, und zum dritten, selbst wenn sie die Notwendigkeit des Einschreitens sehen würden, so ist doch längst nicht jeder in der Lage, hier das Richtige im richtigen Augenblick und im erforderlichen Umfange zu tun. Manche älteren Hunde spielen ihre pyhsische und psychische Überlegenheit in unkontrollierter Weise aus, was nicht nur zu Verletzungen, sondern auch zu erheblichen psychischen Schäden der hilflosen Jüngeren führen kann. Man kann immer wieder beobachten, wie die Welpenunbefangenheit durch anhaltendes Bedrängtwerden von älteren in kürzester Zeit sichtbaren Schaden leidet. Wenn der Welpe nur kurz bedrängt wird und er anschließend wieder Gelegenheit findet, seine eigene Stärke im Spiel mit Gleichaltrigen oder Jüngeren zu erleben, so verkraftet er die Bedrängung gewöhnlich schadlos. Wenn aber submissives Verhalten in unerträglichem Ausmaß aufgezwungen wird, ununterbrochen und ohne Möglichkeit, die eigenen Ransansprüche zu signalisieren, dann kann sich beim Welpen das unterwürfige Verhalten generalisieren, das heißt, er zeigt sich in der Folge dann auch Gleichaltrigen und eigentlich Schwächeren gegenüber betont unterwürfig oder ängstlich. Andererseits kann für einen Welpen nach der zwölften Woche, also am Ende der Angstphase die Erfahrung, daß es im Spiel mit älteren Hunden Grenzen gibt, zu seinem eigenen Schutz von enormer Wichtigkeit sein. Man sieht, auch hier kommt es darauf an, die Balance zu halten und den einzelnen Hund in der Gruppe nicht aus den Augen zu verlieren.

Man weiß, daß die Sozialstruktur eines Rudels auf sehr komplexen Vorgängen basiert. Ausbilder, die mit Welpen und Junghunden

umgehen, stellen sich daher einer enorm verantwortungsvollen und mitunter schwierigen Aufgabe. Als vorteilhaft hat sich die Aufteilung in Welpen- und Junghundekurs eins und zwei herauskristallisiert, wobei gegen Ende eines jeden Kurses, wenn man also die einzelnen Hunde schon kennt und der Sozialisierungsprozeß fortgeschritten ist, auch Hunde verschiedenen Alters miteinander spielen dürfen – allerdings unter besonders aufmerksamer Beobachtung und in sinnvoller Zusammenstellung. Daß für die Entscheidung, welcher Hund in welchen Kurs aufgenommen werden soll, neben dem Alter auch Rasse und individuelle Reife eine Rolle spielen, dürfte klar sein.

Viele Vereine bieten ihre Welpen- und Junghundkurse zweimal im Jahr an, sie beginnen dann gewöhnlich im März und September und enden im Mai und November. Wer seinen acht Wochen alten Welpen aber erst im Mai oder November bekommt, der sollte mit Hundebegegnungen nicht bis zum jeweils nächsten Kurs warten. Die Zeit nach der Übergabe ist einmalig und unwiederbringlich. Was da für die Sozialisierung gelernt wird, kann und darf nicht aufgeschoben werden!

Wo sich die Möglichkeit, einen Welpenkurs zu besuchen, nicht bietet, da müßte man eben selbst die Initiative ergreifen. Fragen Sie in Ihrem Bekanntenkreis nach Hunden annähernd gleichen Alters und organisieren Sie Zeiten gemeinsamen Spiels, mindestens einmal in der Woche, besser zweimal! Der Aufwand lohnt sich, wenn man bedenkt, was ein unproblematischer Hund wert ist, den man überallhin mitnehmen kann: der sich Menschen, Kindern und anderen Hunden gegenüber unbefangen verhält.

Und damit wären wir beim zweiten Teil, der Sozialisierung des Hundes mit dem Menschen. Schon im Zwingeralter achtet ein verantwor-

Richtig damit umgegangen, kann ein Büschel Gras ebenso motivieren wie manches andere.

tungsbewußter Züchter darauf, daß seine Welpen ab der fünften bis sechsten Woche gelegentlich mit fremden Menschen jeden Alters und verschiedenen Geschlechts, besonders auch mit Kindern, Kontaktmöglichkeiten erhalten. Begegnungen können allerdings im Zeitraum der achten bis zwölften Woche zu sichtlichen Angstreaktionen führen, denn in dieser Zeit macht der Welpe die »Angstphase« (ebenfalls ein Wolfserbe) durch. Angst ist eigentlich das falsche Wort, denn es geht hier um nichts anderes als um die in freier Wildbahn lebensnotwendige *Vorsicht* allem Unbekannten und Neuem gegenüber. Hunde, die länger als bis zur achten Woche im Zwinger bei der Mutter bleiben, zeigen dieses ängstlich anmutende Vorsichtsverhalten entsprechend länger. Ob der Welpe wirklich Angst hat, im Sinne des weiter oben beschriebenen Temperaments des extrem leicht hemmbaren Typus, das zeigt sich erst im weiteren Verlauf einer Begegnung. Bleibt das Vorsichtsverhalten unverändert oder verstärkt es sich sogar, so liegt, wenn schlechte Erfahrungen auszuschließen sind, offensichtlich eine genetisch bedingte »Wesensschwäche« vor. Findet der Welpe nach einigen Wiederholungen jedoch seine Unbefangenheit und »Selbstsicherheit« wieder, dann gibt es keinen Grund, sich Sorgen zu machen. Mitunter kommt es vor, daß manche Hunde mit der Begegnung **eines** fremden Menschen (oder Hundes) keine Probleme haben, kommt es jedoch zu Begegnungen mit mehreren Fremden (auch Hunden), dann zeigen sich diese Hunde sichtlich überfordert. Da Überforderungen (Anspruchsniveau deutlich höher als 50%), wie wir bereits weiter oben gesehen haben, motivationshemmend wirken, sollte man auch hier das für den Hund geeignete Anspruchsniveau zu realisieren versuchen: Zuerst nimmt man gezielt nur jene Gelegenheiten zur Begegnung wahr, in welchen erst einmal **eine** fremde Person (oder **ein** fremder Hund) hinzukommt. Hat sich nach einiger Zeit das Verhalten stabilisiert, so kann man es mit zwei Besuchern wagen, wobei einer davon fremd, der andere bekannt sein sollte. Im nächsten Schritt können zwei fremde Personen zugemutet werden usw. Entscheidend ist, daß man den jeweils folgenden Schritt erst dann plant, wenn die vorangegangene Aufgabe wirklich zufriedenstellend gelöst wurde. Ganz ähnlich verhält es sich mit Kinderbegegnungen. Viele

Bei derartigen Sprüngen lacht natürlich das Hundlerherz. Doch Vorsicht vor Überforderung und Gefahren!

junge Hunde sind mit einer Schar Kinder einfach überfordert. Kinder und Hunde sind prädestiniert fürs gemeinsame Spiel, aber vor allem anfangs *nur unter Kontrolle von Erwachsenen*. Beide Teile, Kind und Hund, müssen lernen, aufeinander einzugehen, bestimmte Regeln einzuhalten und die Rechte des Anderen zu respektieren. Eine »einmalige, verbale Belehrung« reicht sicher nicht aus! Der gegenseitige Umgang muß beiden schrittweise und durch viele Wiederholungen vermittelt werden! Das beginnt mit der weiter oben beschriebenen richtigen Art und Weise des Berührens bis hin zum Nachgeben, wenn etwa einer der beiden aufhören möchte. Keiner darf dem anderen wehtun und beide müssen akzeptieren, daß Mensch und Hund zwar in vielem übereinstimmen, aber in manchen Punkten doch erheblich voneinander abweichen. Gemeinsamkeiten und Unterschiede müssen Kindern praxisbezogen bewußt gemacht werden.

Auf die Sozialisierung wurde näher eingegangen, weil Fehler in diesem Bereich die Wurzeln der Hundehaltung empfindlich gefährden. Unfälle, von Hunden verursacht, sind für die Sensationslust der Menschen ein gefundenes Fressen.

Spielen – aus der Gunst des Augenblicks

Wir haben nun schon einiges beschrieben, was zur Verbesserung des Spielens beitragen kann. Da kann es leicht geschehen, daß man vor lauter konkreter Vorsätze die »Gunst des Augenblicks« übersieht. Was ist damit gemeint? Nun, man trifft oft auf Situationen, die in idealer Weise dazu angetan wären, darauf einzugehen, die Herausforderung anzunehmen. Und was passiert? Vor lauter Vorsätzen übersieht man sie. Man konstruiert umständlich Ersatzsituationen, die oft nicht annähernd den Wert der realen Gegebenheit aufweisen. Dabei wäre es doch so naheliegend und nachgerade vorteilhaft, man würde die Angebote des Augenblicks wahrnehmen und sich ihrer bedienen. Neben allem Planen und Denken sollte man sich eine gewisse »Zielfreiheit« bewahren. Zielfrei vorgehen heißt durchaus nicht ziellos zu sein! Vielmehr ist damit gemeint, gesteckte Ziele zwar zu verfolgen, aber sich gleichzeitig diesem Vorhaben nicht sklavisch zu ergeben. Wer in innerer Freiheit seinem Ziel entgegenstrebt, verstellt sich nicht den Blick für das, was der Augenblick anbietet.

Hierzu einige Beispiele: Jeder Hund läuft in seiner Jugend allerlei bewegten Dingen nach, etwa einem Blatt, das vom Wind über den Weg getrieben wird. Auch wir könnten uns von diesem Blatt, das unseren Hund ungemein interessiert, beflügeln lassen, indem wir unsere kreativen Kräfte mobilisieren. Wir könnten ein anderes Blatt aufheben, es hochhalten, anpusten und in der Luft auffangen. Unser Hund wird dadurch auf uns aufmerksam, was wir schamlos für ein motivierendes »Hier!« ausnützen. Nach dem Vorsitzen spielen wir mit dem Blatt, bis wir es ihm schließlich auf die eine oder andere Art überlassen. »Spielen – einfach nur so«, beginnt *irgendwo* und *irgendwie*, möglicherweise durch einen nebensächlichen Anlaß. Es entwickelt dann eine Eigendynamik, die den weiteren Verlauf nahelegt – Schritt für Schritt. So gehen versierte Erzähler vor. Unsereins fragt sich: »Wie machen die das? Einfach anzufangen, ohne das Ende zu wissen.« Aber ist es im Leben nicht ähnlich? Keiner

kennt den zu erwartenden Verlauf und wer weiß schon das Ende? Man muß den eigenen kreativen Kräften mehr vertrauen, auch im Kleinen, und das übt man, indem man es »riskiert«. Ohne Risiko kein Fortschritt! Viele hätten ja Ideen, wenn sie sich nur trauten. Trauen wir uns – auf dem Spaziergang oder im eigenen Garten oder wo auch immer, denn Kreativität ist im Umgang mit Hunden eine der wichtigsten Qualitäten überhaupt!

Vertrauen wir den eigenen kreativen Kräften – Riskieren wir den experimentellen, spielerischen Umgang mit dem Hund! Nützen wir die Herausforderung des Augenblicks!

Wie man seinen Hund am besten erzieht und ausbildet, das kann einem niemand besser aufzeigen als der Hund selbst. Man muß es nur sehen. Das gleiche gilt fürs Spiel. Voraussetzung ist, daß wir innerlich frei sind und uns nicht verkrampfen in Vorsätzen und Zielen. Wer sich eingestehen muß, daß er gerade in diesem Punkt Probleme hat, dem sei geraten, sich auf dreierlei zu konzentrieren: auf das *Wohl des Hundes*, auf *das Know how des Verhaltens* und auf das *Beobachten*. Diese drei Anker bewahren Schiff und Besatzung vor so mancher Abdrift. Indem Sie mit dem Hund umgehen, egal wie, ist er als Ihr Partner gezwungen, darauf zu »antworten«, zu reagieren. Auch wenn er sich widersetzen sollte oder Sie ignoriert, so sind dies »Antworten«. Die meisten Antworten aber zeigen sich weniger dekorativ, sie äußern sich in kleinen und kleinsten Veränderungen, in *Signalen*, im *Verhalten* und in dem, was auch der Mensch am Hund als *Gestimmtheit* wahrnimmt. Diese Veränderungen erkennen und richtig zu interpretieren ist der Schlüssel zur richtigen methodischen Tür.

Hier noch ein zweites Beispiel für Spielen »aus der Gunst des Augenblicks«. Wir gehen mit unserem Hund auf dem gewohnten Spazierweg. Nach einer Kurve sehen wir eine Handmähmaschine am Wegrand in der Wiese, die unseren Hund wie angewurzelt stehen läßt. Das Haar sträubt sich und er weicht keinen Millimeter von der Stelle. Wir nützen den Augenblick, um zu überlegen, was zu tun ist. Die meisten Ratschläge gehen ja dahin, man solle so tun als sei nichts gewesen und völlig unbefangen auf den neuen Gegenstand hingehen. Ich bin anderer Meinung. Auf diese Weise erziehe ich dem Hund das Vorsichtsverhalten ab. Ich würde stehenbleiben, konzentriert auf die Maschine schauen, dann erst langsam, aber mit einer gewissen »ruhigen Vorsicht«, auf die Maschine zugehen. Dort würde ich sie näher untersuchen und mich von ihrer Harmlosigkeit überzeugen. Dabei können ruhig hundliche Verhaltensweisen mit einfließen. Inzwischen ist mir der Hund sicher nachgekommen und untersucht seinerseits das »Monstrum«. Wir dürfen nicht vergessen: anders als für uns **leben** für ihn die Gegenstände. Sehe ich seinen Argwohn schwinden, so schließe ich ein Spiel um die Maschine an. So bin ich nach wie vor das Alpha-Tier und habe das wichtige *Vorsichtsverhalten* demonstriert.

Hier noch eine andere Situation für das Spiel aus dem Augenblick, für die Improvisation: Wie oft kommt es vor, daß man etwas vergessen hat. Steht im Augenblick weder Spielbeute noch Futter zur Verfügung, so sucht man nach dem Nächstbesten, zur Not tut es auch ein Büschel Gras, ein Handschuh, ein Stock, ein Blatt oder was sich sonst in der Umgebung anbietet oder im Auto herumliegt. Oder ich spiele, daß ich etwas hätte, was in Wirklichkeit gar nicht da ist.

Futter- und Beutemotivation

Futter oder Ball?

Die Wogen schlagen oft hoch, wenn es in Hundeführerdiskussionen darum geht, welchem Motivationsobjekt (Wir sprechen im Folgenden kurz von »MO«) der Vorzug zu geben sei: Futter oder Ball. Die Futteranhänger führen ins Feld, daß es naheliegend und »natürlich« sei, den Hund mittels Futter zu motivieren. In den frühen neunziger Jahren nahmen die Ball- und Schleuder-Ball-Anhänger immer mehr zu und die meisten von ihnen lehnten Futter im Spiel und im Training mit der Begründung ab, daß sich Futter schnell abgreife und der Hund nur im hungrigen Zustand motivierbar sei. Abgesehen davon sei der Ball effektiver, weil er eine wesentlich höhere »Trieblage« vermittle.

Obwohl beide Seiten triftige Gründe vorbringen, sind beide Standpunkte doch relativ oberflächlich. Gerade in letzter Zeit sind modernisierte Formen der Futtermotivation wieder sehr im Kommen, nicht zuletzt durch die ausgereifte Futter-Methodik des in Florida lebenden Gottfried Dildei.

Eine pauschale Bevorzugung für Futter- oder Beutemotivation ist nach neuestem Erfahrungsstand nicht gerechtfertigt!

Grundsätzlich erfüllen beide Vorgangsweisen höchste Ansprüche, sei es im Hundesport oder in den verschiedenen Bereichen der Gebrauchshundeausbildung. Beide Methoden können sowohl ausschließlich als auch in Kombination erfolgreich angewandt werden. Auch ich hatte zunächst nur mit Beutemotivation gearbeitet und erst nach und nach die Vorzüge der Futtermotivation schätzen gelernt. Heute bin ich überzeugter Vertreter beider Methoden, wobei sich die Frage nach der Bevorzugung nicht mehr ausschließend, sonder nur noch spezifisch stellt. In vielen methodischen Experimenten mit Welpen haben wir in unserem Zwinger festgestellt, daß in bestimmten Entwicklungsphasen die Futter-, in anderen die Beutemotivation zielführender ist. Darüberhinaus wird die Wahl des optimales MO's von weiteren Faktoren wie der konkret gestellten Aufgabe, vom angestrebten Leistungsniveau, von individuellen Komponenten und natürlich von der zu bewältigenden Aufgabe bestimmt. Es hat sich bewährt, spielerische Lernprozesse im Welpenalter (und je nachdem, wann begonnen wurde, auch noch im Junghundalter) mehr auf Futtermotivation aufzubauen. Später, wenn der Hund vier oder sechs Monate alt ist, kann man sie dann mit Beutemotivation verstärken oder auch zur Beutemotivation überwechseln. Einige Aufgaben aus dem Hundesport, wie etwa das *Bringen*, *Hereinrufen* oder *Voraus* eignen sich erfahrungsgemäß (für die meisten Hunde) von Anfang an besser zur Beutemotivation. *Bei*

Fußgehen oder Teile aus anderen Übungen hingegen legen eine Futtermotivation nahe. Hier stehen dann meist weder Tempo noch hohes Antriebsniveau im Vordergrund, sondern Teamarbeit und exakte Ausführung. Die Futtermotivation bringt im Vergleich zur Beutemotivation in der Regel etwas weniger intensive Antriebsmomente, hat aber gerade dadurch den Vorteil, daß zahlreiche Fehler, die aus hohem Antriebsniveau resultieren, vermieden werden. Trainiert man den Hund mit zu hohem Antriebsniveau, so sind starke Einwirkungen gegen Hochspringen und andere, unerwünschte Begleiterscheinungen meist unumgänglich. Ein weiterer Vorteil der Futtermotivation liegt darin, daß man den Hund innerhalb der Motivation ständig bei sich halten kann. Man muß ihn zur »Belohnung« nicht wie beim Ball teilweise oder ganz freigeben, und man muß sich nicht mit den Problemen des Abgebens der Beute, dem neuralgischen »Aus!« auseinandersetzen. Das Argument, der Hund würde unter Futter Kräfte sparen, die er beim Ballspiel zu sehr verliert, kann ich allerdings nicht nachvollziehen. Im Gegenteil, bei spielfreudigen Hunden ist es enorm wichtig, daß sie sich ausleben können, daß sie im Spiel ihre Kräfte verzehren und sie nicht zurückhalten. Gerade darin liegt ja eine wichtige motivierende Erfahrung für den Hund: Er lernt alsbald, daß er im Spiel richtig aktiv werden darf und seine Kräfte, seine Schnelligkeit sich und der Umwelt beweisen kann. »Sparsamkeit« ist also fehl am Platze. Einige Ausnahmen müssen aber erwähnt werden: Rekonvaleszente Hunde müssen geschont werden und auch widrige Witterungs- oder Temperaturbedingungen können zur Einschränkung der Spielaktivität mahnen.

Auch in der Agility muß man gut abwägen, wann Futter und wann der Ball oder ähnliche MO's eingesetzt werden sollen. Auch hier liegt natürlich der Wunsch nahe, nach ein paar Rezepten zu suchen, die einem verraten, welches MO sich für welche Übung besser bewährt. Aber so leicht geht das nicht. Wenn man zum Beispiel als allgemeingültigen Ratschlag empfiehlt, in der »Erlernphase« sollte die Vermittlung der Aufgabe im Vordergrund stehen und nicht die Schnelligkeit oder Exaktheit, also mehr mit Futter gespielt werden, dann klingt das zwar einleuchtend, aber für manche Übungen und für manche Hunde trifft genau das Gegenteil zu. Beim *Hereinkommen* zum Beispiel (wenn der Hundeführer seinen Hund mit »Hier!« zu sich ruft) ist gerade die Schnelligkeit und hohes bis höchsten Antriebsniveau gefragt. Das kann bei manchen Hunderassen und -individuen durchaus mit Futter vermittelt werden. Bei den meisten aber zeigt sich die Beutemotivation hier als erheblich effektiver. Wird die Übung jedoch durch die Wahl des weniger effektiven MO's nur in mittlerem Tempo ausgeführt, so ist die Gefahr groß, daß der Hund Übung und Ausführungstempo in einer Einheit konditioniert und sich

Auch zur Agility eignen sich Futter- und Beutemotivation gleichermaßen.

Diese Hündin frißt Wasser- und Zuckermelone ebenso gern wie Fleisch. Was liegt näher, als dieses MO fürs Spiel zu nutzen?

daran gewöhnt. Ein Umlernen in höheres Tempo fällt erfahrungsgemäß enorm schwer! Auch hier stoßen wir einmal mehr auf die Bedeutung von Ersterfahrung und Gewöhnung. Man sieht, daß einzelne Aufgaben sich im Rahmen dieses Themas nur am Rande behandeln lassen. Wer sich hier weiterbilden möchte, der sei auf die anderen Ausbildungsbücher des Autors und seine Videofilme verwiesen. Zusammenfassend können wir also fragen: Nicht: »Futter – **oder** Beutemotivation?« sondern: **»Wann** Futter, **wann** Spielbeute?!« Und vor allem: »**Wie** motiviert man mittels Futter und »**Wie** durch Spielbeute?«

Triebziel Futter

Es gibt zwar ausgesprochene Fressmuffel unter den Hunden, aber für die meisten ist und bleibt Fressen eines der wichtigsten Dinge im Hundeleben. Es gibt jedoch unterschiedliche Meinungen darüber, was bevorzugt wird. Die Freßgewohnheiten des Hundes werden neben individuellen Vorlieben maßgebend von dem beeinflußt, was er als junger Hund kennengelernt hat und was er laufend bekommt:

Anlage, Ersterfahrungen und Gewohnheit bestimmen die Fressvorlieben.

Wir haben beobachtet, daß manche Hunde auch Obst und Gemüse sogar ausgesprochen gern verzehren, vorausgesetzt, sie hatten es bereits im Junghundalter neben normaler Hundekost erhalten. Es gibt Hunde, die fressen süße Apfel- oder Karottenstücke fast genauso gern wie Fleisch oder Wurst und lieber als Fertighappen.

Ein vielseitiger Speisezettel bringt nicht nur physiologische Vorteile! Wer wenigstens dann und wann auf kalorienarme und leberschonende »Bio-Happen« ausweichen kann, ist das leidige Problem der Eiweiß- und Fettüberbelastung ebenso los wie die Sorge ums Zunehmen. Für ausgewachsene Hunde allerdings kommt dieser Tip in der Regel zu spät. Hat er im Nahrungsbereich erst einmal bestimmte Vorlieben und Aversionen gebildet, so sind Korrekturen sehr schwierig und meist ohne Aussicht auf Erfolg.

Egal, für welche Belohnungshappen man sich als Futter-MO entscheidet, man sollte nicht vergessen, daß ein zuviel selbst kleiner Happen, wenn sie in Massen verabreicht werden, schnell zu einer Kalorienbombe anwachsen kann.

Auswahl und Zubereitung

Die Industrie bietet Belohnungshappen in unterschiedlicher Größe, Form und Konsistenz an. Die meisten Fabrikhappen sind allerdings für den gezielten spielerischen Einsatz entweder zu groß oder zu klein, zu kalorienreich oder zu eiweißhaltig, zu süß oder zu wenig motivierend. Selbst für einen Schäferhund dürfen die Happen nicht größer sein als ungefähr einen Kubikzentimeter. Der Hund soll sich ja während der Belohnung weiterhin auf Spiel und Aufgabe konzentrieren. Bei voluminösen oder zu festen Brocken beginnt er stehenzubleiben oder sich hinzulegen, um sich ganz auf das Fressen zu konzentrieren. Der Spielfluß ist dann unterbrochen. Kommen beim Futter MO ungeeignete Formen zur Anwendung, so ist das Spiel zum Scheitern verurteilt, denn es liegt dem Hund um vieles näher, am Boden zu suchen als ständig aufzuschauen. Herunterfallende Stücke müssen also wirklich seltene Ausnahmen bleiben.

Beim Fährtentraining spielen diese Zusammenhänge eine noch entscheidendere Rolle! Zu große Industriehappen kann man halbieren oder dritteln. Lassen sie sich nicht brechen, dann spaltet man sie mit dem Messer in mehrere Teile. Damit die Happen schnell und problemlos aufgenommen werden können, dürfen sie auch in der Konsistenz nicht zu hart oder zu zäh sein. Das Austrocknen der zerkleinerten Industriehappen läßt sich durch Aufbewahren in einem weitgehend luftdicht abgeschlossenen Behältnisse vermeiden, etwa in einem Plastik-Salbentopf mit Schraubdeckel. Auf diese Weise kann man sich gegebenenfalls einen kleinen Vorrat anlegen. Ausgetrocknete Stücke lassen sich durch Befeuchten wieder für Motivationszwecke reaktivieren.

Wer genügend Zeit hat, wird in den meisten Fällen frisch zubereitete Happen bevorzugen. Klein aufgeschnittene Stücke aus Fleisch, Kutteln, Wurst oder auch Fisch erfreuen sich seit jeher großer Beliebtheit. Die Ernährungsphysiologen allerdings warnen zu Recht vor Schweinefleisch, Wurst und allgemein vor gesüßten, gesalzenen oder stark gewürzten Nahrungsmitteln. Gelegentlicher Gebrauch dürfte normalerweise keine Probleme bereiten. Wird aber häufig und viel mit Futtermotivation gespielt, dann sollte man bezüglich Wahl und Menge des Futters Vorsicht walten lassen. Der Autor hat mit der Firma BEWI-DOG unter dem Begriff »BEWI-MOT« motivierende Belohnungshappen entwickelt, die viele Vorteile miteinander verbinden und sich in jeder Phase des Handlings bewähren. (Siehe Bezugsquellennachweis Seite 190).

Neben den Futtervarianten sind noch die in mehrfacher Hinsicht wichtigen Kau- und Nagespiele zu erwähnen. Vor allem im Zahnwechsel braucht der Junghund ausreichend Nagemöglichkeiten, um so die alten Zähne abzustoßen und das Wachstum der Kommenden zu fördern. Hierzu eignen sich die bekannten Büffelknochen, die es in verschiedenen Ausführungen und Größen gibt, und darüberhinaus bieten einzelne Futterhersteller neue Materialien an, welche neben dem Kaueffekt noch wichtige Aufbaustoffe beinhalten.

Daß sich Büffelknochen auch bestens für Berührungs- und Sozialisationsspiele eignen, liegt auf der Hand. Wer bereits früh damit beginnt, Kauobjekte spielerisch anzubieten und das Nagen spielerisch begleitet, der legt hier schon einen wichtigen Grundstein für gegensei-

tiges Vertrauen. Der Hund wird die Erfahrung machen, daß man ihm sein Fressen nicht ernstlich streitig macht. Selbst wenn man die Kaustange spielerisch ab und zu wegnimmt oder daran zerrt, so weiß der Hund doch, daß dies immer damit endet, daß er sie schließlich doch zurückerhält. Bei besonders dominanten Hunden oder dort, wo die Rangordnung durch Hundehalterfehler aus dem Lot kam, kann es allerdings vorteilhaft sein, in möglichst vielen Kommunikationsdetails, also etwa auch im Spiel mit der Kaustange, Überlegenheit zu demonstrieren und auf **Unterordnung** (hier ist der Begriff zutreffend) zu bestehen.

Menge

Auch hier kommt es natürlich darauf an, was man vorhat. Will man den Hund nur für das Mindestmaß an Einordnung in die Familie belohnen, dann kommt man mit wenig Futter aus. Soll Futtermotivation jedoch in vollem Umfange für allerlei Spiele, für Sport- oder Gebrauchshundeaufgaben herangezogen werden, dann wird man sich der Technik des Vielfuttergebens anschließen. Futter wird nach neueren Methoden längst nicht nur zur Belohnung als Abschluß einer vorausgegangenen Leistung eingesetzt. Mit Futter lassen sich alle oder nahezu alle Aufgabenbereiche wie Schnelligkeit (bis zu einem gewissen Grad) oder Exaktheit, Detailkorrekturen, Stabilisierung in bestimmten Positionen wie etwa »Platz!« oder »Steh!«, Tempo- und Timinggestaltung, Aufbau und Erhalten der Konzentration und vieles andere einüben, verbessern und erhalten. Und es ist nicht nur das Verstärkerprinzip, das hier zum Tragen kommt! Man benötigt viele, viele kleine Futterstücke und die Trainings- bzw. Spielgestaltung muß über den gesamten Zeitraum der Ausbildung durch- und auch nachher noch mit Konsequenz weitergeführt werden. Aber das gilt ja auch für das Beutespiel. Die benötigte Vielzahl von Futterstücken ist ein weiterer Anlaß, die Stücke möglichst klein zu halten. Und an Tagen, wo Futter vermehrt für Spiel und Training herangezogen wird, da ist natürlich die Gesamtfuttermenge zu reduzieren.

Häufigkeit

Wer seine Ziele auf unterem oder mittlerem Leistungsniveau steckt, der mag mit ein bis zwei Übungstagen in der Woche auskommen. Wer höher hinaus möchte, wird bei täglichem Üben, dann und wann sogar mehrmals täglich, bessere Erfolge haben. Allerdings ist bei täglichem Üben die Gefahr der Abnützung und Versandung von Motivationen ein echtes Problem. Will man seinen Hund exemplarisch schnell und freudig ausbilden, dann sollte man darauf achten, daß bei täglichem Üben ausnahmslos auf hohem Motivationsniveau gespielt wird. Das setzt stets hochkonzentriertes, überlegtes und kontrolliertes Handeln des Hundeführers voraus. Bei täglichem, möglicherweise mehrmaligem Spielen muß außerdem ein Höchstmaß an Abwechslung eingebaut werden und die Spielzeiten dürfen dann nicht zu lange ausfallen. Je nach Alter, Temperament und Ausbildungsstand des Hundes reichen fünf bis fünfzehn Minuten völlig aus. Weniger wäre oft mehr gewesen! Wer die Latte nicht ganz so hoch legt, der kann ruhig, gleichviel ob er nun täglich mit dem Hund spielt oder nur zweimal in der Woche auf den Platz geht, längere Spielzeiten einplanen. In jedem Falle kommt es darauf an, daß man neben der physiologischen Kondition die Konzentrationsfähigkeit des Hundes nicht

überfordert. Hier gilt es nun wieder zu unterscheiden, ob sich der Hund im Augenblick in einer Phase des Lernens neuer Übungen oder im Festigen bereits erworbener Fähigkeiten befindet. Neulernen erfordert sehr viel mehr Konzentration und darf daher unter keinen Umständen zu lange dauern. Man sieht, daß man auch in der Frage der Übehäufigkeit vieles bedenken und abwägen muß. Wer nach Rezepten vorgeht, wird zwangsweise scheitern. Auch hier heißt das Zauberwort *Balance*. Das gilt fürs Üben und Spielen, gleichviel welcher Motivationsobjekte man sich bedient. Wer zu diesem vor allem im Spitzensportbereich und in der Gebrauchshundeausbildung hochbrisanten Thema mehr erfahren möchte, der sei auf den Buchtitel des Autors »Hundeausabildung: Verhalten – Lernen – Trainieren« verwiesen.

Appetenz

Wir haben es eben schon erwähnt: beim Üben sollte der Hundeführer sehr engagiert vorgehen und alles andere vergessen und beiseite lassen. Nicht etwaige Zuschauer gilt es zu befriedigen, sondern sich ganz und gar auf das Spiel zu konzentrieren. Während der Mensch diese Forderung über Einsicht, Willen und Selbstdiziplin erreichen kann, ist der Hund auf uns angewiesen. Wir müssen die Voraussetzungen für die angestrebte Gestimmtheit und Konzentration des Hundes schaffen. Das ist manchmal nicht einfach, denken wir nur an Ablenkungen, an Temperaturbedingungen oder andere Einflüsse, welche die Emotionalität unseres Spielpartners ganz erheblich dämpfen oder ablenken können. Das wichtigste beim Einsatz der Futtermotivation ist natürlich, daß der Hund vor dem Spiel richtig hungrig ist. Das Aussetzen einer Mahlzeit schafft für gewöhnlich genügend Appetit und damit den so wichtigen Triebstau. Hunger ist der beste Koch, das gilt auch für Hunde. Hält man sich an die Regel, den Hund wirklich nie in sattem Zustand mit Futter motivieren zu wollen, dann entwickelt sich mit den Monaten eine auf diese Situation bezogene spezifische Appetenz, die den Hund dann schon beim Anblick des Spielgeländes oder anderer mit dem Spiel assoziierter Symbole in die gewünschte hoch motivierte Gestimmtheit versetzen, selbst wenn er gerade zuvor gefressen hat. Wenn das Futterspiel länger Zeit ausbleibt, dann fehlt ihm offensichtlich etwas.

Wenn sich jedoch ein Hund beim Futterspiel »übermotiviert« zeigt, so daß er alle Zeichen der Lernblockade erkennen läßt, müßte man die Appetenz vorher durch eine ausgewogene Futtergabe drosseln. Überreaktionen kommen innerhalb der Futtemotivation – anders als bei Beutespielen – relativ selten vor. Daß Appetenz nicht nur vom Appetit abhängt, wissen wir bereits. Das ganze Drum und Dran, also wie das Spiel gestaltet wird, ist für die Motivation ebenso wichtig. Wir gehen auf diesen Punkt im Abschnitt »Appetit aufs Spiel« noch näher ein.

Triebziel Spielbeute

Die vier »klassischen« Spielbeuten

Die Bedeutung des Beutespiels in der Hundeausbildung wird allein schon durch die Fülle des Angebotes deutlich. Die Wahl aus einem

Vom Autor entwickelte Schleifleine!

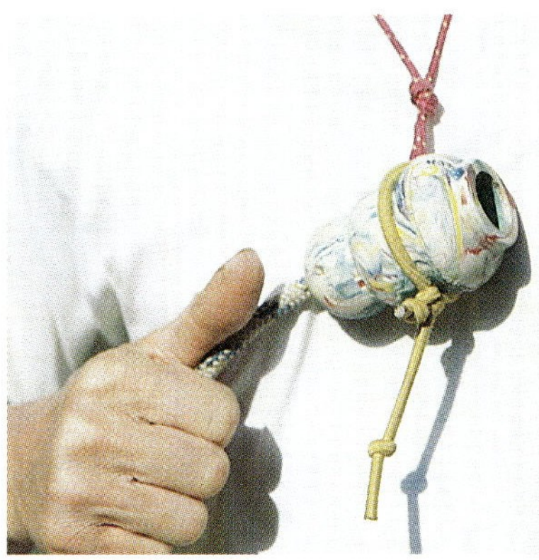

Das MO hängt zum Ausreißen bereit, während der Hundeführer entspannt gehen kann, ohne es ständig in der Hand zu halten. Im fortgeschrittenen Ausbildungsstand wird das MO an der Schleifleine unter der Jacke getragen (siehe Bezugsquellennachweis Seite 190).

nahezu unerschöpflich vielfältigen Angebot wird oft zur Qual. Selbst der Fortgeschrittene fragt sich, leicht verunsichert, ob er die richtige Spielbeute verwendet oder ob er doch lieber wechseln solle.
Es fallen ihm dann verschiedene Vorbilder ein, und deren oft widersprüchliche Empfehlungen tragen wenig zur Entscheidungshilfe bei. Leider kursieren selbst von namhaften Ausbildern oder Autoren unhaltbare Ansichten **für** die selbst bevorzugten Motivationsobjekte und **gegen** die von anderen benutzten. Da wird beispielsweise behauptet, der Schleuderball sei ungeeignet, weil man ihn nicht richtig verstauen könne und es viel zu lang dauere, bis man ihn schnell zur Hand habe. Im Video wird dann gezeigt, wie jemand umständlich versucht, den Schleuderball aus einer Jeansgesäßtasche herauszuholen (wobei ein blanker Schleuderball ohne Schleuderschnur verwendet wurde). Andere wieder werden nicht müde, den Ball abzulehnen, weil der Hund sich damit vom Hundeführer entferne und selbstständig mache. In Wirklichkeit ist es in beiden Fällen die eigene Unfähigkeit, mit den Dingen richtig umzugehen. Jede *Spielbeute* (an Stelle der langen Worte »Beutespielobjekt« oder »Beutespielgegenstand« lag die Wortschöpfung »Spielbeute« <Plural »Spielbeuten«> nahe) bringt ihre eigene spezifische Gesetzmäßigkeit mit sich, auf die man sich im Umgang zunächst einmal einstellen muß. Im ersten Beispiel würde die vom Autor vor Jahren entwickelte »Schleifleine« um den Hals für optimale Position in Halshöhe und gleichzeitig für blitzschnelles Ausreißen des Schleuderballs oder Schleuderbälle in jeder Situation sorgen, im zweiten Fall wurde der Hund, der sich mit dem Ball vom Führer entfernt, von Anfang an falsch auf das Spiel eingestellt.

Die Wahrheit ist, und dafür gibt es nun wirklich zahlreiche Beweise, daß viele Wege nach Rom führen und daß sich die kürzesten nicht immer als die schnellsten und besten erweisen. Schließlich kommt es ja auch auf die Verfassung des Ankommenden an, um im Bild zu bleiben. Mit anderen Worten: Jede *Spielbeute* hat einerseits ihre bestimmten Vorteile und kann bei richtigem Umgang erfolgreich eingesetzt werden. Andererseits ist keine Spielbeute frei von Nachteilen. Um die Zuordnung der vielen Spielbeuten zu ermöglichen und um die Entscheidung der Wahl zu erleichtern, ist hier erstmals in der Literatur eine Aufstellung der »klassischen vier Spielbeuten« mit ihren wichtigsten Unter- und Mischformen gemacht worden. Für jeden der vier klassischen Spielbeute-Bereiche steht ein Vertreter, der sich

in der Praxis besonders bewährt hat. Für den *Ball* der Moosgummiball, für das *Holz* das Bringholz, für die *Schleuderspielbeute* der Schleuderball und für die *Geräuschspielbeute der* Igel.

Wenn wir die vier klassischen Spielbeuten näher betrachten, dann wird uns klar, wo die Schwerpunkte liegen. Ball und Holz können wohl als die ältesten Spielbeuten gelten. Abbildungen aus dem Altertum zeigen schon Menschen, die fürs Spiel mit Hunden Bälle und Stöcke verwenden. Die *Charakteristika* des Balles sind schnelles Rollen und Hüpfen, was die Beuteelemente *Nachjagen* und *Fassen* hervorruft. Kommt etwa beim Anstoßen an ein Hindernis noch der Bandeneffekt hinzu, dann kann der Ball sogar wenigstens annähernd »Hakenschlagen« und er wird dadurch die Elemente *Hakenjagen* und *Nachfassen* auslösen. Als weiteres Element aus dem Beutefangverhalten kommt schließlich noch das *Tragen* hinzu. Kein Wunder, daß der Ball bis heute nichts an seiner Attraktivität verloren hat. Auch der Stock bzw. das Holz animieren zum Nachlaufen. Allerdings bleiben beide Spielbeuten im Unterschied zum Ball nach dem Aufprall liegen, was einerseits eine Einschränkung der Wirkungen mit sich bringt, andererseits aber für bestimmte Übungen vorteilhaft genutzt werden kann.

Das Holz fordert die Elemente des *Zerkleinerns, Kauens und Nagens* (Ursprünglich: Zerkleinern der getöteten Beute) heraus. Hinzu kommt, daß Herrchen am Holz besser dagegenziehen kann als am Ball und damit Elemente aus dem *Überwältigen* der sich wehrenden Beute enthält. Man sieht nach dieser einfachen Analyse sofort die Schwerpunkte: Beim Ball steht das *Nachjagen*, beim Holz das *Fassen* und *Überwältigen* im Vordergrund.

Der Hund schaut hoch und ist ständig konzentriert und aktionsbereit.

Um den Ball mit dem enorm motivationsfördernden Element *Überwältigen* zu bereichern, wurden daher Schleuder-Spielbälle entwickelt. Außerdem entdeckte man das *Hakenschlagen* neu, indem Formen entwickelt wurden, die beim Aufprall der Spielbeute unvorhersehbare Sprünge machten: So der Schleuderball, die Würfelschleuder sowie asymmetrische Vielecksformen. Da sich für das *Fassen* und *Überwältigen* geflochtene Materialien deutlich besser eignen als Holz, hat die Beißwurst den älteren Vorgänger mehr und mehr verdrängt und kann heute zu Recht als **der** klassische Vertreter dieser Elemente gelten. In der vierten Gruppe sind all jene Spielbeuten aufgenommen, die das Charakteristikum der »ton- und geräuschbelebten Beute« beinhalten. Als klassischen Vertreter kennen wir den Quietschigel. Werden Vertreter

dieser Gruppe angestoßen, so bewegen sie sich weiter, zwar langsamer und weniger weit als der Ball, aber genau das ist für den bezweckten Einsatzbereich für den Welpen, der ja noch nicht weit scharf sehen kann, erwünscht. Außerdem geben diese Spielbeuten Laute ab, was zweifellos zusätzlich motiviert. Die »ton- und geräuschbelebten Spielbeuten« beinhalten zahlreiche Elemente aus dem Beutemachen und eignen sich besonders für Welpen und Junghunde sowie für das *Solitärspiel* (also wenn der Hund allein spielt). Sie werden vor allem im Nahbereich eingesetzt und daher gern im Haus und Zwinger oder auch zur Abwechslung verwendet.

Die Vor- und Nachteile aller abgebildeten Spielbeuten zu beschreiben, würde den verfügbaren Rahmen sprengen. Daher haben wir uns hier auf die Gegenüberstellung einiger Schwerpunkte beschränkt.

Auswahl

Wenn vorher davon die Rede war, daß weniger die Wahl der Spielbeute als der richtige Umgang und Einsatz für den Erfolg entscheidend ist, so sollte man doch die Vor- und Nachteile der einzelnen Spielbeuten für die individuellen Gegebenheiten bedenken. Fragen nach der Zielsetzung, nach den rasse- und individualbedingten Präferenzen des eigenen Hundes sowie die Frage, was man sich selbst in puncto Beweglichkeit und Erfahrung zutrauen kann, engen den Kreis des Angebotes auf ein überschaubares Maß ein und bewahren vor Umwegen und Mißerfolgen. Als allgemeinen Ratschlag könnte man folgendes mit auf den Weg geben: Der Anfänger sollte sich zunächst nicht gleich an die Beißwurst wagen, denn diese stellt in puncto Handling wesentlich höhere Anforderungen als beispielsweise der Ball.

Gegenüberstellung der vier klassischen Spielbeuten

Spielbeute	Beutefangelemente		Nachteilig für die Ausbildung
Ball	Nachjagen Fassen Hakenschlagen Überwältigen	+++ ++ + –	Knautschen, Kein Überwältigen, Tonbelebung nur durch Hundeführer möglich,
Beißwurst	Nachjagen Fassen Nachfassen schnell Nachfassen Griff Überwältigen Tragen Hakenschlagen	++ +++ + +++ +++ +++ –	Technik für Anfänger schwierig, Hakenschlagen fehlt, Tonbelebung nur duch Hundeführer möglich
Schleuderbeute	Nachjagen Fassen Nachfassen schnell Überwältigen Hakenschlagen Tragen	+++ ++ +++ ++ +++ +	Knautschen, Tonbelebung nur durch Hundeführer möglich,
Igel	Nachjagen Fassen Nachfassen Überwältigen Tonbelebte Beute	+ ++ – – ++	Kein Überwältigen, Knautschen

+++ = stark ausgeprägt, ++ = mittel, + = schwach, – = nicht oder sehr wenig ausgeprägt

DIE VIER KLASSISCHEN SPIELBEUTEN

Ball (Moosgummiball)	Geräuschspielbeute (Igel)	Schleuderspielbeute	Holz (Bringholz)
		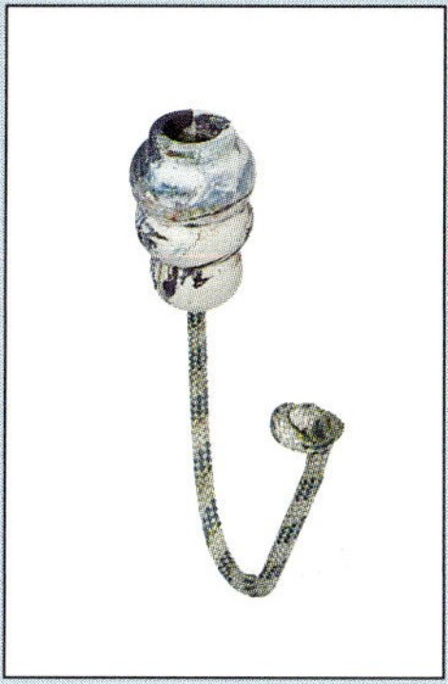	
Hartgummiball Kinderspielball Grauer Tennisball Aufblasbarer Ball u. a.	»Quietschy« allerlei Figuren, die Geräusche abgeben	Schleuderball Moosgummiball mit Schleuderschnur	Beißwurst, Stofftuch Ledertuch, Jutematte Gummiholz, Plastikholz u. a.

Mischformen (einige Beispiele)

asymmetrischer Kantenball, »Dummy«, »Angel«

Beutespiel mit der Beißwurst an der »Angel«.

Für den Anfänger hat sich bewährt, vorerst einige Zeit bei **einem** MO (Motivationsobjekt) zu bleiben und die entsprechende Technik von Grund auf zu erlernen und auszubauen. Danach kann man andere Gegenstände verwenden oder in Kombination verschiedener Spielbeuten vorgehen. Wie immer, wenn man sich mit dem Hund abgibt, so gilt auch hier: Beobachten Sie die Reaktionen des Hundes! Wie antwortet er auf Ihre Spielweise? Eine andere Möglichkeit ist die: Sie legen das Arsenal Ihrer Spielgegenstände in eine Schachtel oder auf die Wiese und lassen den Hund aussuchen. Da haben Sie immerhin die Gewähr, daß die Wahl stimmt. Hunde bilden relativ rasch eine Vorliebe für bestimmte Spielsachen. In der Regel wird das bevorzugt, womit der Hund entweder schon sehr früh in Berührung kam, oder womit er außergewöhnlich positive Erlebnisse verbinden konnte oder ganz einfach, was er gewohnt ist. Ein nicht unwesentlicher Faktor für die Auswahl des MO's ist die Frage, ob Sie jemanden in Ihrer Nähe haben, der Ihnen das Handling mit der ausgewählten Spielbeute demonstrieren kann.

Spielt es keine Rolle, ob der Hund nach dem Fassen mit dem Gegenstand knautscht oder nicht, so würde ich in den meisten Fällen zum Schleuderball raten. Soll allerdings Knautschen im Hinblick auf Turniererfordernisse vermieden werden, dann dürfte entweder die Beißwurst oder auch der Gummiring in die nähere Wahl kommen. Der Gummiring (Dicke je nach Rasse und individueller Körpergröße zwischen 1,5 cm und 3 cm, Durchmesser zwischen 7 und 20 cm; Vollgummi) ist eine Mischform zwischen Ball und Beißwurst und enthält Elemente von beiden. Er läßt sich rollen, werfen und auch für allerlei Fang-, Faß- und Beißspiele verwenden.

Wer schon Erfahrungen mit Spielbeuten mitbringt, dem sei geraten, abzuwechseln und die Vorteile der einzelnen Spielbeuten möglichst gezielt zu nützen.

Der Gummiring ist eine Mischform aus Ball und Beißwurst.

Allgemeine Gefahren

Bevor wir die spezifischen Gefahren im Umgang mit verschiedenen Spielbeuten beschreiben, hier noch ein Hinweis, der generell gilt: Wann immer man mit dem Hund Beutespiele unternimmt, muß man ständig auf der Hut sein, daß kein anderer Hund in die unmittelbare Nähe kommt. Manche Hunde würden ihre Spielbeute bis zum Letzten verteidigen. Andere sind von der Spielbeute des Nachbarhundes derart angezogen, daß sie außer Kontrolle geraten. In Hundesportvereinen, das muß man wirklich lobend anerkennen, haben Hunde im Allgemeinen gelernt, die Beute des anderen zu respektieren und dem Hundeführer auch in derartigen Situationen absolut zuverlässig zu gehorchen. Für Laien oder »nur« Haushundebesitzer ist es kaum zu glauben, daß der Trainingsablauf in profilierten Vereinen so gestaltet ist, daß gleichzeitig zehn oder mehr Hunde am Platz sind, aneinander vorbeigehen und auch dann nur zu ihrem Hundeführer aufschauen, wenn der Nachbar gerade seinen

Hund mit der Spielbeute belohnt. Allerdings würde man bei näherem Hinsehen bemerken, daß die unmittelbare Nähe zu anderen Hunden zum Zeitpunkt des dazwischengeschaltenen Beutespiels tunlichst vermieden wird. Kommt es dann doch mal vor, daß die Versuchung für einen Hund zu groß wird, so kann die Keilerei vermieden werden, wenn beide Hunde energisch »Platz!« gerufen werden, **bevor** sie sich in der Wolle haben. Hunde, welche beim gemeinsamen, gleichzeitigen Üben und Spielen diese Sicherheit noch nicht mitbringen, müssen unbedingt angeleint geführt werden oder aber man arbeitet bis zur gefestigten Unterordnung erst mal ohne Ablenkung.

Bevor man eine Spielbeute wegwirft, sieht man sich immer nach anderen Hunden um, um sich klar zu werden, ob »die Luft rein ist oder nicht« und vor allem, **wie weit** und **in welche Richtung** man wirft. Befinden sich mehrere Hunde in der Nähe, so sollte die Spielbeute nur im Bereich von zwei bis höchstens fünf Metern rund um den Hundeführer weggeworfen werden. Daß der Hund mit der Beute zum Führer zurückkommt, versteht sich auf dem eben besprochenen Niveau von selbst. Wie man das erreicht, beschreiben wir später.

Vor dem Werfen der Spielbeute: Umsehen! – Bei mehreren Hunden: »Wohin und wie weit werfen?«

Hier noch eine allgemeine Gefahr, die im Umgang mit Spielbeuten unbedingt zu vermeiden ist. Karabiner, Eisenringe oder andere Metallgegenstände haben in Kopf- oder Fangnähe des Hundes während des Spiels nichts verloren! Ersetzen Sie jede erforderliche Verbindung im Nahbereich des Kopfes durch einen Knoten. Werden Metallteile im Spiel gegen den Kopf oder gegen die Zähne geschleudert, so muß man mit allerlei Verletzungen und Zahnschäden rechnen. Der beste Knoten in nahezu allen Einsatzbereichen des Spiels und Sports mit Hunden ist der *Palstek*. Einer der wenigen Knoten, die absolut sicher halten und sich auch nach festem Zug wieder problemlos öffnen lassen. Kapitäne hängen millionenschwere Jachten und Kreuzer an diesen Knoten, und auch Bergsteiger vertrauen diesem »tollen Knopf« ihr Leben an. Wie wär's also mit dem Palstek?

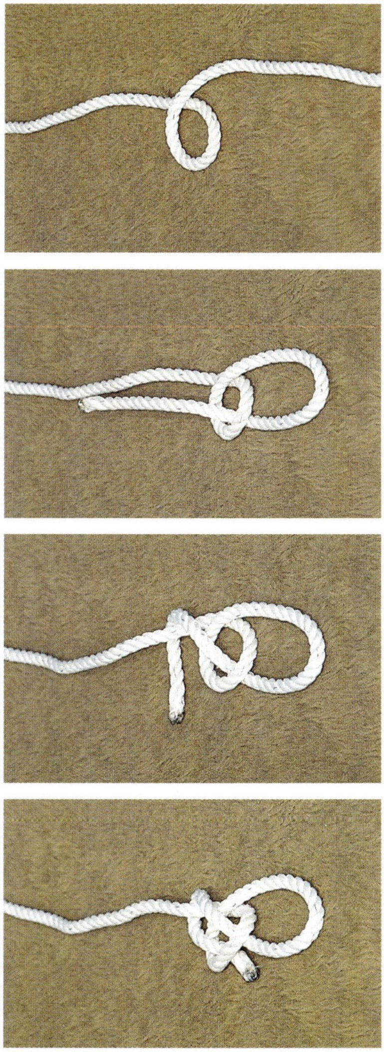

Palstek – der sicherste Knoten, welcher sich auch nach stärkstem Zug wieder leicht öffnen läßt. Für den Hundesportler ist dieser Knoten unersetzlich.

Eine weitere Gefahr, die übrigens nicht nur in Zusammenhang mit Spielbeuten erwähnenswert ist, liegt in Springübungen, die von unvernünftigen Hundehaltern leider oft ohne vorausgegangenes Aufwärmen des Hundes demonstriert werden. Man darf nie vergessen, daß die Vorderhand und auch die Hüftgelenke des Hundes geschont werden sollten. Bei Sprüngen kommen enorme Kräfte auf die relativ zarten Gelenke. Ist der Hund beispielsweise gewohnt, seine Sprünge in der Wiese zu machen und läßt sein Herrchen ihn das gleiche nun auf Aphalt, Beton oder Steinboden ausführen, so kann es leicht vorkommen, daß der Hund in alter Gewohnheit springt und sich beim unerwartet harten Boden empfindlich schädigt. Ich habe selbst miterlebt, wie ein ausgezeichneter Springer sich auf diese Weise einen Bänderriß zuzog und lange geschont werden mußte. Bei Sprüngen gilt generell: Nicht zu oft springen lassen! Nur wenige Wiederholungen! Anspruchsniveau den physiologischen Gegebenheiten des eigenen Hundes unterordnen! Und: Last not least! »Warming up«! Aufwärmen vor größeren Sprüngen! Was Spitzensportler schon lange wissen und praktizieren, gilt für den Hund gleichermaßen! Mit kalten Muskeln und Bändern steigt das Verletzungsrisiko stark an. Leider wird dieser Punkt von vielen Hundebesitzern viel zu wenig berücksichtigt. Der Hund wird aus dem Auto geholt und los geht's, das ist leider weithin so üblich. Besser wäre es, nach dem üblichem Spaziergang ein gezieltes kurzes Aufwärmen einzuplanen. Diese ließe sich übrigens gut mit dem »Aufwecken der Triebe« – mit dem »in Stimmung bringen« verbinden.

Daß Hunde – wegen der gefürchteten Magendrehung – niemals kurz nach dem Fressen spielen sollten, dürfte allgemein bekannt sein. Ein zeitlicher Abstand von zwei bis drei Stunden müßte in der Regel ausreichen.

Auch auf den Hundeführer lauern allerlei Gefahren, vor allem dann, wenn er mit Leinen und anderen Hilfsmitteln arbeitet. In unserer Ausbildungsweise, wenn sie bereits beim jungen Hund eingesetzt wird, brauchen wir weder Leinen noch andere Zwangsvermittler.

Allein das »geistige Band« reicht aus, alles, was wir vom Hund erwarten, in vollendeter Form zu erreichen.

Und dieses geistige Band erweist sich in vielerlei Hinsicht stärker und haltbarer als Leder oder Eisen!

Gefahren mit dem Ball

Die Gefahren im Umgang mit Spielbeuten werden oft unterschätzt – leider auch von erfahrenen Hundeführern. Wenn natürlich jahrelang nichts passiert, dann wähnt man sich in Sicherheit. Selbst aus Büchern kann man so manchen Ratschlag erhalten, der vor allem beim ahnungslosen Neuling zum Verlust seines Hundes führen kann. Da ist davon die Rede, daß Bälle nicht gefärbt sein dürfen, gleichzeitig jedoch ist ein Hund groß mit gelb fluoreszierendem Tennisball im Foto daneben abgebildet. Es ist bekannt, daß gerade die fluoreszierenden gelben und grünen Farben hochgiftig sind. Verwenden Sie also bitte konsequent nur farblose, bzw. naturgraue Tennisbälle. Hinzu kommt, daß der Tennisball bereits für mittelgroße Hunde die Gefahr des Verschluckens mit sich bringt. Erst kürzlich rief mich ein langjähri-

ger Polizeihundeausbilder an, ob ich noch einen Welpen frei hätte, sein geliebter Diensthund sei beim Spielen mit einem Tennisball ums Leben gekommen. Der Ball blieb im Rachen stecken. Alle Versuche, ihn herauszuholen, schlugen fehl. Der Hund starb binnen weniger Minuten einen qualvollen Tod.

Man sollte daher ausschließlich Bälle verwenden, die größer sind als die Rachenöffnung. Ideal sind Moos- oder mittelweiche Vollgummibälle. Soviel zum Ball hinsichtlich der Gefahren. Der vorhin erwähnte Gummiring empfiehlt sich neben dem klassischen Ball schon deshalb, weil er für Hund und Führer weniger Gefahren in sich birgt und sich leichter bedienen läßt.

Diese Aufnahme läßt einen ahnen, daß zu kleine Bälle im Spiel in den Rachen gelangen und zum Ersticken führen können.

Gefahren mit der Beißwurst

Auch für die Beißwurst gilt die Forderung nach weitgehend chemiefreien Materialien und richtiger Größe. Hinzukommen Gefahren für die Hand. Die Beißwurst sollte aus diesem Grund entweder lang genug sein, so daß links und rechts vom Fang zwei Hände gut Platz haben, oder aber auf beiden Seiten Haltegriffe aufweisen. Für den tiefen, vollen Anbiß hat sich die etwas dickere, an den Kanten abgeflachte Form gegenüber der alten, runden Beißwurst inzwischen durchgesetzt (siehe Foto »vier klassische Spielbeuten«). Am Anfang der Ausbildung eines Hundes sollte man weichere Materialien bevorzugen, die dann mit zunehmender Sicherheit gegen härtere und gröber strukturierte ausgetauscht werden.

Um Verletzungen vorzubeugen und gleichzeitig aus der Überlegung, die handbezogene, in diesem Fall ja unerwünschte Beißhemmung abzuschirmen, verwenden manche Hundeführer Handschuhe. Es gibt hierfür noch weitere Gründe, die wir aus Raummangel nicht weiter behandeln können.

Aber auch auf den Hund warten einige Gefahren. Obwohl die Zähne des Hundes gut halten, weil sie im Kiefer inerhalb einer physikalisch raffinierten Statik optimal verankert sind, sollte man nicht, wenn der Hund nur noch mit ein oder zwei Zähnen an der Beißwurst hängt, ruckartig und mit voller Kraft ziehen. Das könnte unter Umständen doch einen Zahn kosten und was das etwa für einen Schutz- oder Diensthund bedeutet, brauchen wir nicht näher zu erläutern. Aus demselben Grund sind daher ältere Beißwürste auszusondern. Ausgefranste, einzeln stehende Flechtgarne können einen Zahn leicht

gegen den Willen des Hundes und des Hundeführers festhalten. Wird das nicht gleich bemerkt, so kann es ebenfalls zu Verletzungen kommen.

Eine weitere Gefahr für den Hund bildet das falsche Abfangen oder das ruckartige Hochziehen der Spielbeute. In beiden Fällen überstreckt man dabei die Halswirbelsäule des Hundes, was nicht nur äußerst schmerzhaft ist, sondern auch zu schwerwiegenden Verletzungen an den Wirbelkörpern, den Zwischenwirbelkörpern (Bandscheiben) und den austretenden Nerven führen kann. (Wie man mit der Beißwurst richtig umgeht, wird im Video gezeigt.)

Gefahren mit der Schleuderbeute

Auch der Schleuderball muß in einer Größe gewählt werden, die ein Runterschlucken oder Steckenbleiben unmöglich macht. Leider sind die industriemäßig angebrachten Schleuderleinen oft untauglich. Damit man sich im Spiel nicht einschneidet, sollte die Leine 1 cm Durchmesser oder mehr aufweisen und aus weichem Material bestehen (ähnlich wie z. B. Fährtenleinen). An Stelle einer Schlaufe reicht auch ein Knoten am Ende der 20 – 25 cm langen Schleuderleine aus. Bevorzugt man die Schlaufe, so muß man darauf achten, daß die Leine insgesamt nur so kurz ist, daß der Hund nicht im Laufen in die Schlaufe steigen kann. Schleuderbälle aus weiß gesprenkelten Material halten übrigens länger als farbige. Insgesamt gesehen stellt der Schleuderball eine weitgehend ungefährliche Spielbeute dar, die auch der Anfänger relativ schnell erfolgreich einzusetzen vermag.

Gefahren mit dem »Igel«

Beißt der Hund auf den Igel, so entsteht im Inneren ein Überdruck. Die über ein Ventil ausweichende Luft erzeugt ein bestimmtes Geräusch oder einen quietschenden Ton. Beim klassischen Igel ebenso wie bei vielen ähnlichen Ausführungen besteht das Ventil aus Plastik und ist fest mit dem Korpus verschmolzen, was den Gebrauch mit diesen Spielbeuten absolut ungefährlich macht. Gefährlich aber sind Metallventile, Metallglöckchen oder andere Metallteile, die von Hunden in stundenlangen Operationen dann letztlich doch freigelegt und möglicherweise verschluckt werden. Man braucht metallhaltige Spielbeuten nicht von vornherein abzulehnen, aber man sollte Hunde damit nicht unbeaufsichtigt spielen lassen.

Gefahren mit anderen Spielbeuten

Jeder Spielgegenstand birgt ganz bestimmte Gefahren in sich. Aus Raummangel müssen wir uns außerhalb der vier klassischen Spielbeuten auf die Beschreibung einiger weniger anderer beschränken. An dieser Stelle soll – entgegen den Empfehlungen einiger Autorenkollegen – eindringlich vor der Frisbeescheibe gewarnt werden! Hätte ich nicht mit eigenen

Augen gesehen, wie durch den Aufprall einer Frisbeescheibe ein Zahn in der Mitte abgebrochen wurde, so würde ich vielleicht auch bedenkenlos für dieses Spiel eintreten. Aber wer ein wenig von Physik versteht, der müßte wissen, daß sich beim Aufprall die Rotation der Scheibe zur Fluggeschwindigkeit addiert und bei einem möglichen Aufprall enorme Energien frei werden. Dies sind Energien, die einen Zahn oder auch ein Gelenk ohne weiteres schwer beschädigen können. Wer mit Frisbeescheiben spielen möchte, der möge eine Scheibe mit stark abgerundeten Kanten und aus möglichst weichem Material verwenden. Flugobjekte wirken auf Hunde natürlich enorm motivierend. Man denke nur, wie junge Hunde Raben und anderen Vögeln nachlaufen. Um Verletzungen vorzubeugen, sollte man Flugrichtung und Steigungswinkel vor dem Werfen prüfen. Vermeiden Sie zu steile Flugbahnen oder frontale Flugrichtungen! Eine steil herabfallende Scheibe könnte den Hund verletzen oder ihn abschrecken. Schadhafte oder »abschmierende« Scheiben sollten nicht mehr verwendet werden.

Auch Holzgegenstände können zu allerlei Problemen führen. Vor allem der unerfahrene junge Hund kann sich im Spiel mit den beliebten »Stöckchen« leicht verletzen. Geraten abstehende Aststücke oder -stumpen beim Zubeißen zwischen die Zähne oder in den Gaumen, so wird leicht aus der bezweckten Motivation das Gegenteil, nämlich Abneigung. Manche Hunde tragen gerne riesige Stämme. Auch hier ist Vorsicht geboten. Denn der Hund kann das seitliche Ausladen meistens nicht abschätzen und in Engstellen oder durch Passanten oder Radfahrer kann es dadurch leicht zu Komplikationen kommen. Oder der Hund will den langen Prügel hin- und herschleudern, wobei ihm möglicherweise der Peitscheneffekt zum Verhängnis wird. Ich war Zeuge, wie sich ein ausgesprochen tüchtiger, geschickter Rüde beim Schütteln eines zweieinhalb Meter langen Holzes die Halswirbelsäule empfindlich verletzt hatte und lange kein Holz mehr anrührte. Andererseits sollte man Hunden durchaus zumuten, mit allerlei Herausforderungen fertig zu werden. Daher rate ich dazu, beim Junghund besonders aufzupassen, daß er durch Stöcke und Hölzer weder Schaden noch unangenehme Erlebnisse erfährt. Gleichzeitig gebe ich meinen Junghunden aber Gelegenheiten, zu lernen, mit allerlei Gegenständen, darunter auch großen und langen Stöcken, umzugehen. Solange diese Aktivitäten unter Kontrolle des Hundeführers stehen, ist das Risiko weitgehend kalkulierbar. Hunde

Bei entsprechender Wahl und Vorsicht bietet die Frisbee- oder Softscheibe abwechslungsreiche Spielmöglichkeiten.

GANZ OBEN: Zerlegbares Spezialbringholz mit auswechselbarem Gummikern. Rechts daneben das zum Zerlegen erforderliche Werkzeug (siehe Bezugsquellennachweis Seite 190).

OBEN: Bringholz mit Gegenzugleine für besseres Handling beim Spielen.

finden auf diese Weise bald heraus, daß es vorteilhaft ist, lange Gegenstände in der Mitte zu tragen und sie lernen immer mehr, entsprechend geschickt und vorsichtig damit umzugehen. Einer meiner Rüden hat die Angewohnheit, wenn er ein langes Holz findet, dieses erst mal an einem oder an beiden Enden zu kappen um es so kürzer und »handlicher«, das heißt für den Hund **fanglicher** zu machen. Wenn ihm das Kappen mitunter nicht gelingt, dann helfe ich ihm dabei und breche den Stock auseinander. Wie auch immer man zu dieser Frage stehen mag, Vorsicht ist sicher geboten. Auch hinsichtlich der Apportierhölzer ist einiges anzumerken. Früher hat man das Apportierholz selbst als MO für das Bringen verwandt. Davon sind heute viele Ausbilder abgegangen, denn einmal erschwert die starke Beutemotivation auf das Bringholz das anschließende Abgeben (»Aus!«), zum anderen bietet sich das Hartholz infolge seiner ganz und gar beutefremden Konsistenz weder fürs Anbeißen noch für das Spielen sonderlich an. Hierfür eignen sich andere Materialien wie Gummi, Leder oder Jutematten weit besser. Manche Ausbilder haben sich daher für Spiel und Training spezialangefertigte Bringhölzer gebastelt. In der Regel weisen diese einen relativ weich ummantelten, griffmotivierenden Kern auf, der im besten Fall sogar austauschbar ist. Bei Spezialanfertigungen muß man jedoch darauf achten, daß Metallteile wie etwa Bolzen und Muttern unter Berücksichtigung möglicher Verletzung anzubringen sind. Die Enden des Zentralbolzens sollten daher durch Vertiefungen abgesichert werden (siehe Abbildung).

Außerdem müßten Bringhölzer so geformt sein, daß das Aufnehmen am Rand erschwert und in der Mitte erleichtert wird. Je mehr Bodenfreiheit das Kernstück eines auf dem Boden liegenden Bringholzes aufweist, desto leichter kann es der Hund aufnehmen. Daher sollte man relativ große Randstückdurchmesser bevorzugen. Das Kernstück sollte nur so lang sein, daß der Fang des Hundes darin locker Platz hat.

Eine einfache Art und Weise, ein bereits vorhandenes Hartholzbringholz spielakzeptabler zu gestalten, ist das Umwickeln des Kerns mit Tesaband oder noch besser mit Leder. Die Umwickelung hält allerdings nicht allzu lange. Was sich fürs Spiel ebenfalls gut bewährt hat, sind Bringhölzer, die mit einer Gegenzugleine ausgerüstet wurden.

Abgenützte Bringhölzer sollte man nicht mehr verwenden. Hier sparen

manche Vereine am falschen Platz! Ein abgekautes Bringholz weist in der Mitte eine Verdickung auf, die beim Anbeißen und Festhalten auf den Gaumen des Hundes drückt und Schmerzen oder zumindest Unbehagen auslöst.

Spielzeug fürs Alleinsein

Es kommt immer wieder mal vor, daß der Hund – auch der Junghund – allein bleiben muß. Solange er beschäftigt ist, stellt er nichts an. Aber was, wenn ihm langweilig wird? Da muß man dann schon mit allerlei Schaden rechnen. Was liegt näher, als Beschäftigung anzubieten? Neben den bewährten Büffelknochen eignen sich natürlich auch Spielsachen. Allerdings nur mit bestimmten Einschränkungen. Auf jeden Fall sollte man für das Alleinsein absolut ungefährliche Gegenstände verwenden, wie zum Beispiel Gummiknochen aus strapazierbarem Material: Glöckchen und andere Metallteile müssen vorher entfernt werden. Spielsachen, die für die Ausbildung oder gar im Vorfeld derselben innerhalb vorbereitender Motivationsspiele eingesetzt werden, dürfen nur während des aktiven, gemeinsamen Übens verwendet werden und auf keinen Fall dem Hund selbst überlassen werden, auch nicht kurze Zeit vor oder nachher! Fürs alleine Spielen – für das Solitärspiel – sucht man nach geeigneten, nur zu diesem Zweck einzusetzenden Gegenständen. Daß man Hunde nur allmählich und schrittweise ans Alleinsein gewöhnt, dürfte bekannt sein. Auch das beste Solitärspielzeug und der dickste Kauknochen dürfen nicht als Freikarten für unzumutbares Alleinelassen angesehen werden.

»Schatztruhe« für Hunde: die Spielschachtel

Spielsachen sollten in der Regel nicht herumliegen, sondern als etwas »Besonderes im Hundealltag« verwaltet werden. Am besten eignet sich hierzu eine Spielzeug-Kiste, -Schachtel oder -Tasche. Diese gewinnt für den Hund sehr schnell den Stellenwert einer »Schatztruhe«. Wenn der Hundehalter nur in die Nähe der Schatztruhe kommt, wird der Hund schon die Ohren spitzen und ihn aufmerksamst beobachten. Verstauen Sie die Schatztruhe an sicherem Ort oder in sicherer Höhe. Spielen sollte man jedoch nie mit allem oder wild durcheinander. Erst, wenn der Hund mit einem Spielgegenstand vertraut ist, sollte man durch Angebote neuer Motivationsobjekte für Abwechslung sorgen. Und erst dann, wenn sich das gemeinsame Spiel schon gefestigt hat, sollte man völlig neue MO's einführen. Allgemein empfiehlt es sich, nicht zu viel verschiedene MO's zu verwenden, weil der Hund auf diese Weise unter Umständen mit keinem richtig vertraut wird. Im Spiel mit dem erwachsenen, spielgeübten Hund kann man pro Spieleinheit durchaus ein- bis dreimal den Gegenstand wechseln. Daß der Hund dann oft seine Vorlieben durchsetzen möchte, darf einen weder wundern noch zum Nachgeben verleiten. Je besser es einem gelingt, mit einem anderen oder neuen MO zu begeistern, desto schneller wird der Hund darauf eingehen.

Wir müssen bedenken, daß sich nicht nur Gegenstände, sondern auch die damit eng verbundenen Spielweisen nach und nach abgreifen. Auch für den Menschen als

Das Lieblings-MO wird selbst im Dunkeln der Tasche ausfindig gemacht ...

... und herausgeholt.

Spielmacher, als *Motivator* – bringen neue MO's neue Herausforderungen, neue Impulse. Dadurch wird die Spielweise als solche neu belebt. Dieser Vorgang kann, konsequent durchgeführt, zum Prinzip werden. Ich gehe fast immer mit einer Umhängetasche, die allerlei verschiedene Spielgegenstände beinhaltet, zum Spielen und Üben. Mein Hund weiß das natürlich und in der Erwartung, was nun wohl kommt, verstärkt sich seine Motivation. Neugier ist eine starke Triebfeder für Hunde und ein hervorragendes Mittel gegen nachlassende Motivation. Damit sich keine auschließliche Assoziation auf die Tasche festigt, lasse ich sie dann und wann zu Hause, stecke aber vor dem Weggehen Verschiedenes ein. Auf dem Weg zum Platz »zaubere« ich dann irgend etwas aus den Jackentaschen und beginne ein Spiel. Auch zum Spazierengehen haben wir immer etwas versteckt bei uns. Klar, daß sich unsere Hunde immer in einer latenten Erwartung befinden und auf ein »Hier!« jahraus, jahrein ausnahmslos im *Galopp* hereinkommen. Klar, daß sie in ständiger potentieller Spielerwartung ein exemplarisch hohe Spielappetenz entwickelt haben! Viel wichtiger als der Einsatz unterschiedlicher MO's und der »Schatztruhe« ist also das Gesetz der Abwechslung, das dahintersteht. Schon die Römer wußten: »variatio delectat« (die Abwechslung erfreut). Zur Umsetzung der Motivationsgesetze sind der eigenen Phantasie keine Grenzen gesetzt.

»Appetit« aufs Spielen

Zuerst das Spiel, dann die Aufgabe!

Das »Perpetuum mobile« hat bekanntlich noch keiner erfunden. Will man von einer Maschine etwas herausholen, so muß man zuerst einiges reinstecken. Und dieses Prinzip gilt nicht nur für Maschinen, für tote Materie. Auch für das Wachstum von Pflanzen oder die Entwicklung unserer Kinder gilt ähnliches! Jeder Gärtner weiß, daß vor der Ernte die Aussaat steht. Kinder wollen lange Zeit gefördert werden, bis sie Forderungen erfüllen können. Im Spiel ist es nicht anders. Auch hier muß man erst einmal investieren, bevor man Erwartungen aufstellen kann. Es läßt sich nicht im Hauruckverfahren nachahmen, was Vorbilder in jahrelanger Ausbildung zum Reifen gebracht haben. Den Ball oder das Futter aus der Tasche zu ziehen und blind drauflloszuspielen, das ist pure Scharlatanerie. Auf diese Weise lernt der Hund mehr, was man ihm wieder abgewöhnen muß. Wenn's dann nicht gleich klappt, dann darf das eigentlich nicht wundern und weder der Hund noch der Züchter können etwas dafür. Bei allem Spiel dürfen wir doch Folgendes nicht vergessen:

Bevor man daran geht, spielerisch Aufgaben zu vermitteln, muß der Hund erst mal lernen, eine tragfähige »Motivation für das Spiel« aufzubauen.

Das, was die Natur dem Welpen in die Wurfkise gelegt hat, reicht in der Regel nicht aus. Auch in der Natur müssen junge Wölfe oder Wildhunde durch tägliches Üben das Miteinander-Spielen erst lernen. Hierbei verwischen die Grenzen: Lernen ist Spielen und Spielen ist Lernen. Wenn wir erreichen wollen, daß der Hund eine überdurchschnittliche Lust aufs Spiel bekommt, dann müssen wir ihm »Appetit aufs Spiel« machen, wir müssen seine *Spielappetenz* fördern. So wie ein Koch sich Gedanken macht, wie er sein Gericht am besten zubereitet, abschmeckt, dekoriert und serviert, so muß sich auch der Hundeführer überlegen, wie er dem Hund das Spiel möglichst artgerecht und anregend vermittelt. Vielleicht will jemand entgegenhalten, daß der eigene Hund von sich aus derart ballorientiert ist, daß eine Steigerung entweder unmöglich oder nicht wünschenswert erscheint. Zugegeben, manche Hunde bringen auch ohne Übung ein erstaunliches Maß an Spiellust mit. Aber der Spieltrieb alleine macht aus dem Hund noch keinen Lernspieler! Lenkt man die Appetenz nicht von Anfang an in ganz bestimmte Bahnen, so wird sich das Spiel sehr schwer für bestimmte Ziele einsetzen lassen. Hinzu kommt, daß sich der Hund ohne Spielregeln gern verselbständigt und sich leicht ablenken läßt.

Bezweckt man mit Spiel nicht mehr, als daß sich der Hund abreagieren kann, so mag man ohne eine Kultivierung des Spiels auskommen. Wo immer aber mit dem Spiel neben seinen eigenständigen Werten auch Ziele verfolgt werden, sind »Investitionen« unumgänglich. Zuerst lernen wir daher, den Hund für Das Spielen an sich zu motivieren. Wir fördern seine Spielappetenz.

Zeigt er sich spielmotiviert oder hat er das ABC des Spielens nach einiger Zeit gelernt, so beginnen wir damit, ihn auf dieser Basis für bestimmte Aufgaben zu motivieren. Erinnern Sie sich an die herausragende Rolle der Primärmotivation? Genau auf die kommt es an, wenn man das Spiel optimal gestalten will. Nun wird möglicherweise der eine oder andere fragend einwenden: »Schön und gut. Aber wie soll man dem Hund ein schnelles »Platz!« primärmotiviert beibringen?« – Das »Platz!« ist ja für ihn zunächst einmal ein völlig wertneutrales Verhalten. Er weiß nichts von Turnierpunkten oder den ästhetischen Normen der Menschen. Aber er hat Spaß, in den Besitz des Balls zu gelangen und dafür tut er Einiges, im Vorfeld der Belohnung sogar manches, was ihm vielleicht Unlust bereitet. Also doch nur Sekundärmotivation? Bei weitem nicht! Denn wenn das Spiel in der zu beschreibenden Form kultiviert wird, bildet der Hund auf Grund seiner natürlichen Bedürfnisse und seiner artspezifischen Lernbegabung *Eigenappetenzen*. Das heißt in unserem Beispiel: Wird das »Platz!« richtig vermittelt, ohne Zwang und Druck, sondern als methodisch kultiviertes Spiel, (das heißt unter Berücksichtigung der bereits beschriebenen anderen Faktoren), so wird er sich aus Freude am gesamten Vorgang mit fliegenden Pfoten auf den Boden werfen. Primärmotivation! Die sich anschließende Belohnung, ursprünglich eine Sekundärmotivation, wird binnen Kürze teilweise in eine Primäre umgewandelt. So kann der Hund selbst diese starke Unterordungsübung **in sich** als Lustgewinn erleben. Nach einiger Zeit reicht es dann völlig aus, ihn für die Ausführung einer Aufgabe nur noch ab und zu mit Hilfe des MO's zu belohnen. Daß wir die Übung im weiteren Verlauf irgendwann auch einmal mit Zwang absichern müssen, braucht nicht verschwiegen zu werden. Aber es liegen Welten zwischen einer Zwangseinwirkung, die auf dem Fundament einer intakten Mensch-Hund-Beziehung steht, wo also ein festes geistiges Band die Verbindung stets hält, und einer, wo jedes Kommando mit psychischem oder physischem Druck durchtränkt ist! Wir kommen auf diese Problematik an späterer Stelle noch zurück.

Unser Ziel muß es also sein, im Hund *spielspezifische Appetenzen* zu entwickeln. Dies erreichen wir aber nur unter der Bedingung einer stark ausgeprägten Motivation.

Es kommt also darauf an, zuerst aufs Spiel zu motivieren, um anschließend mittels Spiel Aufgaben zu lösen. Diesen Vorgang nennen wir die »Grundtechnik des Motivierens«.

Primärmotivation ist das Fundament

Um möglichst günstige Voraussetzungen für Ersterfahrungen im Spiel zu schaffen, beginnen wir mit der Beschreibung optimaler äuße-

SPIEL-MILIEU-CHECK

- ❑ Welpe: Hat der Hund noch die ersten Zähne?

  ja?

  nein?

- ❑ Junghund: Ist das Wachstum der zweiten Zähne abgeschlossen?

  ja?

  nein?

rer und innerer Bedingungen. Wir stellen dies in Form eines *Spiel-Milieu-Checks* dar. Das ist allerdings nicht so zu verstehen, daß der Leser vor jedem Spiel die Checkliste abhakt. Die einmalige Überprüfung dient vielmehr der geistigen Erinnerung und Vergegenwärtigung. Möglicherweise hat man doch etwas Wichtiges übersehen. Vielleicht fällt einem der eine oder andere verbesserungswürdige Punkt zur Optimierung des Spiel-Milieus auf.

Im Anschluß an den *Spiel-Milieu-Check* besprechen wir dann die eigentliche *Grundtechnik des Motivierens*
Während der Auszahnung der Zweitzähne sollte man von jeglichen Beißspielen Abstand nehmen. Selbst bei vorsichtiger Handhabung der Spielbeute kann es vorkommen, daß sich ein einzelner Zahn im Gewebe verhakt, was in der Zahnentwicklung zu allerlei Komplikationen wie zum Beispiel den gefürchteten Zahnfehlständen führen kann.

Innere Bedingungen für das Spiel mit dem Welpen oder Junghund:

- ❑ Bei Futtermotivation: Voraussetzung (Hund hungrig!) erfüllt? ja? nein?
- ❑ Bei Beutemotivation: Voraussetzung (Hund ausgeruht!) erfüllt? ja? nein?
- ❑ Hund gesund? ja? nein?

Äußere Bedingungen für das Spiel mit dem Welpen oder Junghund:

- ❑ Bekannte Umgebung? ja? nein?
- ❑ Milieu ablenkungsfrei? ja? nein?
- ❑ Raum abgegrenzt (zum Beispiel Küche oder Garage)? ja? nein?
- ❑ Spielbeute funktionstüchtig und schadenfrei ja? nein?

Innere Bedingungen des Hundeführers:

- ❑ Positive, motivierte Gestimmtheit ja? nein?
- ❑ Frei von Ärger oder anderen negativen Faktoren? ja? nein?
- ❑ Hundeführer gesund? ja? nein?

Hier sind die drei wichtigsten Motivationstypen dargestellt, und zwar für Anna und ihre Hündin Alpha.

Leistungserwartung - Motivationstypen

Organismus	Leistungsbeschreibung	Motivationstypus	Leistungserwartung
Anna P	lernt Vokabeln, weil sie eine Brieffreundin hat	Primärmotivation (positiv motiviert)	
Anna S	lernt Vokabeln, weil sie eine gute Note möchte	Sekundärmotivation (positiv motiviert)	
Anna M	lernt Vokabeln, aus Angst vor Strafen	Meidermotivation (negativ motiviert)	
Alpha P	bringt die Spielbeute, wei Nachjagen und Bringen Spaß macht	Primärmotivation (positiv motiviert)	
Alpha S	bringt die Spielbeute, weil Anna danach mit ihr spielt	Sekundärmotivation (positiv motiviert)	
Alpha M	bringt das Holz, um Schmerz zu vermeiden	Meidemotivation (negativ motiviert)	

Bei oberflächlicher Betrachtung könnte man meinen, es sei doch kein nennenswerter Unterschied, ob Anna für eine gute Englisch-Note lernt oder ob sie lernt, weil sie Ihrer Brieffreundin schreiben möchte. Aber wenn man sich das Mädchen beim Lernen bildlich vorstellt und sich ihre Antriebe im einzelnen vor Augen hält, erkennt man sofort die Vorteile der Primärmotivation: »Anna P« (P für primärmotiviert) wird bei jedem englischen Wort, das sie liest oder hört, daran denken, daß sie es in diesem oder jenem Zusammenhang für Ihre Briefkonversation benötigt. Sie **will** sich ja mitteilen, aus innerstem und ureigenem Interesse. Unter diesem starken Antrieb wird sie viele Begriffe allein durch einmaliges Einprägen dauerhaft speichern. Sie stellt sich vor, wie sie sich mit ihrer Freundin unterhält, denn das ist ihr wichtig. Die Primärmotivation läßt sie daher den Vorgang des Vokalbellernens als sinnvoll und den Umgang mit den Worten als lustvoll erleben. Gleichzeitig stärkt die Primärmotivation Engagement, Opferbereitschaft, und es werden die so wichtigen kreativen Denkoperationen geweckt und gefördert. Lauter Vorteile, die wir nur dort in vollem Umfange vorfinden, wo das Tun als solches Spaß macht. Die Sekundärmotivation als die zweitstärkste Triebfeder kann zwar auch zu hohen Leistungen beflügeln, vor allem dann, wenn sie mit Ehrgeiz und einem asketischem Naturell eines Individuums zusammentreffen, aber auf lange Sicht und in Grenzsituationen wird sie immer hinter der Primärmotivation stehen.

Die Meidemotivation steht zum eigentlichen Ergebnis eines Tuns in noch größerer Entfernung. Wer etwas tut, um ein unangenehmes Ereignis zu vermeiden (das häufig mit dem Vorgang überhaupt nichts

zu tun hat), der wird eher lustlos an die Sache herangehen und mit der Zeit jede Gelegenheit nützen, der negativen Erfahrung zu entgehen, auf welchem Wege auch immer. Meidemotivation schränkt Freiheit und Würde des Individuums ein, auch jene des Tieres, und sie eignet sich wenig zur Förderung der Kreativität oder des problemlösenden Denkens und Handelns. Mit Meidemotivation erzieht man Sklaven und Soldaten. »Treu ergeben« (ein geschickt verschlüsselter Begriff für *Unfreiheit*) wünschten sich die Herrscher ihre Untertanen in allen Epochen. Wo das hinführt, hat uns die Geschichte immer wieder vor Augen geführt. Auch die Hundeausbildung war bis vor nicht allzulanger Zeit vom Geist der Beherrschung mit dem Ziel der bedingungslosen Unterwürfigkeit des Tieres geprägt. Dem »Ganzheitsdenken« ebenso wie dem »retour à la nature« als den beiden wirksamsten erhaltenden Strömungen unserer Zeit haben wir es zu verdanken, daß wir vieles heute doch anders sehen. Wer will heute noch einen Sklaven oder Soldaten als Hund? Im Hundesport jedenfalls hat der »nur folgsame, der parierende Hund« ausgedient und das ist gut so. Wir wollen heute den *freudigen Hund* sehen, den Hund, der mit seinem Führer ein Team bildet. Wir schätzen den Hund, welcher aus innerem Antrieb mitmacht. Dieser Hund ist in seiner ausgeprägesten Erscheinungsform *primärmotiviert*. Es ist eben ein Unterschied, ob Alpha die Spielbeute nur bringt, weil anschließend damit gespielt wird (Sekundärmotivation), oder ob sie hinaus- und zurückrast, weil der Vorgang als Ganzes für sie emotional stark positiv besetzt ist, von Anfang bis Ende der Übung (Primärmotivation und Sekundärmotivation). Man kann es auch mit ganz einfachen Worten zusammenfassen: Je direkter sich Belohnung und Leistung verbinden, desto höher liegt – auf Dauer gesehen – die Lernleistungserwartung. Hier müßte dann die Phantasie des Hundeführers einsetzen, indem er bei jedem Lehrvorgang danach sucht, die einzelnen Lernschritte für den Hund von Anfang an spannend und lohnend zu gestalten. Während der Arbeit mit dem Hund (während der **spielerischen** Arbeit!) lauten die ständig präsenten Kardianlfragen: »Hat mein Hund Spaß an dem, was ich vermittle und von ihm erwarte?« – »Lacht mein Hund?« – »Zeigt er mit seinen Körpersignalen, daß er gespannt, aber nicht verspannt ist?« usw. Viele Hundeführer denken viel zu viel an ihre Zielvorstellung und viel zu wenig daran, ob ihr Hund auch wirklich Freude hat am gemeinsamen Tun. Das Ergebnis ist danach gefärbt – in tristem Grau der Langeweile oder in dunklen Farben des Schmerzes und der Angst. Nein, die meisten von uns wollen keinen Soldaten als Hund, sondern einen motivierten, freundlichen Begleiter.

Grundtechnik des Motivierens

Besonders wichtig bei jeder Art von Zusammenspiel ist die Glaubwürdigkeit der Spielpartner untereinander. Für den Hund brauchen wir uns in diesem Punkt nicht zu sorgen. Zahlreiche Studien über das Spielverhalten beweisen die hohe emotionale Beteiligung der Hunde im Spiel. Tiere gehen gewöhnlich im Spiel voll auf. Sie spielen sozusagen mit vollem Engagement und mit allem Ernst. Aber wie ist es um uns bestellt? Können auch wir von uns sagen, daß wir voll bei der Sache sind? Wenn man so manchem Hundeführer zusieht, wie er eher gelangweilt neben seinem Hund hergeht und dann noch obendrein ganz und gar nicht

begreifen will, weshalb sich sein Hund so lustlos und langsam zeigt, so gewinnt man eher den Eindruck, daß ein ehrliches, überzeugendes Spielen gar nicht so einfach ist. Leider können wenige Hundeführer aus vollem Herzen loben und nur wenige vermögen auf der anderen Seite Korrekturen sachlich und ohne Zorn vermitteln.

Ohne Glaubwürdigkeit aber prallen noch so gut gemeinte oder ausgeklügelte Aktionen ab wie das Wasser an der Hühnerfeder. Wer viel mit Kindern umgeht oder wer es vermag, sich im Tun mit einer Vorstellung zu verschmelzen, sozusagen ein Teil der Vorstellung zu werden, der weiß, wovon hier die Rede ist.

Aufgehen im Spiel!

Wenn man mit dem Hund zu spielen beginnt, dann sollte man zunächst einmal rundherum alles vergessen. Um aber ein vorschnelles, ernüchterndes Erwachen zu vermeiden, ist es wichtig, mögliche Störungen schon im Vorfeld auszuräumen.

Der soeben beschriebenen »Spiel-Milieu-Check« hat also seine Berechtigung – gerade für die Zielsetzung eines möglichst freien, »kontemplativen« Spiels. Wer zum Beispiel Beute spielt, der müßte sich bemühen, wenigstens vorübergehend selbst zu einer Art Beute zu werden. Wenn das gelingt, dann braucht man sich nicht mehr vorzunehmen: »Diese Bewegung ist vorteilhaft, jene zu vermeiden«, »Stimme muß dazu« usw. Aus der ganzheitlichen Vorgangsweise, aus dem »Aufgehen im Spiel« ergibt sich das meiste wie von selbst.

»Aufgehen im Spiel«, dann ergibt sich das meiste wie von selbst!

Wem das zu nebulös scheint, der sei an die direktesten der Lernformen des Hundes erinnert. Gemeint sind *Stimmungsübertragung* und *Nachahmung*. Nützen wir doch diese so wichtigen Lernformen! Seien wir gespannt, wenn wir vom Hund Spannung erwarten und entspannen wir uns bewußt, wenn sich der Hund innerlich lösen soll. Machen wir es dem Hund anfangs leicht, unsere Stimmung an bestimmten Signalen abzulesen! Geben wir deutliche, anfangs überdeutliche Zeichen der Körpersprache, der Mimik und der Gestik. Geben wir deutliche Kommandos, nicht nur was die phonetische Seite, also die Hörbarkeit betrifft!

Verleihen wir den Kommandos die »magische Kraft des engagiert ausgesprochenen Wortes«! Und ganz allgemein: Nützen wir den Zauber der Imagination!

Augustinus hat in gleicher Absicht folgenden wunderbaren Satz geprägt: »In Dir muß brennen, was Du an anderen entzünden willst!« Flaues Spiel motiviert nicht nur weniger, nein, es schlägt leicht ins Gegenteil um: Es **demotiviert**.

Angenommen, wir wollen einem jungen Hund zunächst einmal Lust **aufs** Spiel und den Spielgegenstand, das MO machen. Es geht also um die Aufgabe, eine solide *Primärmotivation* für die *Spielbeute* und für das *gemeinsame Spiel* zu vermitteln. Vergleicht man den Spiel-Vorgang mit einem mehrstöckigen Bauwerk, so kann man das Baumaterial mit den verfügbaren Erbanlagen gleichsetzen, die Primärmotivation mit dem Fundament und die einzelnen Stockwerke mit den aufeinanderfolgenden methodischen Schritten. Die einzelnen Räume wären in diesem Bild mit den unterschiedlichen Lernzielen zu vergleichen und die Einrichtung entspräche den verschiedenen Spielgestaltungen. In jedem Falle jedoch würde Höhe und Breite aller Aufbauten von der Tragfähigkeit des Fundamentes abhängen. Wer beim Fundament spart oder gar pfuscht, hat von vornherein unüberwindbare Grenzen gesteckt. Wer später einmal höher hinaus möchte, dem bleibt dann nichts anderes übrig, als ganz von vorn anzufangen. Wissen wir, was das bedeutet? Abreißen oder neu bauen!

Die Situation ist vergleichbar mit einem Musiker, der zwar schon zehn Jahre lang fleißig geübt hat, aber leider unzulänglich und falsch. Auch er muß neu anfangen und dann stellt sich immer wieder das gleiche heraus: Ändern ist viel schwieriger und letztlich aufwendiger als gleich richtig lernen. Und selbst bei sehr viel Aufwand an Korrekturen kommt man über einen bestimmten Punkt nie mehr hinaus, es sei denn, man fängt wie gesagt, von vorn an. Man könnte sagen:

Der Anfang eines Vorgangs entscheidet bereits über dessen Reichweite und Ende. Wenn wir also auf den nächsten Seiten das Bilden der Primärmotivation, das heißt »die Grundtechnik des Beutespiels« beschreiben, ist das sozusagen das »Herzstück« dieses Buches.

Spätestens jetzt sollten Sie sich beim Lesen Zeit lassen, auch wenn Sie bisher alles nur überflogen oder schon wieder vergessen haben.

Wecken Sie Ihre Phantasie und gehen Sie erst weiter, wenn Ihnen der beschriebene Ablauf geistig vor Augen steht. Scheuen Sie sich nicht, den einen oder anderen Abschnitt mehrmals und in zeitlichem Abstand wiederholt durchzulesen.

Meisterschaft baut auf Erziehung und Ausbildung auf.

Kunst und Technik des Beute-Motivationsspiels

Vorbemerkung

Was im folgenden beschrieben wird, ist das Ergebnis jahrelanger Beobachtungen innerhalb unseres Hunderudels. Wir haben nicht nur die Lebensphasen unserer Welpen von der Geburt bis zur Abgabe an die neuen Besitzer in aufwendigen Video-Aufzeichnungen und -Auswertungen studiert, sondern mehrfach einen Welpen bis zum zwanzigsten Monat und länger im Rudel belassen und die vor allem durch die Mutterhündin vorgenommenen »Belehrungen« untersucht (siehe Videofilm des Autors »Zehn kleine Hundebabys – Geburt und Aufzucht«). Das hier beschriebene Beute-Motivationsspiel hat also seine Wurzeln in artspezifischen Verhaltensweisen des Hundes: Im Wesentlichen aus dem *Explorationsverhalten* sowie aus den verschiedenen *Spielformen im Welpen- und Junghundalter*.

Die Überschrift dieses Abschnittes mag darauf aufmerksam machen, daß richtiges Spielen weder allein durch Können noch allein mittels Technik Erfolg verspricht. Es gehört eben beides dazu und insofern ist Spielen ebenso Kunst wie Technik. Eines der Anliegen dieses Buches besteht darin, die Spaltung in die Lager der »Erfahrenen« und der »Theoretiker« als sinnlos zu demaskieren. Wir können alle voneinander lernen und die Zukunft gehört sicher jenen, die unvoreingenommen Kunst und Wissenschaft gleichermaßen schätzen. Auch fürs Spiel erweist sich eine nach allen Seiten hin offene Einstellung als vorteilhaft. Doch zurück zur Praxis:

Mit voller Absicht besetzen wir die einzelnen Aktionen, die vom Menschen ausgehen, nicht nur mit Elementen aus jenem, was wir den Hunden abgeschaut haben, sondern **zusätzlich** mit typischen Signalen des **Menschen**. Damit schlagen wir mehrere Fliegen mit einer Klappe: Die artspezifischen Aktionen motivieren den Hund auf direktem, natürlichen Weg. Dies erleichtert dem Hund das sofortige Einordnen sowie das folgerichtige Verhalten. Die artfremden Anteile unserer Aktionen begünstigen gleichzeitig das Dechiffrieren menschenspezifischer Signale. Mit der Zeit verschmelzen die unterschiedlichen Wirkungsanteile, was wir dahingehend nützen, daß wir die Anteile menschenspezifischer Signale erhöhen und jene, die wir imitatorisch von den hundespezifischen abgeleitet haben, reduzieren. Dies sei im Zuge einer allgemeinen Einschränkung sämtlicher Hilfen gesagt. Vorbild hierzu gibt uns beispielsweise das Dressurreiten, wo Reiter und Pferd eine bemerkenswerte Einheit eingehen, und wo

der Außenstehende die minuziösen Signale der Verständigung überhaupt nicht mehr wahrnimmt. Auch der Hund wird uns mit der Zeit »von den Augen ablesen«, was wir von ihm wollen. Er wird lernen, die kleinsten Signale richtig zu beantworten und er wird sie gerne beantworten. Bis dahin ist es jedoch ein langer Weg, auf welchem wir die erste Zeit zweigleisig fahren, indem wir dem Hund sozusagen »zweisprachig« begegnen: Indem wir uns seiner Ausdrucksmittel ebenso bedienen wie unserer eigenen.

Nun aber zur Praxis, auf deren Prüfstand sich beides zu bewähren hat und in welcher im Idealfall beides zu einer neuen, eigenen Form verschmilzt: Grundsätzlich eignet sich jede Spielbeute. Des relativ einfachen und abwechslungsreichen Handlings als auch der weiten Verbreitung wegen beschreiben wir hier das Spiel unter Verwendung der *Schleuder-Beute*, die wir jedoch anfangs weder aus der Hand geben noch wegwerfen.

Nachdem alles gut vorbereitet wurde (wovon der Hund übrigens so wenig wie möglich mitbekommen sollte!), und der *Spiel-Milieu-Check* vor lauter »ja's« nur so strotzt, legen wir den Schleuderball in Abwesenheit des Hundes irgendwo im Zimmer (auch Küche, Flur, Garage oder Zwinger) für ihn unsichtbar und unerreichbar ab, etwa auf einen Schrank.

Phase 1: Animieren

Animieren=Beseelen, Anregen
Wenn wir für den Vorgang als Ganzes bisher den terminus technicus (Fachausdruck) »*motivieren*« gebrauchten, so wollen wir jetzt für die erste Phase innerhalb der praktischen Umsetzung das treffende Wort »*animieren*« verwenden. Das Wort »animare« kommt aus dem Lateinischen und hat zwei Bedeutungen:

1. beseelen, beleben und

2. anregen, ermuntern, in Stimmung versetzen, Lust wecken auf etwas.

Gerade dieser Doppelaspekt stimmt mit unseren Zielen überein. Denn der Erfolg hängt ja davon ab, ob es uns gelingt, zweierlei umzusetzen: Zum einen wollen wir die Beute beleben und gleichzeitig bezwecken wir damit den Hund »in Stimmung zu bringen«. Das zweite ergibt sich nicht zwingend aus dem ersten. Nur wenn wir die Beute richtig beleben, wird der Hund Appetit auf die Spielbeute **und** das Spiel bekommen.

So, jetzt kann's losgehen mit dem *animierenden, zündenden Spiel*!

In Spannung bringen!

So nebenbei holen wir den Hund herein (oder aus dem Auto, wenn wir auf der Wiese spielen). Dann beginnt unsere Verwandlung: Wir schnuppern wie ein witternder Wolf in die Luft, hörbar und sichtbar, es treibt uns in die Nähe des Verstecks, wir schnuppern weiter, entdecken den Schleuderball, was wir mit erstaunten Lauten (eines Menschen) unterstreichen, wir greifen vorsichtig nach dem Schleuderball, trauen uns zunächst nicht zuzugreifen und treten möglicherweise einen Schritt zurück. Wir umkreisen den Ort, das Versteck nicht aus den Augen lassend und wagen einen neuen Versuch. Diesmal geben wir der Beute, die bisher noch nicht oder nur ganz kurz ins Blickfeld kam, bestimmte Laute, z. B. Quietschen, Fiepen oder irgendwelche Phantasielaute. Die nicht oder nur für Augenblicke sichtbare Beute verstärkt die Motivation ganz erheblich, und außerdem lernt der Hund von Anfang an, das Geschehen in voller visueller und auditiver Konzentration mitzuverfolgen. Während wir die Beute mit Lauten beleben, mag es vorkommen, daß uns der Hund mit typisch schiefgehaltenem Kopf anschaut, als wolle er fragend oder zweifelnd zum Ausdruck bringen: »Warst das jetzt Du oder die Beute?« Aber das macht nichts, binnen Kürze wird er dieses Doppelspiel, das wir betreiben, akzeptieren, so wie ja auch im Spiel der Junghunde untereinander schnelle Rollenwechsel üblich sind. Wir zucken also mit der Hand kurz zurück, dann aber fassen wir die Beute, die sich natürlich wehrt und wie verrückt Laute von sich gibt. Wir schleudern das MO dabei hin und her, als hätten wir eine sich wehrende Maus in der Hand. Wir *beleben* den Schleuderball mit allen Mitteln, die uns einfallen, aber wir lassen ihn weder aus der Hand noch geben wir ihn dem Hund. Dieser darf zunächst nur zuschauen (»Wehren stärkt das Begehren«). Während der ganzen Zeit tun wir so, als würden wir ihn links liegen lassen. Dies geschieht mit der Absicht, dem Hund die uneingeschränkte Möglichkeit zu bieten, selbst die Initiative zu ergreifen. Dies stärkt sein Selbstvertrauen und fordert Anpassungsfähigkeiten und problemlösendes Handeln heraus. Initiativ geworden, wird er bald allerlei Verhaltensweisen zeigen, um sich ins Spiel zu bringen.

Genüssliches Zerkleinern.

In der Phase des Animierens bezwecken wir zweierlei: Die Beute überzeugend zu beleben und den Hund so weit zu motivieren, daß er selbst initiativ wird und sich durch verschiedene Verhaltensweisen ins Spiel bringt.

In der Folge werden wir jene Verhaltensweisen durch Lustbefriedigung bestätigen, die dem Spielverlauf als Ganzes dienen oder im Hinblick auf Teilziele einer bestimmten Aufgabe nützen. Der Vorteil dieser Vorgehensweise liegt darin, daß die Verhaltensweise selbst von Anfang an emotional positiv besetzt ist. Das heißt, der Hund tut das, was er tut, nicht nur

wegen der zu erwartenden Lustbefriedigung, die er **anschließend** im Spiel mit der Beute erhält (Sekundärmotivation). Nein, er agiert von Anfang an aus Spaß an der Sache selbst und nur zusätzlich in der Erwartung anschließender Lustbefriedigung. Er ist also *primärmotiviert* und erhält überdies die Möglichkeit, durch Mitgestaltung des Spielverlaufs sich selbst zu belohnen. Kommt dann noch die anschließende, verstärkend wirkende Lustbefriedigung im konkreten Beutespiel hinzu, so wird der Hund binnen Kürze ein spezifisches Appetenzverhalten auf den gesamten Vorgang entwickeln. Wenn uns das gelingt, haben wir gewonnen, denn darauf können wir immer wieder zurückgreifen, bis ins hohe Alter des Hundes.

Doch zurück zum Spielverlauf: Obwohl wir den Hund scheinbar links liegen lassen, beobachten wir sein Interesse am Vorgang genau. Zeigt er von Anfang an in der Phase des *Animierens* alle Signale hoher Motiviertheit, dann können wir alsbald dazu übergehen, ihn in der darauffolgenden Phase des *Aufspürens* miteinzubeziehen. Wir suchen dann **gemeinsam** nach der Beute, die immer wieder, für den Hund möglichst unbemerkt – neu versteckt wird: Hinter dem Rücken, unterm Pullover, unterm Arm oder an einem geeigneten Ort. (Wer seinen Hund auch als Fährtenhund ausbilden möchte, der kann die Phase des *Aufspürens* entsprechend ausbauen. Siehe hierzu Fährtenbuch und Videofilm aus der Serie »Freudig schnell – exakter Hund«. Zwischendurch kann man auch die Beute hochwerfen und wieder auffangen. Aber abgegeben wird sie vorerst noch nicht! Die eben beschriebenen beiden Aktionen dauern nicht länger als jeweils einige Minuten. Dann ist Schluß. Auf irgendeine Art und Weise lassen wir den Schleuderball wieder geheimnisvoll verschwinden. Wir suchen noch kurz nach ihm, dann ist das Spiel zu Ende, was wir von Anfang an mit einem akustischen Signal wie etwa »Schluß!« und einer entsprechenden Handbewegung deutlich machen. Am Ende des Spiels sollte immer das gleiche Signal gegeben werden!

Am darauffolgenden Tag verstecken wir den Schleuderball in einem anderen Zimmer (im Freien an einem anderen Ort), holen den Hund herein und wiederholen das Spiel. Und wieder geben wir zahlreiche natürliche Signale der Aufmerksamkeit (Neugierverhalten), der Konzentration (zum Beispiel Erstarren), der Aktion (Wittern, Suchen, Beschnuppern, mit der »Pfote« bewegen usw.). Aber jetzt gehen wir schon einen Schritt weiter, nehmen die Spielbeute in beide Hände, schütteln sie, was sie mit Gegenwehr und entsprechenden Lautäußerungen erwidert, lassen sie kurz frei (aber so, daß sie der Hund nicht erwischen kann), fassen sie wieder. Auf einmal stellt sich dann die Beute tot, es ist kein Laut mehr zu hören, wir erstarren vor Konzentration – alle Muskeln angespannt, Fixieren die Beute in geduckter, sprungbereiter Haltung... Diese letzte Phase ist enorm wichtig, denn hier bereiten wir die für den weiteren Verlauf entscheidenden Verhaltensmuster wie *Lauern, Abwarten*, *Verweilen, Stoppen, Abbrechen* und *Beenden* vor.

Für ein vernünftiges Spiel benötigen wir nichts dringender als *Regulative*, welche uns ermöglichen, den Hund jederzeit zur *Aktion*, zum *Agieren* zu veranlassen und am Ende dieser Aktion in die gewünschte *Veränderung* zu bringen. Und zwar so, daß der Vorgang als ganzer motivierend ausgelegt ist. Wir können gegen Ende der Aktion nicht einfach vom »Abstellen« sprechen, wie das in manchen Kreisen üblich

Hund in Ruhe – durch Aktivieren Hund in Aktion.

Hund in Aktion – durch Einstellen Hund in Ruhe.

Hund in Aktion – durch Verändern (Steuern) in neue Aktion.

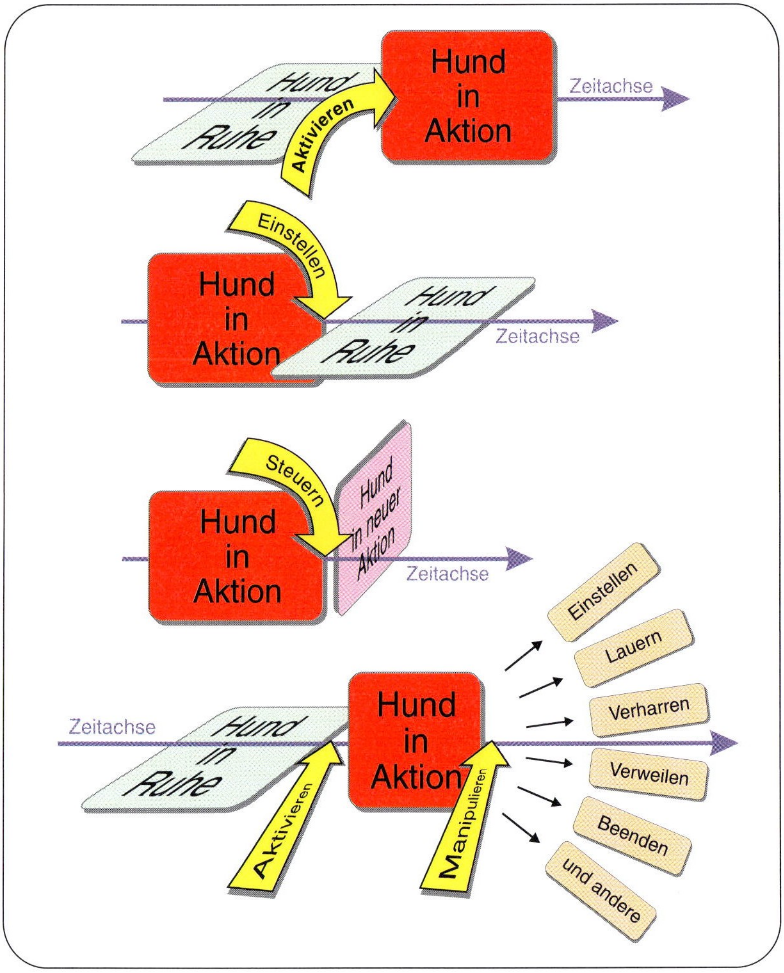

ist. Der sich bei diesem Wort aufdrängende Vergleich mit einer Maschine geht doch weit an den wirklichen Vorgängen vorbei. Auch die Begriffe »Beenden« oder »Deaktivieren« treffen es nicht. Zu unterschiedlich gestalten sich die möglichen Variablen am »Ende« einer Aktion. Hierzu einige Beispiele: Beendet man ein »Platz!« mit anschließendem »Hier!«, so soll der Hund während des Abliegens in hoher Konzentration stehen. Soll er hingegen nach dem »Platz!« längere Zeit abliegen, so kommt dies eher einem *Verweilen* gleich. Und wenn der Hund nach irgendeiner Aktion freigegeben wird, etwa am Ende des Spiels, so erhält dieser Vorgang die Qualität des *Beendens*, was sich wiederum vom *Einstellen* (oder Abbrechen) einer Übung, welcher weitere Übungen folgen, unterscheidet. Spätestens hier erkennt man, daß es gerade auf die feinen Unterschiede ankommt und daß der Vergleich vom »An- und Abschalten einer Maschine« eine denkbar schlechte Basis für die vielfältigen methodische Möglichkeiten darstellt. Sehen wir uns zum besseren Verständnis der Vorgänge folgende, ebenfalls hier erstmals vorgestellten Modelle an: In der oberen Grafik ist der Hund zunächst in Ruhe, was durch die

horizontal liegende Fläche symbolisiert wurde. Ohne unser Zutun würde sich an diesem Zustand – mehr oder minder lange – nichts ändern. Indem wir den Hund dann *aktivieren*, wird der Ruhezustand beendet und der *Hund* zeigt bestimmte, sich von vorausgegangenen unterscheidende Verhaltensweisen, er setzt *Aktion*.

In der zweiten Grafik hingegen befindet sich der Hund bereits in Aktion, die wir durch Einstellen in Ruhe umwandeln. Danach schließlich wird der Hund am Ende der Aktion A durch Veränderungseinflüsse unsererseits, durch Steuern, in eine neue Aktion B übergeführt. Diese drei grundsätzlichen Erscheinungsformen haben eines gemeinsam. Ohne neuen inneren oder äußeren *Anstoß* würde der Hund die augenblicklich manifestierte Verhaltensform weiterhin beibehalten. Aktionen würden weiterlaufen und Ruhe bliebe Ruhe; oder wie es die Symbole darstellen: horizontale Flächen blieben waagrecht und senkrechte blieben aufgerichtet.

In der unteren Abbildung stellen wir den komplexen Vorgang noch einmal dar: Die beiden gelben Pfeile verdeutlichen die jeweils unterschiedlichen Einflußnahmen des Menschen auf den Hund. Demnach lassen sich die übergeordneten Spiel-Regulative als Wechsel von *Aktivieren* und *Einstellen* sowie *Aktivieren* und *Steuern* aufzeigen. *Einstellen* und *Steuern* fassen wir mit dem Begriff *Manipulieren* zusammen. (»Manipulieren« nach Duden = *durch Beeinflussung in eine bestimmte Richtung lenken*.) Die oft negative Auslegung des Wortes im Sinne einer »unmoralischen Beherrschung des Anderen« ist hier nicht gemeint. Wir unterscheiden zwei Formen von Regulativen: Solche, die als *Gegenspieler* (Antagonisten) und solche, die als *Mitspieler* (Synergisten) wirksam werden.

Die übergeordneten Regulative im Spiel sind Aktivieren und Einstellen (Antagonisten) sowie Aktivieren und Steuern (Verändern, Überleiten = Synergisten).

Läßt sich das *Aktivieren* noch relativ einfach umsetzen, so scheitern doch viele am richtigen *Einstellen* und *Steuern*, wobei der Hundeführer nicht selten vorgeht wie ein Rennfahrer, der einsteigt und Gas gibt, ohne zu wissen, wie er das Fahrzeug wieder anhält.
Nun, es ist auch nicht leicht, etwa das *Einstellen* des Laufschritts mit anschließendem »Steh!« motivierend zu vermitteln und in eine neue Aktion, das schnelle »Hereinkommen« überzuleiten.

Durch tägliches Üben lernt der Hund, vor der Futterschüssel zu Warten. Dies kann bereits bei Welpen begonnen werden. In der reifen Ausführung läßt sich der Hund in jeder Position (Sitz, Platz, Steh oder anderen) halten.
Auf »Nimm!« wird er zum Fressen freigegeben. Das Aufrechterhalten einer Aktion wird eingestellt und der Hund beginnt mit der erwarteten neuen Aktion.

Soll es uns aber nicht ergehen wie Goethes Zauberlehrling, der händeringend klagt: »Die Geister, die ich rief, werd' ich nun nicht mehr los!« – so führt am *Steuern,* und zwar in seinen vielen Erscheinungsformen, kein Weg vorbei!

Aber auch die verschiedenen Formen des *Steuerns* müssen **absolut** streßfrei und zwanglos erfolgen, soll das Spiel als Ganzes ohne Wenn und Aber Spaß machen. Dies erreichen wir im Beutespiel dadurch, daß wir uns bekannte Muster aus dem *Jagdverhalten* der Caniden zunutze machen. Eric Zimen und andere beschreiben, wie Wölfe beim Jagen einer Beute innehalten, wenn diese regungslos stehenbleibt. Alle Muskeln der Wölfe sind gespannt, der Blick auf die Beute fixiert, der Körper geduckt und sprungbereit. Zum Angriff selbst kommt es in der Regel erst dann, wenn sich die Beute bewegt, wenn sie flieht. Das Fliehen wirkt als Auslöser, als *Schlüsselreiz* der nun folgenden *Instinkthandlungen* des *Nachstellens, Anspringens* usw. Das gleiche machen wir im Spiel mit dem Hund. Da, wie wir wissen, im Spiel der Ernstbezug fehlt und verschiedene Verhaltensweisen nicht nur aus dem Beutefang, sondern aus unterschiedlichen Funktionskreisen in beliebiger Folge auftreten können, haben wir alle Karten in der Hand, um den Spielverlauf artgerecht **und** zwanglos zu gestalten: Wir stellen die Spielbeute von einer Sekunde auf die andere tot und bleiben dabei ebenfalls erstarrt in der gerade beschriebenen Körperhaltung. Aus jahrelanger Erfahrung mit dieser methodischen Vorgangsweise rate ich dazu, das *Erstarren* anfangs nur ganz kurz, etwa eine Sekunde lang (oder noch kürzer) zu halten und in kleinen Schritten zu steigern.

Mancher Hundehalter erinnert an Goethes Zauberlehrling: »Die Geister, die ich rief, werd ich nun nicht mehr los.«

Man wird überrascht sein, wie leicht sich aus dieser spielerisch angewandten und mit der Zeit gefestigten Verhaltensweise die Aktionen *des Lauerns, Verweilens, Verharrens, Einstellens* oder *Beendens* steuern lassen.

Wir nützen auf diese Weise nicht nur geschickt das, was der Hund an instinktiven Verhaltensmustern mitbringt, wir nützen im weiteren Verlauf gezielt seine Fähigkeit, Instinkthandlungen auf der Basis adaptierter Appetenzen zu modifizieren.

Dieser kleine Abstecher zu den feinen Unterschieden ähnlich anmutender Vorgänge war notwendig. Zurück zum Spielablauf: Nach einem kurzen Totstellen fängt die Spielbeute plötzlich an, sich wieder zu bewegen: Wir schleudern den Schleuderball hin und her, fassen ihn mit der anderen Hand, verstecken ihn immer wieder unterm

Pullover, hinter dem Rücken oder hinter einem Gegenstand im Zimmer. Im Normalfall wird der Hund auf diese Weise stark erregt. Gerade das wollen wir erreichen. Wir streben in diesem Stadium ein hohes Maß an Entfachung der Neugier und Spiellust an. Vorerst braucht er außer Spielen keine einzige konkrete Aufgabe erfüllen. Wie lange man die Beute vorenthält, das ist zwar enorm wichtig, aber es läßt sich nicht allgemein festsetzen. Man muß, je nach individuellem Temperament des Hundes, den richtigen Zeitpunkt abwarten können und darf anderseits den »Motivationsbogen« auch nicht überspannen. Wie sagt doch Laotse: »Überspanne den Bogen, und Du wirst es bereuen!« Viele machen den Fehler, indem sie dem alten Aufruf folgen: »den Hund auf hundertzehn« zu bringen. Im Nachhinein muß man dann kleinlaut eingestehen, »weniger wäre mehr gewesen«. Ein Zuviel an Animation, ein Zulange an Vorenthalten kann zu allerlei Problemen führen, die dann durch schwierige und langwierige Korrekturen wieder zu beheben sind.

Um den Bogen nicht zu überspannen, kommt es darauf an, die Balance zu halten in der Gestaltung aller motivierender Faktoren. Wir fassen dieses vielschichtige Austarieren mit dem Begriff Motivationsbalance zusammen.

Bei manchen Hunden kann man das Vorenthalten bereits nach zwei Tagen beenden, bei anderen wird man das Spiel auf eine Woche und länger ausdehnen müssen. In Einzelfällen, wenn etwa ein Hund auf die ausgewählte Spielbeute ganz und gar nicht anspricht, kann es erforderlich sein, das MO zu wechseln, indem man beispielsweise den geliebten Teddybär oder einen anderen Gegenstand wählt. In

Beute wird immer wieder versteckt – im Raum, im Freien oder am eigenen Körper.

Problemfällen muß man einfach ausprobieren, ob der Hund eher auf Bekanntes oder auf Neues, auf Weiches oder Griffiges, auf Großes, Mittleres oder Kleines anspricht. Und dann gibt es natürlich auch Hunde, die sich wegen ihrer rassebedingten Erb-Präferenzen nur wenig oder nicht ausreichend für Beutespiele eignen. Hier wählen wir dann andere Spiele und andere Motivationen, wie beispielsweise Futter- oder Sozialspiele.

Phase 2: Anbeißen, Beutestreiten und Loslassen

Zum Anbeißen motivieren:
Nach ein bis zwei Tagen wird das Spiel ausgebaut, indem nun der Schleuderball mehr oder minder

LINKS: **Zum Anbeißen einen ausgesprochen günstigen *Augenblick nützen.***

RECHTS: **Anbiß.**

nah seitlich am Fang des Hundes vorbeigezogen wird. Entweder in der Luft oder am Boden. Dies kann entweder sehr langsam oder auch betont schnell geschehen. Beides löst auf seine Weise Neugier und Beuteappetenz des Hundes aus. Nicht vergessen: immer vom Hund weg oder seitlich am Hund vorbei! Nicht mit der Beute entgegenkommen oder gar »füttern«! Die Beute ist keine Beute mehr, wenn sie dem Hund entgegenkommt! Noch wichtiger allerdings als der Aspekt des Fliehens ist und bleibt die Belebung der Beute! Das, was sich bewegt, muß sich möglichst *lebendig* präsentieren, mit Eigenheiten in Bewegung und Lautäußerung.

Die Spielbeute wird so bewegt, daß sie möglichst viele Elemente einer fliehenden Beute verkörpert: Am Boden vorbeihüpfen, springen, in Zick-Zack-Sprüngen weglaufen, hochhüpfen, zwischendurch in Sicherheit bringen, dann in ein neues Versteck fliehen usw.

Wie lange die Phase des Fliehens imitiert wird, hängt ganz individuell vom Hund ab. Ist dieser schon hoch motiviert, dann sollte man, um den »Bogen nicht zu überspannen«, bald zum Anbeißen übergehen. Zeigt sich der Hund jedoch noch wenig angeregt, so empfiehlt es sich, steigernd weiterzumachen. Flaut trotz aller Mühe die Motivation eher ab, so darf man nicht der Versuchung nachgeben, den Ball mehr oder weniger ins Maul zu stecken! Hier bleibt keine andere Wahl als abzubrechen. In derartigen Fällen haben wir gute Erfahrung gemacht, wenn wir den »beutelauen Hund« an der Leine zusehen ließen, wie ein hochmotivierter Hund im Spiel damit umgeht. Auf rassebedingte Unterschiede im Beutetrieb wurde schon hingewiesen. Zurück zum Spiel:

Warten Sie zum Anbiß auf jeden Fall einen ausgesprochen günstigen Augenblick, eine möglichst vielversprechende Situation ab, und offerieren Sie die Beute erst dann, wenn es so gut wie sicher ist, daß

der Hund zufassen »**will**«. Solange er auf die fliehende Beute zögernd oder nur langsam reagiert, ist es für das Anbieten des ersten Zufassens eindeutig zu früh! Überlassen Sie das Zufassen nicht dem Zufall. Vermitteln Sie »glaubwürdig«, daß seine Tüchtigkeit Erfolg hat. Es hat keinen Sinn, dem Hund in einem Augenblick den Anbiß zu bieten, wo er nichts dafür unternommen hat oder im schwächsten Glied innerhalb einer Aktionskette. Ein derartiges Spielen kann lernpsychologisch gesehen keinen Erfolg haben, im Gegenteil, es wird den Hund eher verunsichern.

Nach dem richtigen Anbiß bieten sich zwei Varianten des Fortfahrens an: Entweder man überläßt dem Hund die Beute eine zeitlang, indem man mit ihm etwa an der Leine läuft oder man setzt sofort das *Beutestreiten* ein.

Nach dem Anbiß gibt man gleich ein wenig Gegenzug, damit der Griff fest wird. Im weiteren Verlauf wird der Schleuderball wie eine zu entfliehen trachtende Beute bewegt: Zappeln, Rucken (nicht zu fest und nicht nach oben!), Drehen sowie schlingernde S-Bewegungen. Wichtig ist, daß die Beute unaufhörlich in Bewegung ist und daß die Aktion als Ganzes einen ausgleichenden Charakter hat: Ein »nervöser« Hund soll im Spiel eher beruhigt werden, für einen mehr »trägen« Hund soll das Spiel schnell, teils zackig und hochaktiv gestaltet werden. Wir begleiten die Bewegungen mit allerlei Lauten, indem die Beute etwa hinter einem Vorhang versteckt wird. Durch hin- und herreiben erzeugen wir Geräusche oder wir sorgen einfach mittels Stimme für eine »sprechende Beute«. Wichtig ist, daß man sich im Spiel immer wieder schwächer als der Hund zeigt. Wenn der Hund ruckend zieht und das letzte hergibt, dann zeigen wir uns (glaubwürdig!) überfordert, und wir geben immer mehr nach. Dann aber nehmen wir all unsere Kraft zusammen und kontern, wobei wir den Hund einmal gleichmäßig langsam, dann wieder ruckelnd zu uns ziehen. Zwischendurch geben wir ihm Gelegenheit zum Verbessern des Griffs, indem wir den Zug kurz nachlassen. Verbessert er, wird er gelobt. Vergessen Sie den immer wieder in Büchern zu lesenden Ratschlag, man solle mit dem Hund auf keinen Fall Zugspiele unternehmen, das schade der Rangordnung. Wer darauf angewiesen

OBEN: Mit Hund und Beute laufen.

UNTEN: Beutestreiten.

ist, daβ er im Spiel ständig seine Dominanz über den Hund demonstriert, der hat nicht nur in der Erziehung und Ausbildung oder in beidem kläglich versagt, der nimmt sich die vielleicht letzte Chance, eine vernünftige Basis für die Mensch-Hund-Beziehung zu schaffen. Der Hundeführer behält seine Dominanz im Spiel durch das Aufstellen und Durchsetzen der Regeln, durch den Rahmen, den er zu Beginn und am Ende bildet und kraft seiner Autorität, die er schon vorher hatte. Autorität ist vielmehr innere als äuβere Überlegenheit und wenn sie ständig unter Beweis gestellt werden muβ, dann ist dies ein untrügliches Zeichen dafür, daβ die Mensch-Hund-Beziehung insgesamt im Argen liegt. In solchen Fällen ist schon vorher bereits einiges schiefgelaufen. Oder, was zwar seltener aber doch auch vorkommt: die Charaktere des Hundes und des Hundeführers liegen sehr weit auseinander, und beide verfügen nicht über die erforderlichen Anpassungsfähigkeiten. Ein weicher oder inkonsequenter Hundeführer wird mit einem triebstarken, zum Alpha -Tier geborenen Hund aller Voraussicht nach enorme Schwierigkeiten bekommen, und dies nicht nur im Spiel! Wenn man im Spiel zu sehr die eigene Überlegenheit demonstriert, untergräbt man die Motivation und verspielt dadurch die Möglichkeit, über Lernspiele erforderliche Korrekturen einzuleiten. Für ein ausgeglichenes, menschen- und hundefreundliches Verhalten benötigt der Hund nichts so sehr wie die eigene Selbstsicherheit. Und die kann er im Spiel nur dann festigen, wenn er sich innerhalb bestimmter Grenzen artgerecht entfalten kann. Das heiβt aber für die Praxis: Neben allen Ein- und Unterordnungen, die das Spiel dem Hund auferlegt, braucht der Hund zahlreiche Möglichkeiten, wo er seine Fähigkeiten ausprobieren und ausspielen darf und wo er durch Tüchtigkeit gewinnen kann. Nach allem, was ich während vieler Kurse und Trainingslager gesehen habe, liegt das Problem der meisten Hundeführer weniger in mangelnder Überlegenheit als darin, *die Balance zu halten* zwischen Phasen, wo man sich glaubwürdig schwach zeigt und Phasen, in welchen man entschieden (aber ohne Zorn!) Durchsetzungsvermögen beweist. Es fällt uns ja so schwer, aus vollem Herzen zu »loben« (bestätigen) und sachlich zu »tadeln« (korrigieren). Dabei raten doch nahezu alle Fachleute, Lob müsse allein schon quantitativ überwiegen. Ähnlich verhält es sich mit der Bestätigung im Spiel. Auch hier sollte der Hund – vor allem in den zentralen Motivationsakten – viel öfter seine Stärke als seine Unterlegenheit erfahren. Richten wir daher unser Bemühen in erster Linie darauf, das Spiel »zündend« zu gestalten und geben wir dem Hund ausreichend Gelegenheit, seine Potentiale lustvoll zu erleben. Denn nur dann wird der Hund lieber mit uns gemeinsam als alleine spielen.

Loslassen

Damit keine Verwechslung entsteht: Es geht hier nicht um das Auslassen des Hundes, sondern darum, daβ und wie der Hundeführer nach dem Beutestreiten dem Hund die Beute überläβt. Die deutsche Sprache bietet für diesen Vorgang mehreres an: Überlassen, Abgeben, Freigeben, Schenken und noch andere. Wenn wir weiter oben von der Kraft des engagiert vermittelten Wortes gesprochen haben, so wollen wir hier einmal kurz auf die **Wahl** des Wortes und auf seine Effizienz in der Kommunikation hinweisen. Für den Hund spielt es im Hinblick auf den Inhalt des Wortes natürlich keine Rolle, welches Wort wir für den Vorgang verwenden, wohl aber für den

Hundeführer, der durch einen Ausbilder unterstützt und belehrt wird. Wen es genauer interessiert, der denke nur einmal kurz über die soeben angebotenen Varianten nach. Die Worte sagen zwar *das gleiche*, das »sich gleichende«, also ähnliche, aber eben nicht *dasselbe*. Loslassen oder auch Auslassen trifft den Vorgang wohl am besten, sowohl vom Inhalt (Semantik) als auch von der Vorstellung des praktischen Ablaufs her gesehen. Für den Hund soll es ja eben nicht so aussehen, daß wir ihm die Beute ohne Gegenleistung einfach nur »geben« oder gar »schenken«! Er muß sie sich redlich »verdienen«, um es einmal vermenschlicht zu sagen. Er sollte die Beute nur unter Einsatz all seiner Fähigkeiten und Tüchtigkeit *erstreiten* können. Wir würdigen seinen Eifer, indem wir besonders engagierte Aktionen oder auch seinen Einfallsreichtum damit belohnen, daß wir uns überwältigt, ausgetrickst oder überwunden zeigen.

Als letzten Akt innerhalb unserer vor gespielten Schwäche lassen wir nun die Beute los. Das heißt, die Beute nicht nur teilnahmslos oder rein sachlich freigeben, sondern vielmehr glaubwürdig für einige Momente den Schwächeren spielen. Richtig ausgeführt, wird der Hund auf diese Weise stark motiviert möglichst bald zurückzukommen, um wieder das offensichtlich herrliche Hundegefühl des Siegers im Spiel (!) über sein Herrchen zu erleben. Wenn wir möchten, daß der Hund mit der Beute **zurückkommt**, dann müssen wir unser ganzes Augenmerk auf **richtiges** Loslassen richten, denn bei falschem Loslassen und bei einem unzulänglichem Spiel wird dem Hund alles andere einfallen, nur nicht Zurückzukommen oder gar das Zurückbringen. Und damit sind wir bereits bei der dritten Phase angelangt.

Richtiges Loslassen: Im richtigen Augenblick, nämlich dann, wenn sich der Hund durch entsprechende Aktionen das Loslassen verdient hat.

Phase 3: Zurückbringen und Abgeben der Beute

Der Hund muß von sich aus zurückkommen – Beim Abgeben Furcht vor Verlust vermeiden!

Die folgende Beschreibung ist als Fortsetzung der vorangegangenen Phase zu verstehen. Das heißt, die beschriebenen Voraussetzungen sollten nach wie vor eingehalten werden! Das Spiel ist weiterhin in wohlbekannter Umgebung ohne Ablenkung und im begrenzten Raum durchzuführen. Weil das *Zurückbringen* mit dem anschließenden *Entgegennehmen* in unmittelbarem Zusammenhang steht, dürfen die beiden Punkte nicht getrennt werden. Wird das *Entgegennehmen* richtig gestaltet, so wird der Hund nicht nur *Abgeben*, sondern auch schnell *Zurückkommen*. Im anderen Fall wird er sich davonmachen.

Beim Entgegennehmen der Beute werden zweifellos die meisten Fehler gemacht. Hier liegt sozusagen der neuralgische Punkt im Beutespiel.

Damit der Hund freiwillig abgibt, darf man dem Hund auf keinen Fall vermitteln: »Schnell weg, Herrchen will mir die Beute streitig machen!« oder: »Jetzt lauf ich Herrchen davon! Es ist so lustig, wenn er hinterherläuft!« Oder gar: »Nichts wie weg! Herrchen nimmt mir die Beute und wenn ich mein Eigentum verteidige, dann gibt's Zoff!« Auf die eine oder andere Weise versuchten ja auch seine Geschwister im Welpenrudel ihm die Beute streitig zu machen. Jeder kleine Hund hat gelernt, wie er dem Verlust am besten entgeht. Zunächst bringt er die Beute in Sicherheit. Wird er dorthin verfolgt und weiter attackiert, so verteidigt er sie nach Kräften. Für ein sinnvolles Spiel zwischen Mensch und Hund eignen sich jedoch weder Flucht noch Konfrontation! Wir müßten eher folgendes nahelegen: »Ha! Die Beute hab´ ich erstritten. Ich war schließlich doch der Stärkere. Jetzt gehört sie mir! Schnell zu Herrchen, damit wir weiterspielen können!« und: »Mit Herrchen spielen ist toll, alleine spielen dagegen fad. Also nichts wie zurück!«

Diese positive Einstellung gegenüber dem Beutespiel und dem Spielpartner erreichen wir durch zweierlei: Durch *hochmotiverendes Spielen* und durch *striktes Vermeiden der Furcht vor Verlust*.

Durch Motivation bei gleichzeitigem Vermeiden von Furcht und Konflikt gewinnt der Hund eine positive Einstellung zum Beutespiel

»Abgeben« (Junghund)

»Abgeben« beim Junghund – Beutesiegen abwarten!

Wir gehen in unserer Beschreibung zuerst vom Junghund aus. Hat also der Hund angebissen und wurde das *Beutestreiten* mit allen Höhen und Tiefen eine zeitlang gespielt, so muß man ans *Zurückbringen* und *Abgeben* denken, denn ein zwanghaftes »Aus!« würde beim Welpen und Junghund höchstwahrscheinlich alles kaputt machen, was bis dahin mühsam aufgebaut wurde. Man versetze sich doch nur einmal kurz in die Lage des Hundes. Er hat sich lange nach Kräften bemüht, in den Besitz der Beute zu kommen. Kaum hat er sie, soll er sie schon wieder abgeben. Nein, das kann er nicht positiv umsetzen! Lassen wir ihm nach erfolgreichem *Beutestreiten* das Hochgefühl des »*Beutesiegens*«. Wenigstens noch eine zeitlang! Mehr noch: Verwandeln wir uns nach dem *Loslassen* wieder zum Hundeführer – Loben wir ihn für seine Tüchtigkeit. Zeigen wir Staunen für eine derart tolle Leistung. Wir sollten unsere Bewunderung auf allen Kommunikationsebenen zeigen: Durch Körpersprache, Gestik und Mimik sowie durch lobende Worte. Wir lassen uns und ihm Zeit, streicheln ihn und versuchen, ihn zu beruhigen. In dieser Phase dürfen wir auf keinen Fall Interesse an der Beute zeigen. Nicht einmal ansehen sollte man sie! Gleichzeitig beobachten wir den Hund, wie lange sein *Beutesiegen*, das er mit erhobenem Kopf und hoch getragener Rute sowie mit tänzelnden Schritten zur Schau stellt und das viele Hundeführer nicht zur Unrecht mit »Angeben« vergleichen, anhält. In vielen Fällen zeigt der Hund alsbald ein sichtliches Abflauen im »Zur Schau Stellen« und im »Siegergehabe«,

Einstellen und Ruhe!

und auf einmal scheint er die Beute überhaupt vergessen zu haben (das muß durchaus nicht immer und bei jedem Hund eintreten!). Sobald er jedoch ein Nachlassen erkennen läßt, ist es Zeit, ihn wieder zu sich zu locken und neu zum Spiel aufzufordern.

Die meisten Welpen und Junghunde werden, falls sie vorher ein wirklich »zündendes« Spiel erleben durften und falls sie nicht schon beim Zurückkommen schlechte Erfahrungen gemacht haben, der Aufforderung zum Weiterspielen folgen. Aber wenn jetzt der Hund mit der Beute im Fang herkommt, dann darf man nicht gleich wieder Anstalten machen, sie ihm wegzunehmen! Beutestreiten ist jetzt nicht gefragt, es sei denn, der Hund fordert einen regelrecht dazu auf. Aber Vorsicht! Es könnte so ausgehen, daß der Hund, kurz bevor Sie die Beute angreifen, ein Ausweichmanöver macht und Ihnen dann davonläuft. Sicherer ist es, wenn er zurückkommt, sich wieder in die Beute zu verwandeln. Wir ziehen eine zweite (am besten identische) Beute aus der Tasche und fordern ihn von einer Sekunde

Die tote Beute wird eine zeitlang ruhig liegengelassen.

zur anderen voll heraus. Diesen schnellen Wechsel von Spannung und Entspannung haben wir aus Untersuchungen über das Spielverhalten bei Welpen abgeleitet. Der Hund wird die »tote Beute« in der Regel sofort oder binnen Sekunden fallen lassen und der »belebten« nachjagen. (Übrigens anders als beim Ball: Wirft man dem Hund einen zweiten Ball, so ist er oft so sehr damit beschäftigt, beide Bälle in den Fang zu bekommen, daß er den Spielablauf und seinen Spielpartner gänzlich vergißt.) Mit Hilfe des zweiten MO' s, das wir zunächst nicht aus der Hand geben, haben wir ein absolut streßfreies »Aus!« allein durch die geschickte Spielgestaltung vermittelt; ohne jeglichen Druck oder schmerzhafte Einwirkung. Nach einigen Wiederholungen können wir sein »freiwilliges Aus« mit dem entsprechenden Hörzeichen »Aus!« begleiten. Mit der Zeit wird sich der Vorgang derart festigen, daß der Hund immer schneller und sicherer die Beute bringt, in der Erwartung auf ein neues, »zündendes« Spiel. Er hat beim Beutebringen ausnahmslos positive Erfahrungen gemacht und vertraut darauf, daß wir sein Zurückbringen nicht zu seinem Nachteil ausnützen. Nach und nach wird er auf unser Hörzeichen »Aus!« die Beute freiwillig abgeben. Was hier wie selbstverständlich abläuft, sind in Wirklichkeit hochkomplizierte Verhaltensabläufe. Der Hund macht das alles nicht, wie wir als Menschen leicht zu meinen geneigt sind, im Verstehen der Vorgänge in freier, logischer Entscheidung. Das sieht für uns nur so aus. Tatsächlich aber handelt es sich um komplizierte Anpassungsprozesse, wobei im Zusammenspiel von Erbkoordinationen und modifizierten Appetenzen die äußerste Leistungsfähigkeit des Hundes zum Tragen kommt. Lernpsychologisch gesehen ist der hier beschriebene Vorgang des Abgebens emotional positiv besetzt: Der Hund läßt aus, nicht weil er muß, sondern weil er *motiviert* ist, *aus eigenem inneren Antrieb*, also *primämotiviert*. Auch hier wäre über die Bedeutung der Begriffe nachzudenken! Das Hörzeichen »Aus!« stammt aus einer Zeit, wo der Hund in absoluter Unterordnung Befehle befolgen mußte. Damals sprach man auch mehr von Kommandos als von Hörzeichen. Wir haben die akustischen Signale übernommen, ohne sie auf ihren Wert hin angesichts neuer Perspektiven im Umgang mit Tieren zu prüfen. Der hier beschriebene Vorgang entspricht eben keinem erzwungenen »Aus«, sondern vielmehr einem willigen »Abgeben«. Nun, für den Hund spielt es keine Rolle, welche Begriffe wir verwenden, aber für uns selbst wäre es sicher vorteilhaft, wir würden den gesamten Bestand an Begriffen einmal kritisch durchforsten und ändern, was einfach nicht mehr ins verhaltensbiologische und kynologische Bild paßt.

Zurück zum Abgeben: Die Kunst besteht nun darin, den richtigen Zeitpunkt für das Abgeben zu finden und die eigene »Verwandlung« glaubwürdig und ausreichend deutlich zu gestalten. Wie in einer Art Rollenwechsel verkörpern wir während des *Beutestreitens* die Beute, nach dem *Loslassen* verwandeln wir uns in den Bewunderer und schließlich wiederholt sich das Ganze nach dem *Beutebringen* und *Abgeben* von vorn. In vielen Kursen habe ich immer wieder festgestellt, daß den meisten Hundeführern nicht klar ist, daß sie verschiedene Rollen verkörpern und welche Rolle sie zu welchem Zeitpunkt eigentlich spielen sollen.

Es kann anfangs durchaus vorkommen, daß sich der Hund mit der Beute erst einmal in Sicherheit bringt. Da aber der Einfluß des

Hundeführers auf den Hund bekanntlich im Quadrat zur Entfernung abnimmt, kommt uns hier der eng begrenzte Raum sehr entgegen. Der Hund kann sich in der Küche oder in der Garage allenfalls einige Meter von uns entfernen. Unsere Signale werden ihn daher garantiert erreichen. Sollte er sich tatsächlich zurückziehen, etwa unter eine Bank, dann machen wir auf keinen Fall den Fehler, ihn dort herausholen zu wollen. Er muß selbst – von sich aus – kommen! Wie wir das erreichen? Ganz einfach: Wir aktivieren die bereits zugrunde gelegte Appetenz auf das Spiel und die Spielbeute. Erinnern Sie sich an die ersten Aktionen? Da haben wir uns viel Mühe gegeben, die Spiebeute möglichst interessant zu offerieren. Jetzt können wir darauf zurückgreifen. Wir lassen den Hund links liegen (aber nicht »unbeachtet«!), holen die zweite Beute aus der Tasche oder wir suchen sie dort, wo sie schon vor Spielbeginn versteckt wurde. Anschließend beleben wir sie nach allen Regeln der Kunst. Es wird wohl kaum einen Hund geben, der dem aufkommenden *Beuteneid* widerstehen könnte. Und schon geht das Spiel weiter.

Nach etwa ein bis zwei Wochen bereichern wir den Spielverlauf nach dem Abgeben durch eine kurze Phase der Bewachung (Erstarren: eine Sekunde bewegungslos verharren, alle Muskeln angespannt, leicht geduckte Haltung, Spielpartner fixieren, dann plötzlich die Beute bewegen und einige Schritte zurückweichen, Beute flieht usw., schließlich Gelegenheit zum Anbiß geben, *Beutestreiten*, *Beuteabgeben*, *Beutesiegen* lassen...). Wir beenden das Spiel, indem wir den zweiten Schleuderball anbieten, dem Anbiß aber geschickt ausweichen und dabei den ersten Schleuderball aufheben, falls wir ihn nicht schon vorher in

Beutestreiten muß glaubwürdig gespielt werden. Der Hund muß – so wie hier – eine reelle Chance bekommen.

einem günstigen Augenblick eingesteckt haben. Mit dem üblichen Kommando »Schluß!«, »Ende!« oder »Fertig!« wird das Spiel beendet. Der Hund wird beruhigt und die beiden MO' s sofort außer Reich- und Sichtweite gebracht.

Sechs »Aus!«-Methoden (erwachsener Hund)

»Abgeben« (erwachsener Hund)

Wenn das *Abgeben* mit dem jungen Hund konsequent geübt wurde, dann bereitet es auch später, wenn der Hund stärker und selbstsicherer wird, in der Regel kein Problem. Fängt man allerdings erst mit dem ein- oder eineinhalbjährigen Hund damit an, dann treten oft allerlei Schwierigkeiten auf. Denn es ist ja nicht so, daß der Hund in der Zeit, wo man ihn nichts oder nur wenig **lehrte**, er nichts oder nur wenig **gelernt** hat!

Der Hund lernt immer, auch ohne unser Zutun.

Allerdings läuft dieses unkontrollierte Lernen oft in die falsche Richtung. Stellt man dann mit beginnender Erziehung die eine oder andere Aufgabe, so entpuppt sich der vermeintlich unbedarfte Hund als alter Hase, der vieles schon begriffen hat, aber eben auf seine Weise.

Hat man also einen erwachsenen Hund vor sich, so würde man am besten von dem ausgehen, was er bereits kann bzw. im Hinblick auf die Motivationsgestaltung: wo seine Vorlieben liegen. Es wäre also zu prüfen, auf welche Spielbeute er am besten anspricht oder ob man mit Futter mehr erreicht. Wählt man das Beutespiel, so könnte der Spielaufbau ähnlich wie oben beschrieben ausfallen, allerdings erheblich gestrafft und auf die Verhaltensweisen des erwachsenen Hundes modifiziert. Suchen Sie sich aus den folgenden fünf Techniken des Abgebens jene heraus, die für Ihren Hund am vielversprechendsten scheint und probieren Sie diese aus – am besten unter Anleitung eines erfahrenen Ausbilders, der jedoch nicht nur für eine, nämlich seine Methode offen sein sollte.

Sechs bewährte »Aus«-Methoden

Wie die Spielbeute abzunehmen ist, da scheiden sich die Hundeführergeister. Leider findet man immer wieder Ausbilder, die außer ihren eigenen Erfahrungen alles andere ablehnen oder zumindest madig machen. Die einen vermeiden in Rückbesinnung schlechter Erfahrungen jegliches »Aus!« oder ersetzen es durch »Platz!« oder »Sitz!«, sie befürworten mehr das oben beschriebene freiwillige *Ab-Geben*, andere wieder schwören auf ein früh erlerntes, auf Gehorchen angelegtes »Aus!« usw.

1. *»Aus durch Ablenkung«* (nach Most). Der Hund wird durch eine zweite Spielbeute abgelenkt und läßt die erste entweder von sich aus fallen oder gibt sie auf Kommando ab, um die neue zu erhalten.
2. *Aus durch Ruhe«* (nach Jaki Horst): Der Hund wird nach vorausgegangenem Anbiß zur Ruhe

stimuliert, bis er in der Entspannung von selbst, auf Kommando, durch Hochheben oder durch Sitzen die Beute abgibt. Jaki zufolge soll die Beute nach dem Abgeben weder sofort noch durch schnelle Bewegung vom Hundeführer aufgenommen werden (mit Ausnahmen).

3. *»Aus durch anschließende Beutemotivation«* (nach Raiser). Raisers bekanntes »Aus und Trieb« besagt kurzgefaßt folgendes: Das nach dem »Aus!« folgende Lusterlebnis ist stärker als die vorausgegangene Frustration des »Aus«, so kann der Hund das »Aus« emotional positiv besetzen. Bei dieser Methode müssen jedoch die anschließenden motivierenden Reize einerseits unmittelbar nach dem »Aus« einsetzen (am besten innerhalb einer Sekunde) und andererseits aber ausreichend stark ausfallen.
4. *»Aus durch Überlisten«*. Der Hundeführer sucht einen Moment der Schwäche oder Unaufmerksamkeit, um in diesem Augenblick die Spielbuete aus dem Fang zu ziehen. Das steigert natürlich Wachsamkeit und Motivation des Hundes. Der Nachteil ist nur, daß viele Hunde auf den Trick nur ein paar mal hereinfallen. Bei triebstarken Hunden kommt man dann nach kurzer Zeit ohne zusätzliche Einwirkungen wie Zwicken usw. nicht mehr aus.
5. *Mischformen aus 1 bis 4*. Die weiter oben beschriebene Form des Abgebens enthält Elemente aus 1, 2 und 3. Sie kann durch Nr. 4 noch erweitert werden und mag als Beispiel einer der vielen möglichen Mischformen gelten.
6. *Kombination aus Beute und Futter*. Der Hund wird über Futter veranlasst, die Beute abzugeben.

Da die vier Grundtechniken sowie ihre Mischformen alle erfolgreich angewendet werden, ist eine einseitige Bevorzugung einer der vier de facto nicht gerechtfertigt. Viele Wege führen – mit unterschiedlicher Gewichtung einzelner Komponenten – zum Ziel. Es wäre daher sicher besser, anstatt die Methoden des Kollegen abzuwerten und abzulehnen (und damit die eigenen Vorgangsweisen einzugrenzen), sich und seinen Schülern die Vorteile aus möglichst vielen Variablen verfügbar zu halten. Meiner Meinung nach müßte man aus dem gesamten Repertoire für jeden Hund und für diesen in jeder Phase neu eine individuelle Methodik konstruieren, testen und gegebenenfalls modifizieren. Hier in unserem Beispiel könnte das etwa so

Hat der Hund gelernt, daß es mehr Spaß macht, mit Frauchen (oder Herrchen) Beute zu spielen, wird er immer wieder mit der Beute zurückkommen. Lernt der Hund jedoch: »Frauchen will mir die Beute wegnehmen«, dann wird er alles daran setzen, sich diesem für ihn negativen Spielverlauf zu entziehen. Das richtige »Aus« bedeutet daher eine Schlüsselstellung im Spiel.

Wer es versteht, das »Aus« für den Hund emotional positiv zu besetzen, der vermeidet von vornherein die zahlreichen Konfliktverhalten, die sich an ein erzwungenes »Aus« in der Regel anschließen. Entspannt wartet hier der Hund, bis das Spiel weitergeht.

aussehen: Bietet es sich an, etwa bei kurzer Unaufmerksamkeit des Hundes oder bei Nachlassen des Griffes, so würde man naheliegender Weise die Beute aus dem Fang ziehen. Hält er aber fest und ist aufmerksam, dann würde man das Abgeben besser über eine der anderen »Aus-Methoden«, einleiten.

Erstaunlich ist, daß mit völlig konträren Mitteln wie etwa bei Raisers und Jakis Methode (im einen Fall *Aktivität*, im anderen *Ruhe*) das gleiche (oder annähernd gleiche) Ziel erreicht werden kann. Allen Methoden ist jedoch gemeinsam, daß sie viel Einfühlungsvermögen und Detailerfahrung voraussetzen. Von einem Könner vorgeführt, sieht alles ganz leicht und selbstverständlich aus. Die Nachahmung zu Hause endet dann nicht selten mit Enttäuschung. Daher ist es sehr wichtig, über die Zusammenhänge des richtigen Spielens möglichst viel zu wissen, und darüberhinaus auch die praktische Ausführung im Video kennenzulernen. Unübertroffen ist natürlich der erfahrene, aufgeschlossene und flexible Lehrer!

»Aus!«-Korrekturen beim Problemhund

»Abgeben« bei Problemhunden

Wenn der Hund ein- oder zweimal hintereinander, gleich bei welcher Aufgabe, eine andere als die erwünschte Reaktion zeigt, dann sollte man sich schnell und ungeschminkt eingestehen, daß der beschrittene Weg in die falsche Richtung führt. Notwendige Korrekturen sind durchaus keine Schande! Selbst erfahrene Hundeausbilder staunen immer wieder, welch merkwürdige Fehlverknüpfungen Hunde oft anstellen. Das Übel liegt eher darin, daß man Wiederholungen unerwünschter Verhaltensweisen zu lange toleriert und damit die lernpsychologische Festigung zuläßt. Wem es ernst ist mit seinen Erziehungs- und Ausbildungsabsichten, dem sei geraten, bereits beim oder nach dem **ersten** Fehlversuch abzubrechen, nachzudenken und die Übung erst dann zu wiederholen, wenn Klarheit über die Ursache des Fehlers besteht und wenn eine vielversprechende methodische Alternative bekannt ist. Wann immer man sich unsicher fühlt, sollte man mit einer anderen Übung, die der Hund gut kann, abschließen und erst einmal einen erfahrenen Ausbilder um Rat fragen. Stehen mehrere Berater zur Verfügung, so kann es vorteilhaft sein, sich verschiedene Meinungen anzuhören. Man selbst kennt seinen Hund am besten, und was einen dann am meisten überzeugt, das versucht man. Das dann aber engagiert und richtig, das heißt mit Geduld für kleine Lernschritte und mit Konsequenz! Das Hin- und Herspringen in verschiedenen Methoden führt in der Regel in die »hausgemachte Verhaltens-Katastrophe«.

Neuaufbau und Korrektur

Soll eine mißlungene Beutespieltechnik korrigiert oder durch einen völlig neuen Aufbau ersetzt werden, so kommt man wegen der starken Verankerung gewohnter Verhaltensweisen nicht umhin, dem Hund erst einmal eine »schöpferische Pause« zu gönnen. Die zeitliche Distanz läßt bekanntlich bewußtseinsnahe Schichten absinken, was sich auf neue, den alten Gewohnheiten gegenläufige Verhaltensweisen positiv auswirkt. Es ist immer schwer, Zeitspannen anzugeben, aber man muß davon ausgehen, daß eine wirksame Pause sechs Wochen und länger dauern kann.

Beim Wiederaufnehmen des Spiels nach neuer Methodik, etwa in Anlehnung vorliegender Beschreibung, sind darüberhinaus einige wichtige Zusammenhänge zu berücksichtigen. Aus Platzmangel fassen wir uns kurz:

Alles, aber auch wirklich alles, was an alte Gewohnheiten erinnern würde, muß mit akribischer Konsequenz vermieden werden. Das Auftreten eines einzigen der vielen gewohnten Signale (die der Hund mit der alten Methode verknüpft hat) reicht aus, um den gesamten Komplex in seiner ursprünglichen fehlerhaften Form wieder an die Oberfläche des Bewußtseins zu bringen, selbst wenn die Signale durch lange zeitliche Distanz abgesunken sind. In diesem Fall werden im Bruchteil einer Sekunde wieder die alten Verhaltensweisen eingeleitet.

Der Neuaufbau einer problembehafteten Übung muß sorgfältig geplant werden.

Daher: Man übe anfangs an einem völlig fremden Ort, man präge möglichst viele Signale neu (vorher selber üben!), man übe anfangs ohne jegliche Ablenkung und nicht in Verbindung anderer Unterordnungsübungen. Erst nach und nach werden die alten Komponenten vorsichtig und eine nach der anderen wieder eingebaut. Das heißt: andere Übungen hinzunehmen, Ablenkung einbauen, bekannte Personen beiwohnen lassen, auf dem gewohnten Platz üben und **zuletzt**: Die Prüfungssituation simulieren, bevor man mit der neu erlernten Übung antritt! Hier könnte man dann noch einwirken oder durch Beruhigung als auch mittels Spiel auftretendem Streßverhalten begegnen.

Beutespiel im Freien mit Leine

Je mehr der Hund heranwächst, desto mehr Raum benötigt er zum Spielen. An Stelle der Küche bevorzugt man dann das Spiel an vertrautem, ablenkungsfreiem Ort im Freien. Möglichen Überraschungen beugen wir vor, indem wir den Hund an eine drei bis fünf Meter lange Leine nehmen oder aber die für viele Spielformen hervorragend geeignete Flexileine (Rollmeter, Rolleine oder Aufrolleine) verwenden. Hier haben wir den Vorteil, daß die Leine immer leicht gestrafft bleibt und somit den Hund vor dem leidigen Verheddern bewahrt. Wer genügend Geschicklichkeit mitbringt, kann nun in der einen Hand die Flexileine, in der anderen die Spielbeute führen. Dieses gewöhnungsbedürftige Handling läßt sich umgehen, wenn man den Griff des Aufrollgehäuses über einen Pfahl stülpt oder den Griff an einen Baum anbindet. So hält man sich beide Hände frei fürs Spiel. Um Verletzungen zu vermeiden, verwendet man beim Anbinden tunlichst eine ausreichend dicke Leine, die man so knotet, daß sie den Aufrollkasten mit einem Handgriff freigibt (Slipstek). Denn wenn wir nach dem *Beutestreiten loslassen*, dann benötigen wir die Rolleine in der Hand. Bei Verwendung einer losen Fünfmeterleine lassen wir diese einfach am Boden liegen, vom Hund weg nach hinten zeigend. Ein Verheddern kann man auf diese Weise weitgehend vermeiden. Trotzdem wird es dann und wann vorkommen, daß der Hund mit dem Hinterlauf einfädelt, daß man unbeabsichtigt auf die Leine tritt oder daß einen der Hund so lange umkreist, bis man sich vorkommt wie Winnetou am Marterpfahl. Wie gesagt, beide Techniken sind hervorragend geeignet und auch machbar, aber sie haben ihre Tücken.

Nach dem Loslassen folgt die gewohnte Verwandlung in die Rolle des Bewunderers. Rechtzeitig, aber nicht hektisch, nehmen wir je nach verwendeter Technik entweder die lose Leine oder das Aufrollgehäuse auf und laufen mit dem Hund

unter begeistertem Anfeuern einige große Kreise. Wir vermeiden jedes Anzeichen des streitig machens. Während des Laufens beobachten wir den Hund. Wenn er Anzeichen des Nachlassens im *Beutesiegen* erkennen läßt, werden wir langsamer, nähern uns und bleiben schließlich stehen. Hält der Hund im Stehen die Beute ruhig, so haben wir fürs erste schon viel erreicht. Viele machen hier den Fehler, daß sie jetzt den Hund überfordern und in der inneren Absicht, ihm nun die Beute abzunehmen auf ihn zugehen, was der Hund prompt bemerkt und dementsprechend reagiert. Lassen Sie's für heute dabei bewenden. Morgen ist auch noch ein Tag. Nach dieser Ruhephase, die je nach Hund und Situation zwischen fünf Sekunden und einer Minute dauern kann, bringen wir den Hund mittels bekannter Signale in Aufmerksamkeit. Dabei vermeiden wir jedoch den Eindruck des Streitigmachens. Wir gehen eher ein zwei Schritte zurück, drehen uns halb um und ziehen die zweite Beute aus der Tasche. Wir zeigen sie nur kurz, verstecken sie wieder und beleben sie dann von einer Sekunde auf die andere heftig und in Verbindung interessanter Laute. Dieses Umschalten von Ruhe in Aktivität erfolgt wie eine Art Aufforderung. Der Hund wird die erste Beute entweder fallen lassen oder aber sie zunächst mitbringen und dann im Verlauf des aktiven Beute-Motivationsspiels mit der »Ablenkungsbeute« auslassen. Sie werden staunen, wie schnell der Hund das Spiel begiffen hat und die alte Beute so lange als möglich hält, oder wie er den Augenblick, in welchem Sie die vom Hund ausgelassene erste Beute aufheben wollen, geschickt ausnützt und Ihnen die andere aus der Hand holt. Aber das macht nichts. Lassen Sie ihn ruhig ab und zu gewinnen oder anders gesagt: Sind **Sie** nicht frustriert, wenn Sie hin und wieder verlieren, obwohl Sie sich bemühen! Auf diese Weise bekommt der Hund im Spiel eine echte Chance, und das beflügelt ihn ungemein. Interessant ist übrigens, daß der Hund, hat er seine reelle Chance und das Spiel als solches einmal begriffen, mit der Beute noch motivierter zurückkommt.

Zur Technik des Wechselns noch einige Tips: Sehr gut haben sich hierzu Jeans-Hemden oder im Winter Anoraks mit Brusttasche bewährt. Für den Sommer oder in den Übergangszeiten verwenden wir Segler- oder Anglerwesten. Was auch immer man verwendet, es sollte zwei Brusttaschen aufweisen.

(Die auf Seite 112 beschriebene Schleifleine setzen wir erst später ein – wenn es darum geht, das Motivationsspiel für bestimmte Aufgaben umzuwandeln, etwa in

Gespitzte Ohren, Muskeln gespannt, konzentrierter Blick und leicht geöffneter Fang zeigen höchste Konzentration vor dem Absprung.

der Unterordnung, Agility oder den vielfältigen Aufgaben in der Gebrauchshundeausbildung.)

Während des Beutestreitens oder aber beim gemeinsamen Laufen im Kreis hebt man die erste Beute auf und steckt sie wieder in die Brusttasche. Bemerkt man, daß sich der Hund etwas beruhigt hat, so nähert man sich im Laufen dem Hund, wird bis zum Stehen langsamer und stellt in der bereits beschriebenen Art und Weise ein: Hinknien (oder Runterbücken), mit einer Hand an der Brust halten, mit der anderen an den Flanken, nach Belieben auch an den Flanken streicheln. Wir erinnern uns: Beute auf keinen Fall wegnehmen! Nach der Ruhephase sollten wir je nach individuellem Naturell unseres Hundes nochmals ein paar Runden laufen (der Hund hält die Beute immer noch im Fang), Beutestreiten, die Ablenkungsbeute ins Spiel bringen oder aber gemeinsam mit dem Hund (der die Beute immer noch im Fang hält) vom Platz laufen.

Nach einigen Wiederholungen an verschiedenen Tagen wird der Hund zusehends mehr Vertrauen gewinnen und den Spielablauf immer besser beherrschen. Bei sichtlicher Gelöstheit in den Ruhephasen kann man jetzt dazu übergehen, die Hand in die Nähe des Fangs und der Beute zu bringen. Bei gleichzeitigem Loben und Beruhigen greift man ab und zu die Beute am Rand fest, läßt aber gleich wieder los. Nicht überfordern. (Dieses Belastungsspiel hat vor allem der bereits erwähnte Österreicher Horst Jaki kultiviert.) Der Hund soll schrittweise erfahren, daß wir ihm in der Ruhephase die Beute nicht wegnehmen. Das zu lernen ist für den Hund nicht einfach und nur auf der Basis einer geglückten Mensch-Hund-Beziehung möglich. In der Natur wird ja die Beute nur in Ausnahmefällen wie etwa der Welpenernährung freigegeben.

Diese luftige Trainingsweste hat zahlreiche Taschen und eignet sich hervorragend fürs Beutespielen mit dem Hund. Vor allem bietet sie den Vorteil, mehrere MO's zu verstecken.

Kunst und Technik des Futter-Motivationsspiels

Praxis des Futtermotivationsspiels

Futter ist in vieler Hinsicht ein anderes MO als Spielbeuten. Demgemäß gestaltet sich auch der Umgang mit ihm anders.

Mit Futter richtig umzugehen, ist gar nicht so leicht. Hinzu kommt, daß die Futtermotivation in den letzten Jahren sehr aus der Mode kam – ganz zu Unrecht übrigens! Viele lehnen Futtermotivation entweder von vornherein ab oder aber sie wissen nicht, wie mit Futter zielführend umzugehen ist. Immer wieder kann man beobachten, daß gerade im falschen Augenblick »gefüttert« wird, was unweigerlich zu Fehlverknüpfungen und Konflikten führt. Schon das Wort »Füttern« verrät, daß der Vorgang nicht optimal ausgelegt wurde. Mit dem Wort Füttern verbindet man eher das Hinstellen der Futterschüssel, oder allgemein einen Vorgang, zu dessen Vorbereitung und Beschaffung der Hund überhaupt nichts beigetragen hat. Verwendet man Futter um zu motivieren, so sollte der Hund bereits am Anfang des Vorgang beteiligt werden. Ähnlich wie beim *Animieren* der Beute muß man den Hund erst einmal aufmerksam machen, dann folgt durch gezieltes Vorenthalten als

Das richtige Halten des Futterstücks. Voraussetzung für erfolgreiche Lernspiele mit Futter-MO sind Futterhappen, die in Form und Konsistenz den Anforderungen des Handlings entsprechen. Der Autor hat gemeinsam mit einer namhaften Tiernahrungsfirma spezielle Futterhappen für Spiel und Fährte entwickelt (siehe Bezugsquellennachweis Seite 190).

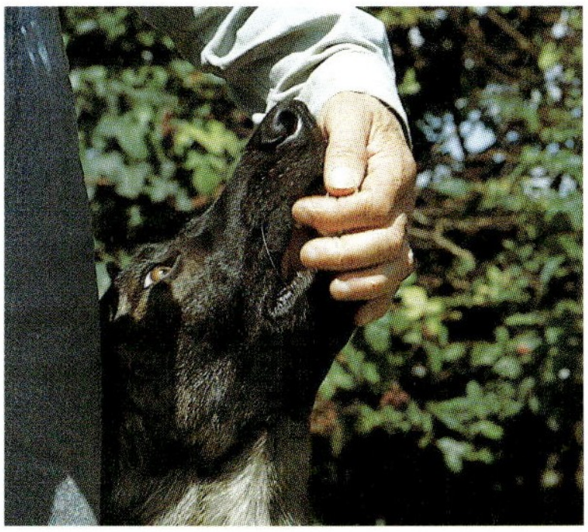

Das richtige Futtergeben aus der Hand.

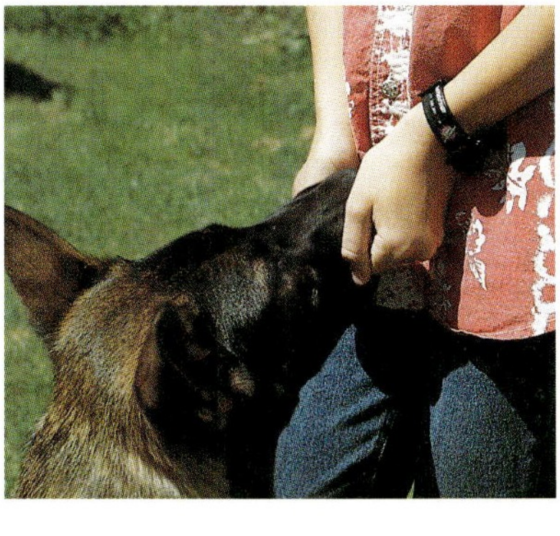

Der Hund fordert aktiv das Futter, er »drängt«. Der Hundeführer geht zurück und belohnt das Drängen durch (unregelmäßiges) abwechselndes Öffnen der linken und rechten Futterhand.

RECHTS:
Verharren.

LINKS:
Futterauffangen nach vorausgegangenem »Verharren«.

auch durch Einsetzen andere Verstärker die *Steigerung* der Motivation. Schließlich wird der Hund, nachdem er ganz bestimmte Verhaltensweisen ins Spiel eingebracht hat, mittels Futter *bestätigt*. Dabei braucht der Hund anfangs nicht mehr zu tun als das Futter in bestimmter Weise vom Hundeführer zu *fordern*. Bevor wir dieses *Fordern* jedoch beschreiben, müssen wir noch Einiges über die Grundtechnik erfahren:

Das Futterstück wird zwischen Daumen und Zeigefinger gehalten und dem Hund aus der Handinnenfläche angeboten, und zwar so, daß er dabei den Kopf nicht übermäßig verdrehen muß. Geht der Hund seitlich, so zeigt der Handrücken dabei nach vorn in Gehrichtung und die Handinnenfläche nach hinten in Richtung Fang. Gehen wir rückwärts, so zeigt die Handinnenfläche nach vorn. Je nach Übungsziel muß der Hundeführer in der Lage sein, aus der linken und rechten Hand zu füttern, das heißt, er muß gelernt haben, mit einer Hand »nachzuladen«. Hier bieten sich mehrere Möglichkeiten an: Entweder holt man sich die jeweils neuen Futterstücke mit der Futterhand oder die andere Hand führt der Futterhand neue Stücke zu. Es hat sich bewährt, das Futter in einer kleinen Tasche, die in Bauch- oder Brusthöhe hängt, mitzuführen. Kleine Verpflegungstaschen, wie man vom Skisport her kennt oder auch Werkzeugtaschen haben sich gut bewährt. Das Futter sollte jedoch nicht herausfallen. Überhaupt muß man von Anfang an vermeiden, daß Futterstücke wieder herunterfallen. Es wird daher dringend empfohlen, die Grundtechnik erst einmal ohne Hund zu üben, denn auf den Boden fallende Stücke verpatzen die ganze Übung. Der Hund fängt dann an, sich auf den Boden anstatt auf den Hundeführer zu konzentrieren. Er verliert dabei den Blickkontakt zum Führer, verselbständigt sich und fällt aus dem Spiel. Auch das »Nachladen« sollte man vor dem Spiel mit dem Hund erst einmal alleine üben. Und bevor man mit dem eigentlichen Spiel beginnt, wäre es vorteilhaft, das richtige Füttern aus der Hand mit

dem Hund zu üben. Denn auch der Hund muß lernen, richtig aus der Hand zu fressen. Manche Hunde gehen da sehr stürmisch und sogar rücksichtslos vor, was einem entspannten Spielablauf nicht gerade frommt. Im Zweifelsfall sollte man die ersten Tests mit Handschuhen ausführen. Eine zweite Futtertechnik ist die, daß man dem Hund den Happen zuwirft, entweder aus der Hand oder, wie es manche aus Gründen der gesichtsorientierten Konzentration vorziehen, zwischen Kinn und Hals oder aus dem Mund. Im Video finden Sie die verschiedenen Techniken genau vorgeführt. Zur richtigen Technik gehört natürlich auch der richtige Zeitpunkt der Belohnung und die Verstärkung des Appetenzverhaltens durch Körpersignale und Stimme. Der Hund darf, wie gesagt, nicht »gefüttert werden«, sondern er soll lernen, sich das Futter im Rahmen der Spielregeln zu erwerben, etwa durch nahes »Bei Fuß gehen«, durch nahes »Vorsitzen«, durch schnelles »Hereinkommen«, durch den »Sprung« über ein Hindernis oder durch das Vorwärtsgehen über die Agilitybrücke. Anfangs jedoch begnügen wir uns damit, uns vom Hund nach hinten drängen zu lassen. Auch diese Übung führen wir zunächst in gewohnter Umgebung ohne Ablenkung aus. Das könnte etwa so aussehen:

Spielaufbau Futtermotivation

Wir halten beide geschlossenen Hände am Körper angelegt, die Handrücken auf der Höhe des Unterbauches angelegt. In jeder Hand ist ein Futterstück, das jedoch erst freigegeben wird, wenn der Hund die Schnauze an die Hand drückt und uns auf diese Weise rückwärts drängt. Wir geben diesem Drängen nach und gehen langsam rückwärts. Wenn der Hund besonders dicht herankommt und starkt drängt, wird sein Bemühen durch Futtergabe verstärkt. (Diese hervorragene Einleitungsübung stammt von Gottfried Dildei, der in beispielhafter Weise die Motivation mit Futter kultiviert hat.)

Auf keinen Fall dürfen wir jedoch Hochspringen, Beißen oder andere für unsere Ziele unbrauchbare Verhaltensweisen belohnen und damit begünstigen!

Damit der Hund nicht auf eine bestimmte Hand und eine Seite fixiert wird, geben wir das Futter unregelmäßig einmal aus der linken, ein andermal aus der rechten Hand. Nicht nur die Futtergabe selbst, sondern das gesamte Spiel kann durch Zureden verstärkt werden. Zu Überreaktion neigende Hunde werden eher beruhigt, antriebsschwache aufgemuntert. Hochhüpfen und andere Unarten sollte man nicht bestrafen, sondern ignorieren. Diese spielerische Übung muß anfangs ohne jegliche Ablenkung erfolgen. Bis zur Festigung muß man mit mehreren Wochen rechnen. Es reicht, jeden Tag etwa ein bis vier Minuten lang zu üben. Anfang sowie Ende des Futterspiels werden in gewohnter Weise mit entsprechenden Signalen und Hörzeichen vermittelt.

Fußgehen mittels Futtermotivation

Beherrscht der Hund nach einiger Zeit das auffordernde Rückwärtsdrängen, so können wir dazu übergehen, uns während des Rückwärtsgehens einfach um 180 Grad nach rechts umzudrehen, wobei

wir in gleicher Richtung mit dem Hund gehen, der dann auf unserer linken Seite geht.

Im nächsten Schritt beginnen wir, mehr oder minder große Rechtskreise zu gehen. Das hat den Vorteil, daß der Hund dauernd etwas schneller gehen muß als wir, daß er dabei nach innen drängt und die Nähe unseres Knies sucht. Hinzu kommt, daß das Anspruchsniveau im Rechtskreis moderat anwächst und damit die Motivation des Hundes deutlich steigert. Voraussetzung für die Wirksamkeit dieses Lernschrittes ist jedoch die sichere Beherrschung der vorausgegangenen Vorübungen!

Um ein zu starkes Bedrängen, Vor- oder Schiefgehen des Hundes zu verhindern, bieten wir das Futter jetzt mit wenigen Ausnahmen fast immer aus der linken Hand. Auch diese Phase dauert bis zur Festigung einige Wochen.

Durchlaufen macht Spaß, und noch mehr, wenn anschließend was zum Knabbern oder ein Spiel erwartet wird. Agility bietet ideale Voraussetzungen für Kombinationen aus Primär- und Sekundärmotivation.

Im weiteren Verlauf werden dann kurze Geraden gegangen, immer wieder durchsetzt mit großen Rechtskreisen. Mehr können wir im Rahmen unseres Themas über das Fußgehen leider nicht vermitteln. Ausführliche Beschreibungen verschiedener spielerischer Ausbildungsmethoden finden Sie in der Serie »Freudig – schnell – exakter Hund«

Sitzübung mittels Futtermotivation

Die meisten Hunde setzen sich erst nach langem Üben und nach vielen Korrekturen in der Form neben den Hunderführer, wie es in den Prüfungsordnungen verlangt wird, nämlich: Vorderläufe in Höhe des Knies, parallel in Gangrichtung und nah am Hundeführer. Das schiefe Vorsitzen läßt sich durch eine einfache Grundübung von Anfang an absolut zwanglos und streßfrei vermitteln.

Wir planen vorhandene Hindernisse, bzw. Gegenstände im Zimmer oder auch im Freien schon vorher für unsere Übung ein. Das Hindernis kann aus einer Wand, einem Stuhl, Schrank, Baum oder sonst etwas bestehen. Der Hundeführer geht mit seinem Hund im Rechts-Kreis und hält an einem Punkt an, wo der Hund noch ausreichend Platz findet zwischen Herrchen und Hindernis. Auf der Höhe des Hindernisses angekommen geben wir das Hörzeichen »Sitz!«. Wir signalisieren die gewünschte Sitzbewegung mittels Körpersprache als auch mit einem Hoch- und (ein wenig) Rückwärtsbewegen der futtergebenden Hand. In dem Augenblick, nicht früher und nicht später, wo der Hund mit dem Gesäß am Boden ist, erhält er unter Lob die

Futtergabe. (Das Ziehen oder Rucken an der Leine ist im Erlernstadium nicht notwendig!) Nach dieser unmittelbaren Belohnung kann zur Entspannung (als auch zur Verstärkung!) ein variables Futterspiel angeschlossen werden. Auf ähnliche Weise lassen sich die Übungen »Steh!« und »Platz!« vermitteln.

Konzentriertes, erwartungsvolles »Verharren (Lauern)«

Wichtig ist, daß der Hund möglichst früh lernt, in einer befohlenen Stellung konzentriert zu *verharren* und auf eine erwartete Aktion oder Lustbefriedigung gespannt und aktionsbereit zu warten. Das fällt ihm anfangs sicher nicht leicht und man darf die eigenen Erwartungen an den Hund anfangs auch nicht zu hoch stecken. Ob wir das *Verharren* zuerst innerhalb der Sitz- Steh- oder Platz-Übung einbringen, ist zweitrangig. Gehen wir beispielsweise vom futtermotivierten »Sitz« aus: Wie gewohnt läßt man sich anfangs einige Schritte rückwärts drängen, dreht sich anschließend neben ihn und motiviert ihn, wie beschrieben, zum Sitzen. Sitzt er, halten wir die ausgestreckte (eventuell geschlossene) Hand nahe über den Fang, bleiben einige Sekunden regungslos stehen und starren entweder auf die Futterhand oder ins Weite. Von einem Augenblick auf den anderen muntern wir den Hund zum Spielen auf, wobei wir ihm entweder kurz die Futterhand zum beriechen hinstrecken oder auch durch verschiedene Bewegungen sein Verharren beenden. Hier könnte sich nun entweder ein freies Spiel ohne jegliche Aufgaben oder auch die Wiederaufnahme zum *Drängen* anschließen. Wählt man das *Freie Spiel*, so entzieht man dem Hund auf verschiedene Art und Weise die Hand, versteckt sie hinter dem Rücken, dann in der Hosentasche oder unterm Hemd, bis man sie dann öffnet und den Futterbrocken freigibt. Wichtig ist, daß das *Verharren* anfangs wirklich nur ein bis zwei Sekunden dauert und erst nach und nach ausgedehnt wird. Hat der Hund eine gediegene Welpen- und Junghunderziehung genossen, so beherrscht er das *Verharren* schon.

Konzentriertes, ruhiges »Verweilen«

Während das *Verharren* mit einer stark bis sehr stark gespannten Konzentration und einer hoch stimulierten Erwartungshaltung einhergeht, steht beim *Verweilen* die ruhige, eher »gelassen« anmutende Aufmerksamkeit im Vordergrund. »Abliegen und Warten« würde man beispielsweise dem *Verweilen* zuordnen, »Steh« mit anschließendem Abrufen zum Hereinkommen dem *Verharren*.

Beide Zielsetzungen, Verharren und Verweilen, genießen im täglichen Umgang mit dem Hund ebenso wie im Hundesport und der Gebrauchshundeausbildung eine herausragende Bedeutung.

Leider wurde auf die Unterschiede der beiden Verhaltensweisen bislang viel zu wenig Wert gelegt.

Für die methodische Konzeption zum Erlernen des Verharrens und

Verweilens bedienen wir uns wiederum naheliegender Antriebsbereiche aus dem natürlichen Verhalten der Caniden. Für das gespannte, hoch gestimmte *Verharren* kommen vor allem Vorgänge aus dem Jagdverhalten in Frage, für das ruhigere *Verweilen* bedienen wir uns verschiedener Verhaltensweisen aus dem Sozialverhalten. Im ersten Fall werden wir allerlei Spielbeuten einsetzen. Im zweiten Fall werden wir Vorgänge aus der Fellpflege nutzen, etwa das ruhige Streicheln, Zureden oder auch das Verabreichen einer Serie kleiner Belohnungshappen. Natürlich gilt es auch hier wiederum die individuellen Vorlieben des eigenen Hundes zu berücksichtigen. Es gibt beispielsweise Hunde, die mit Futter in eine nahezu extrem hohe Gestimmtheit versetzt werden.

Eine typische Verweilübung ist das im täglichen Umgang oft notwendige Warten auf Herrchen (im Liegen oder auch Sitzen), oder auch das »Abliegen« im Turnier. Die ruhige Konzentration im Verweilen üben wir spielerisch, indem wir den Hund neben uns in der gewünschten Position lassen, ihn streicheln, ihm zureden oder auch Futter geben. Will er zwischendurch die Position verändern oder gar abbrechen, dann vereiteln wir seine Bemühung möglichst im Anfangsstadium. Dies geschieht nicht durch harte Einwirkung, sondern durch sanfte, aber bestimmte Hilfen: Hörzeichen wiederholen, Körpersprache und erst als letztes Mittel Zwangseinwirken.

Erwarten wir auch im Verweilen ein Mehr an Konzentration, und hat der Hund bereits gelernt, zugeworfenes Futter aufzufangen, ohne seinen Platz zu verlassen, so können wir einzelne Futterstücke fallen lassen (etwa zwischen Kinn und Hals gepreßt oder aus den Lippen) oder sie wie gewohnt aus der Hand geben. Durch die wiederholte Futtergabe lernt der Hund auch hier absolut zwangs- und streßfrei, sich in einer Position auch längere Zeit wohl zu fühlen und sich auf den Hundeführer zu konzentrieren.

Kombination: Futter und Beute

Wir haben nun bereits zwei Beispiele kennengelernt, bei denen Futtermotivation gegenüber der Beutemotivation Vorteile verspricht. Vereinfacht kann man also sagen: Futtermotivation läßt im Allgemeinen einen weniger ausgeprägten Motivationsgrad erwarten als die Beutemotivation (sieht man einmal von rassebedingten, individuellen und qualitativen Unterschieden als auch von Ausnahmen einmal ab). Aber gerade in diesem »Weniger« liegen innerhalb zahlreicher Aufgaben bestimmte Vorteile verborgen. Bei futtermotiviertem Fußgehen bleibt der Hund beispielsweise ununterbrochen direkt beim Hundeführer, auch während der Belohnung. Beutemotiviertes Fußgehen hingegen wird immer wieder durch das Freigeben des Balls (oder auch anderer Spielbeuten) unterbrochen. Selbst wenn man sich für die Beißwurst entscheidet, um das Freigeben der Spielbeute zu vermeiden, so verläßt der Hund beim Anbeißen doch seine Position links neben dem Hundeführer. Er fällt sozusagen aus der aufgabenbezogenen Konzentration, um seine ganze Aufmerksamkeit vorübergehend auf das Ballspiel zu lenken. Außerdem zeigt das futtermotivierte Fußgehen deutlich weniger Überreaktionen und Fehler.

Daher spricht also viel dafür, bei eher ruhig auszuführenden Aufgaben, wie etwa das *Fußgehen* oder auch fürs *Verweilen,* Futter zu verwenden, vor allem im Erlernstadium. Für andere Übungen hingegen, wie etwa das *Hereinkommen,* erweist sich infolge einer intensiveren Stimulanz die Beutemotivaion als durchaus vorteilhaft. Dies ist allerdings sehr aus dem Blickwinkel der Leistung gesehen. Wem einem Turnierpunkte weniger wichtig sind, dann soll er so viel Freiräume wie möglich im Spiel schaffen. Das macht dem Hund nicht nur riesigen Spaß, sondern es kommt der Mensch-Hund-Beziehung ganz besonders zugute. Beides gleichzeitig und gleichgut zu gestalten, stellt selbst für Spitzenausbilder allerhöchste Anforderungen. Aber eines müßte nach diesen Ausführungen verbindlich klar geworden sein: Es ist nicht klug, sich von vornherein für Futter **oder** Beute zu entscheiden. Die Zukunft gehört sicher jenen Methoden, auch für den Hobbyhundler, die beides beinhalten, Beute und Futter. Beides zum richtigen Zeitpunkt, für die geeignete Übung und natürlich – last not least – für jeden Hund in jeder Situation das Erfolgversprechendste! Von diesem Standpunkt aus betrachtet, ergibt sich für die Früherziehung und Ausbildung des Hundes gleichermaßen die Forderung, bereits im Welpenalter für Futter- und Beutespiel tragfähige Appetenzen zu bilden. Im Idealfall bringt dann bereits der Junghund für beides – Beute und Futter – eine ausgeprägte Motivationen mit, auf welcher sich später alles weitere, aber auch wirklich alles, was man vom Hund erwarten kann, streßfrei und relativ schnell aufbauen läßt.

Fortgeschrittene Spielpraxis: »Ziel- und Zweckspiel«

Hat der Hund in monatelanger spielerischer Beschäftigung richtig Lust aufs Futter- und Beutespiel entwickelt, ist er also *hoch motiviert*, und hat er darüberhinaus bestimmte *Spielappetenzen* entwickelt, so ist er reif fürs *fortgeschrittene Spiel*. Die Übergänge von reinen Motivationsspielen zum aufgabenbetonten Lernspiel sind fließend zu gestalten. Für den Hund darf sich aus der »Leistungs«-Orientierung weder Streß noch eine Abnahme der Motivation ergeben! Schwierigkeiten ergeben sich daher mehr für den Hundeführer und nicht für den Hund. Sie liegen vor allem im methodischen Aufbau und der konsequenten, aber flexiblen Durchführung.

Hindernisse: Ungeduld, Übereifer und Zorn

Was der Hund im fortgeschrittenen Spiel weiterentwickeln soll, ist eine noch differenziertere Unterscheidungsfähigkeit, ein noch sensibleres Ansprechen auf Signale, das noch bessere Wartenkönnen bis zur Freigabe und natürlich eine noch sicherere Beherrschung bestimmter Aufgaben.

Genau an dieser Schwelle aber scheitern erfahrungsgemäß viele Hundeführer und leider auch so manche Ausbilder und Autoren. Wurde der Hund bis hierher erfolgreich spielerisch aufgebaut, so verfällt man beim Übergang zu fortgeschrittenen Aufgaben, die ja im Idealfall nichts anderes sein sollten als »fortgeschrittene Spiele«, allzuleicht wieder in die alten Bahnen der Gehorsam erzwingenden Methoden. Da wird dann doch wieder mittels Leine angerissen, gewaltsam niedergedrückt, angeschrien und allerlei andere, demotivierende Maßnahmen werden eingeleitet. Man kann z. B. in »Spielmethodik-Büchern«, die mit Lobliedern aufs Spiel nur so gespickt sind, vernehmen, am besten würde man dem Hund das Beifußgehen vermitteln, indem man innerhalb eines Spazierganges zirka 300 mal (!) an der Leine reiße, und zwar so, daß es den Hund überschlägt, falls er nicht aufpaßt oder gar vorprellt. Derartige Vorgehensweisen haben nichts mit positiver Motivation zu tun, sondern sind reine Zwangsmaßnahmen, die darauf aufbauen, daß der Hund aus Angst vor Schmerz »pariert«. Werden diese Hunde älter, dann haben sie irgendwann einmal herausgefunden, wann das schmerzauslösende Mittel vorhanden ist und wann nicht. Sie werden sich darauf einrichten und ausweichen, wo immer sich

Gelegenheit dazu bietet – zum Beispiel im Turnier, wo ja bekanntlich jede Einwirkung die sofortige Disqualifizierung nach sich zieht. Auch der Hund weiß, wann er im Training und wann er im Turnier geht. Ob er dann, ohne Leine, ohne Ruck oder Anschreien auch noch so folgsam ist?

Bemerkt der Hundeführer die ersten Zeichen des mit Zwang verbundenen Vertrauensverlustes nicht und ändert er seine Vorgangsweise nicht, so wird er zwar immer wieder auf das Spiel zurückgreifen können und es ist nie alles verloren, aber die Früchte des »reifen Spiels« rücken, je länger und intensiver er mit Meidemotivation arbeitet, in immer unerreichbarere Ferne! Es ist hier nicht die Rede von der einen oder anderen »Zornminute« oder dem einen oder anderen Ruck an der Leine – in Ausnahmefällen! Solange derartige Ausrutscher wirklich Ausnahmen bleiben und nicht in blinder Wut enden oder gehäuft auftreten, verkraftet ein normal veranlagter Hund das schadlos. Aber in der *Erlernphase* einer Übung ist Meidemotivation unter allen Umständen zu vermeiden! Auch aus diesem Grund immer wieder der Rat, Erlernphasen gut zu planen und vorzubereiten! In dieser äußerst sensiblen Phase können Ungeduld, Übereifer oder Zwang den Erfolg einer Übung für den Rest des Hundelebens vereiteln. Und das ist keine Übertreibung! Später, wenn der Hund die Übung schon kann und sie aus welchen Gründen auch immer einmal verpatzt oder verweigert, wird selbst eine überdimensionierte Einwirkung kaum bleibenden Schaden anrichten.

An dieser Stelle soll noch ein anderes Problem kurz angeschnitten werden. Die Rede ist vom Ehrgeiz. Ehrgeiz im Sinne von »eifrigem, zielstrebigem Engagement« ist an sich keine schlechte Eigenschaft. Ohne Ehrgeiz kein Fortschritt. Aber »Übereifer« macht leicht blind für die inneren Vorgänge im Hund und dann sind Fehler unvermeidbar. Ziele zu haben – mit dem Hund – ist eine ethisch durch und durch wertvolle Perspektive – solange der Hund nicht nur als Mittel zum Zweck, sozusagen als »Sportgerät« angesehen wird. Wir sagten soeben »mit« dem Hund! Nimmt man die Bedürfnisse seines Partners ernst, dann wird der lange, nicht immer leichte Weg mit dem Ziel noch so hochgesteckter Leistungen **beiden** zum Gewinn.

Aktivieren – Einstellen – Steuern

Im fortgeschrittenen und mehr noch im reifen Spiel erwartet man vom Hund **zweifelsfreie** Unterscheidung und **sichere** Ausführung. Unsere Aufgabe liegt darin, die einzelnen Unterscheidungen spielerisch zu vermitteln. Wenn wir aber bei jeder neuen Aufgabe die Unterscheidung spezifisch und neu einüben, so ist das denkbar unökonomisch. Besser wäre es, das in vielen Aufgaben gleiche Phänomen als etwas Übergeordnetes klar zu erkennen und methodisch entsprechend herauszustellen. Wir wissen, daß Generalisierungen für den Hund zwar eine enorm schwierige Aufgabe bedeuten und nur bei geduldiger, langmütigen Beschäftigung möglich werden; aber sie sind möglich, und das sollten wir nützen! Wenn wir das weiter oben zitierte *Animieren* im Wechsel zum *Verharren* und *Verweilen* schon mit dem Welpen oder spätestens mit dem Junghund begonnen und weitergeführt haben, so wird der Hund mit der Zeit in der Lage sein, nicht nur in der konkreten Situation zu

verharren und dabei sein Lustziel zurückzuhalten, er wird auch in der Lage sein, diese Leistung ohne zusätzlichen Lernprozess auf andere Übungen zu übertragen. Er hat damit die äußerst beachtliche Lernleistung einer *abstrahierenden Generalisation* eingebracht. Ein Hund, der von klein auf gelernt hat, vor dem Napf einige Sekunden zu warten, bis er auf das Signal »Fertig!« oder »Nimm!« fressen darf, der bringt für sämtliche Futterspiele ungleich bessere Voraussetzungen mit. Ähnliches gilt für die Spielbeute. Ein Hund, der früh gelernt hat, die Spielbeute freiwillig abzugeben, der wird im Schutzdienst keine Probleme mit dem »Aus« haben. Was aber noch erstaunlicher ist: Der Hund, der gelernt hat, auf die Erfüllung des Triebziels zu warten, etwa beim täglichen Fressen, der tut sich auch beim Warten auf die freigegebene Spielbeute leichter (wenigstens teilweise!). Ebenfalls ein echter Generalisierungsprozeß.

Wir kommen immer wieder darauf zurück, wie wichtig die Grundtechniken des *Aktivierens* und des anschließenden »*Veränderns dieser Situation*« sind. Und zwar im Futter- wie im Beutemotivationsspiel. Alle weiteren Aufgaben bis hin zu den schwierigsten lassen sich auf diesem übergeordneten Regulativ aufbauen, ohne daß der Hund etwas umlernen oder Gelerntes ablegen müßte.

Betrachten wir fortgeschrittene Aufgaben näher, so fallen uns bestimmte Gemeinsamkeiten auf. Beim Laufen und Stehenbleiben, Bellen und Still-sein, Angreifen und Ablassen geht es aus der Sicht des Hundeführers um *Aktivieren* und *Einstellen*, für den Hund ergibt das die Aufgaben *Agieren* und *Beenden der Aktion*. Die in diesem Zusammenhang oft gehörten Begriffe »An- und Abstellen« meinen wohl das Richtige, durch die Gleichsetzung des lebenden Objekts mit einer Maschine **ent**stellen sie den Vorgang jedoch in unstatthafter Weise. In der Folge wird dann das Mißverständnis weitergegeben, man könne und solle den Hund dahin bringen, daß er wie ein Automat auf Knopfdruck reagiert. Was Wunder, wenn bei dieser Vorstellung die alten Geister der Zwangseinwirkung wieder aufleben! Das Resultat einer spielerisch aufgebauten Unterordnung vermittelt zwar auch den Eindruck, der Hundeführer habe den Hund voll unter Kontrolle, was ja auch stimmt, aber der feine Unterschied liegt eben darin, daß der Hund freiwillig und freudig tut, was man von ihm erwartet. Der motivierte Hund fällt beim Hörzeichen »Platz!« ebenso wie vom Blitz getroffen nieder wie der mit Meidemotivation ausgebildete, aber mit dem Unterschied, daß der positv Motivierte anschließend konzentriert (und im vollen Besitz seiner Würde) die Ohren spitzt, während der andere neben Signalen der Submission auch Angst und Unbehagen äußert – Stimmungen, welche für das Selbstwertgefühl des Hundes alles andere als förderlich sind. Wünschen wir uns einen geduckten Sklaven oder einen Fürsten als Hund? – Ein Fürst muß zwar auch gehorchen, aber er kann doch bleiben, was er ist – im Rahmen sinnvoller Grenzen. Uns, dem König, muß es gelingen, das methodische Kunststück fertigzubringen, »die eigenen Ziele auch für den Hund erstrebenswert zu gestalten«. Ohne diesen Konsens ist eine echte, »partnerschaftliche Teamarbeit« undenkbar.

Neben Aufgaben, die sich mittels *Aktivierung* und *Einstellen* steuern lassen, müssen noch jene genannt werden, die sich nicht mit Hilfe von Gegensatzregulativen lösen lassen. Es handelt sich hierbei um Aufgaben, welche meist komplexer

ufgebaut sind, vom Hund einen nöheren Grad an Unterscheidung erfordern und oft nicht in einem einzigen Lernschritt bewältigt werden können: Etwa das *Bringen* (Apportieren für Sport und Jagd), der *Slalom* (in der Agility), der Wechsel der Gangarten (Wagen- und Schlittenfahren) oder das Traben mit anschließender Linkswendung. Eine andere Aufgabe ist: vor der Ampel einmal Stehen, ein andermal Sitzen oder abwechselnd links und rechts om Hundeführer gehen oder laufen. Diese kurze Aufstellung zeigt chon, daß sich unterschiedliche, omplexe Aufgaben nicht in die Grenzen eines einzigen Wortpaares wie etwa »Aktivieren und Deaktiieren« pressen lassen.

Vom Zielspiel über Zweckspielketten zum komplexen Zielspiel

Nicht nur in der Technik oder 'erhaltensbiologie, auch in der Pädagogik bedienen wir uns gewisser Modelle, um komplizierte Vorgänge durch Vereinfachung übersichtlicher und anschaulicher darustellen. Der Autor hat mehrere Modelle zur Motivationsmethodik ntwickelt und einige davon im orliegenden Buch erstmals veröffentlicht. Darunter das nun folgene Modell des Ziel- und Weckpiels.

uerst soll die Abgrenzung beider Begriffe deutlich werden. Hierzu eichnen wir einfach die in den Vorten enthaltenen Bedeutungsunerschiede nach. Beginnen wir mit em Begriff Ziel: Wenn wir an ein ngestrebtes Ziel denken, so verinden wir gleichzeitig damit die Vorstellung, dafür einen bestimmten Weg zurücklegen zu müssen. Der Weg kann mehr oder minder lang als auch mehr oder weniger beschwerlich ausfallen. Gleichviel, ob er direkt oder auf Umwegen ans Ziel führt, in jedem Falle muß er sich schließlich doch als zielführend erweisen. Doch nicht nur das Ziel selbst oder die sich anbietenden Wege dorthin gestalten den Marsch. Auch wir selbst können viel zur Gestaltung der Annäherung und des Erreichens beitragen. Etwa durch entsprechende Vorbereitungen, durch Planung, durch die Wahl des Weges, durch das Tempo oder dadurch, daß wir Pausen einlegen und den Weg in Etappen aufteilen. Manche Ziele liegen so weit entfernt, daß Etappen unumgänglich sind. Die Entfernung« ist nicht immer räumlicher Natur. Manche Lernvorgänge brauchen eben mehr Zeit als andere oder sie erfordern zahlreiche Wiederholungen. In Übertragung auf unser Thema leiten wir daher folgende Definition ab:

Unter Zielspiel verstehen wir ein variables, spielerisch methodisches Vorgehen, an dessen Ende das Bewältigen einer geplanten Lernleistung steht.

Zweck bedeutete ursprünglich so viel wie »Astgabel« oder auch der »Nagel im Mittelpunkt einer Zielscheibe«. Das Wort stellt die Absicht einer Handlung in den Vordergrund und verweist in der Regel auf ein höher liegendes Ziel. Vereinfacht könnte man sagen: Der Zweck dient in der Regel einem Ziel. Genau diesen Teilbereich des Unterschiedes beider Worte machen wir uns zunutze und definieren das Zweckspiel so: Unter Zweckspiel verstehen wir einen in sich geschlossenen, spielerisch methodischen Vorgang, der als Vorstufe zur Bewältigung einer

Modell der »Spielfunktions-kette«

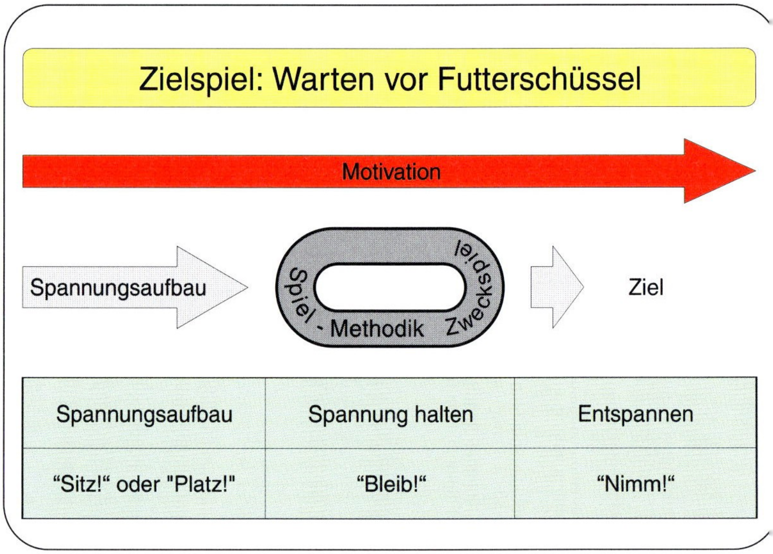

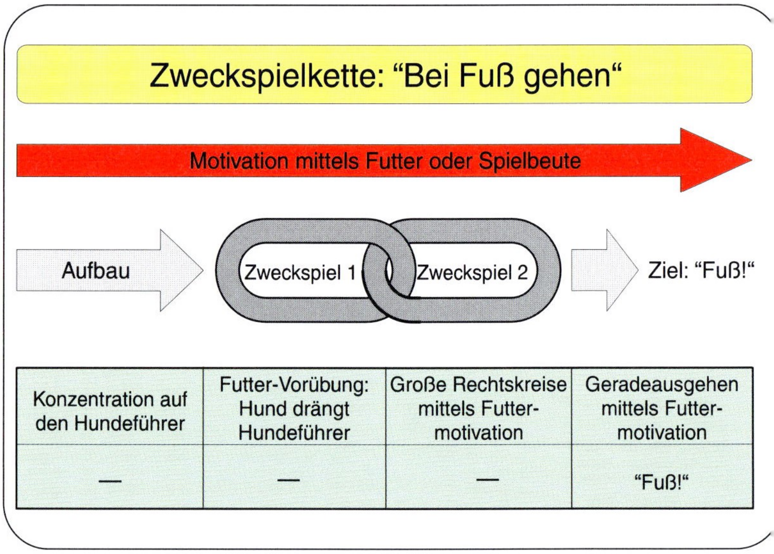

geplanten Lernleistung dient. Das Aneinanderreihen mehrerer Zweckspiele nennen wir demnach eine Zweckspielkette.

Wird die spielerisch methodische Bewältigung einer geplanten Lernleistung auf mehrere Zweckspielketten aufgeteilt, so sprechen wir vom »Komplexen Zielspiel«. Die einzelnen Zweckspielketten können entweder parallel zueinander oder aber zeitlich versetzt geführt werden, und sie lassen sich an beliebigen Knotenpunkten miteinander verbinden.

Man könnte anhand des obigen Modelles weiter über Geschlossenheit eines Kettengliedes, über Haltbarkeit, Beweglichkeit, Zeit, Verbindungen usw. nachdenken; aber wir müssen uns hier auf des Wesentliche beschränken. Da eine

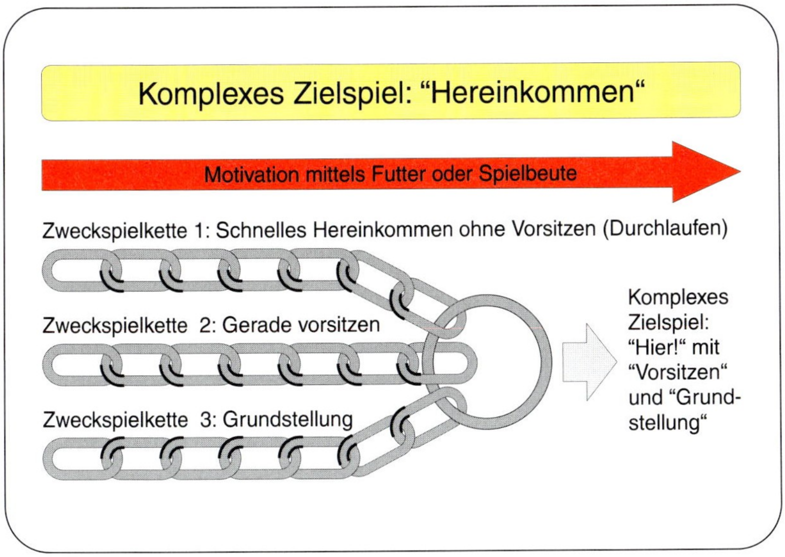

einzige Übungsdarstellung zirka fünfzehn bis fünfundzwanzig A4 Seiten in Anspruch nimmt, können auch die vorgelegten Übungsbeispiele nicht im wünschenswerten Umfang beschrieben werden. Wer mehr darüber erfahren möchte, der sei auf die Ausbildungsbücher und Videos des Autors verwiesen (»Freudig schnell – exakter Hund – spielerische Sporthundeausbildung«).

Als Beispiel eines *Zielspiels* erinnern wir an die beschriebene *Sitzübung* oder das Verharren vor dem Futternapf.
Das *Fußgehen* hingegen könnte als *Zweckspielkette* geplant werden. Das Hereinkommen wäre als Komplexes *Zielspiel* aufzubauen, denn der Hund soll ja das Hereinkommen mit *Vorsitzen* und *Grundstellung* abschließen. Um das Langsamerwerden kurz vor dem Hundeführer ebenso wie das schiefe Vorsitzen zu vermeiden, greift man beide Probleme heraus und übt sie als eigenständige Zweckspiele einzeln. Erst in fortgeschrittenem Zustand werden dann die Einzelübungen wieder zusammengefaßt und zu einer neuen Einheit verbunden. In manchen Fällen kann es vorteilhaft sein, an bestimmten Ausbildungspunkten mehrere Zweckspielketten zusammenzuführen, als Test oder um ganz bestimmte Lernprozesse umzusetzen.

Erziehungs-, Ausbildungs- und Dressurziele – Spezialaufgaben

Die übergeordneten Erziehungs- und Ausbildungsziele reichen vom Begleit- und Familienhund über den Sporthund bis hin zum Gebrauchshund. Gebrauchshunde efüllen vielfältige Aufgaben: Als Wachhunde, Schutzhunde, Blindenhunde, Behindertenhunde, Rettungs-, Lawinen- und Katastrophenhunde, im Einsatz bei Polizei, Grenzschutz und Militär sowie bei der Suchtgiftfahndung oder im

Therapieeinsatz. Wo immer Erziehungs- oder Ausbildungsziele verfolgt werden, kommt man auf Dauer am *Spiel* nicht vorbei. Die Ansicht, je mehr man vom Hund erwarte, um so härter müsse das methodische Vorgehen ausfallen, ist schlicht und einfach falsch. Genau das Gegenteil trifft zu! Je komplexer die Aufgabenstellung, je höher die Erwartung einer sicheren Ausführung, je harmonischer die Teamarbeit, desto behutsamer muß das methodische Vorgehen geplant und desto sensibler muß es durchgeführt werden!

In Ergänzung zum *Komplexen Zielspiel* wollen wir hier noch kurz auf das methodische Vorgehen innerhalb von *Dressurzielen* und *Spezialaufgaben* eingehen. Die Zirkusdressur verblüfft immer wieder mit Leistungen, die auf den ersten Blick für unmöglich gehalten werden. »Spektakulär« wirkt der Dressurakt des durch einen Feuerreif springenden Tigers, weil man ja weiß, daß der Tiger das Feuer normalerweise flieht. »Spektakulär« wirkt auch der Hund, der einen sich drehenden Ball auf der Nase hält, wo man doch weiß, daß der Hund lieber dem Ball nachlaufen oder mit ihm spielen würde. Auch zahlreiche Filmszenen, die durch geschickten Schnitt Leistungen vermitteln, zu welchen normalerweise eben nur ein Mensch fähig ist. Die Fragwürdigkeit derartiger Schauleistungen liegt auf der Hand. Weniger spektakulär, trotzdem um so beachtenswerter sind Leistungen im Bereich der Behindertenhilfe durch Tiere. Und wieder sind es unsere *Hunde*, die sich hierfür ganz besonders eignen, zu vergleichen allenfalls mit Delphinen. Hunde nehmen Behinderten zahlreiche Aufgaben der täglich notwendigen Tätigkeiten ab und sie tragen durch ihr allgegenwärtiges hilfreiches Dasein dazu bei, das Leben benachteiligter Menschen lebenswerter zu machen. Gleichviel, ob es sich nun um spektakuläre Film- oder Zirkus-Schauleistungen oder um Spezialaufgaben in anderen Bereichen handelt, das methodische Vorgehen folgt den gleichen Prinzipien. Soll der Hund zum Beispiel ein Ei in die Pfanne werfen oder eine Blume aus der Vase holen und sie Frauchen vorsitzend und wie ein Wolf heulend übergeben, so kommt man mit den üblichen Zweck- und Zielspielen nicht mehr aus. In der Regel geht es bei ähnlichen Aufgaben immer darum, den Vorgang vom Ende her aufzurollen, wobei, wie im Beispiel des Spiegeleis, vor Beginn des eigentlichen Übungsaufbaus erst einmal die Lernphase eines bestimmte Details vorausgehen muß. Ein rohes Ei aufzunehmen und zu tragen, ist in sich schon eine schwierige Aufgabe. Im zweiten Beispiel würde man ebenfalls mit dem Abschluß der Übung beginnen. Wir setzen einen Hund voraus, der in der Unterordnung gut bis sehr gut ausgebildet wurde (Beschreibung in Stichworten). Es werden drei Lernprogramme parallel geführt, das heißt, es wird beispielsweise dreimal am Tag trainiert, morgens Programm A, nachmittags Programm B und abends Programm C:

Schritt 1 Programm A: Spiel mit einem dünnen Stab. Während des Spiels wird immer wieder das Wort »Blume« gesprochen. Stab nur kurz halten lassen, um festes Zubeißen oder *Beutestreiten* zu vermeiden.

Schritt 1 bis X Programm B: Wir bringen dem Hund durch Imitation das Wolfsheulen bei und konditionieren das Verhalten auf das Hörzeichen »Heulen«. Heulen wird mit Futterbrocken belohnt und in weiteren Schritten zeitlich ausgedehnt.

Schritt 2: Der Hund bekommt den Stab im Vorsitzen in den Fang. Einüben des Abgebens auf das Kommando »Blume Aus!« (Oder

»Blume – Danke!«) mittels Futtergabe.

Schritt 3 Programm A: Vorsitzen und Warten lassen, bis der Hund ungeduldig wird. Hörzeichen »Heulen!« geben. Falls er nicht darauf reagiert, Futter vorenthalten und warten, bis er allerlei Verhalten durchspielt, um ans Ziel zu kommen (Frustrationsmethode). Irgendwann wird er auch einmal Heulen, zumal er dies ja innerhalb des Lernprogramms B in frischer Erinnerung hat. Heulen wird sofort mit Futterbrocken belohnt.

Schritt 4 Programm A: Fortan nach Spielen mit dem Stab die Reihenfolge: Vorsitzen, Blume abgeben und Heulen einüben. Anfangs nach jeder Leistung mit Futter belohnen, später nur noch sporadisch, schließlich nur noch am Ende. So lange durch Hörzeichen abrufen, wie nötig. Nach und nach Hörzeichen abbauen.

Schritt 5 Programm A: Hund sitzt oder liegt auf Kommando. Der Stab wird nun für ihn sichtbar in einiger Entfernung abgelegt. Zuerst auf den Boden, dann auf einen Stuhl (die Blumen liegen später auch auf einem Stuhl oder auf einem Tisch in einer Vase). Auf Kommando »Bring Blume!« holt der Hund den Stab und bringt ihn vorsitzend her. Abgeben wie gewohnt.

Schritt 1 bis X Programm C: Nun wird parallel das Aufnehmen, Halten und Abgeben einer richtigen Blume geübt. Belohnung wie gewohnt über Futter. Im weiteren Verlauf etwa mit einer stacheligen Rose. Hier muß man natürlich auch wieder schrittweise vorgehen. Zuerst Stacheln ganz entfernen und im weiteren Verlauf immer mehr Stacheln dranlassen.

Schritt 6 Programm A, B und C miteinander verbinden.

Schritt 7 Programm A, B und C: Im Übungsablauf Hörzeichen und Futterbelohnungen abbauen.

Das Ganze ließe sich noch spektakulärer gestalten, wenn man eine zweite Person einbezieht, die den Vorgang etwa durch die Worte: »Geburtstag« und das Zeigen auf eine bestimmte Person im Raum einleitet. Der Hund gratuliert dann durch Übergabe der Blume und durch sein Ständchen. Derartige Schauleistungen riechen natürlich von Weitem nach Vermenschlichung. Hier soll der Hund in einer Art und Weise vorgestell werden, die unnatürlich ist. Aber solange die methodische Herausforderung Ziel derartiger Unternehmen ist und die Lernleistung als solche im Vordergrund steht, können Hund wie Hundeführer eine Menge Spaß und Gemeinschaft dabei erleben.

Als Gegenstand kann natürlich auch ein Telefon, eine Handtasche oder etwas anderes gewählt werden. Wer Spaß an solchen Dressurspielen hat, könnte sich zum Beispiel die Zeitung aus dem Ständer im Wohnzimmer bringen lassen. Die einzelnen Aufgaben wie Tür aufmachen (nur bei Türen mit Türklinken möglich), Aufnehmen und Apportieren werden wiederum vom Ende her aufgerollt.

Es geht hier, wie gesagt, weniger um das Beispiel selbst (das übrigens vom Autor entwickelt wurde), sondern um die Darstellung einer bestimmten methodischen Vorgangsweise, die sich vor allem dadurch auszeichnet, daß sie zum einen als komplexes Zielspiel aufgebaut und zum anderen vom Ende her aufgerollt wird. Auch komplizierte Aufgaben in der Gebrauchshundeausbildung werden nach diesem Muster konstruiert. Es versteht sich von selbst, daß hierfür eine Menge Geduld und Beharrlichkeit erforderlich ist.

Belohnen, Ignorieren, Einwirken, Optimieren

Bisher haben wir viel in das Verständnis der motivierenden Faktoren investiert. Was aber, wenn der Hund trotz spielerischer Vorgangsweise nicht das tut, was wir erwarten? Die lakonische Feststellung, wir hätten eben diesen und jenen Fehler nicht machen dürfen, ist in solchen Fällen alles andere als konstruktiv, sie hilft uns nicht weiter. Nun, auch das Spiel hat zwei Seiten und es wäre pure Scharlatanerie, wollte man die andere Seite der Medaille verschweigen. Zwar hilft eine starke Motivation in der Regel über Schwierigkeiten hinweg, aber ein Rest an Problemen wird nie ganz auszuschalten sein. Auch das schönste Spiel führt mitunter durch Engstellen, wartet mit Durststrecken auf oder verliert auf unerklärliche Weise an Faszination. Und selbst bei optimalem spielmethodischem Vorgehen wird uns der Hund dann und wann enttäuschen. Es wird nicht ausbleiben, daß er – wie auch wir – **Fehler** macht. Manches wird er verwechseln oder auch mal betont lustlos an die Sache rangehen. Es ist daher nur vernünftig, wenn wir von vornherein auch im Spiel die **ganze** Breite möglicher Verhaltensweisen sehen und uns darauf vorbereiten, also auch auf Fehler und allerlei zielfremde Verhaltensweisen gefaßt sind. Oft liegt ja unser pädagogisches Versagen eben darin, daß wir viel zu überrascht sind, um klar und distanziert denken zu können. Prompt treffen wir dann aus unreflektierter Emotion heraus die falsche Entscheidung. Wir nehmen etwa im Umgang mit Menschen Dinge persönlich, reagieren beleidigt oder aggressiv, wo eine sachliche Beurteilung nicht nur der Sache, sondern uns ganz persönlich mehr gebracht hätte. Lassen Sie uns daher kurz innehalten und anhand folgenden Modells darüber nachdenken, was alles passieren kann und welche Möglichkeiten uns zur Verfügung stehen, den aus der Spur geratenen Wagen wieder in Fahrt zu bringen.

Lernleistungsprofile und Korrekturmaßnahmen.

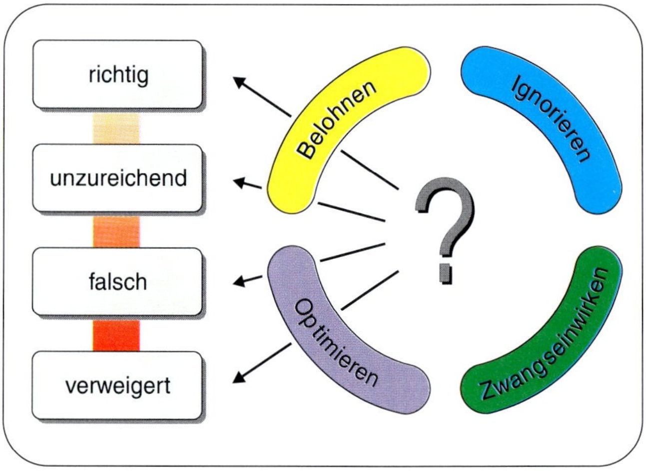

Die Abbildung zeigt uns links die vier generellen Leistungsprofile eines Lernprozesses und rechts

daneben die wichtigsten Korrekturmaßnahmen. (Unter *Korrektur* fassen wir hier die vier wichtigsten Maßnahmen zusammen.) Zunächst zu den Lernprofilen von links oben nach unten:

a) Führt der Hund die Übung in allen Punkten weitgehend *richtig* aus, so ist alles in Ordnung und es fällt uns relativ leicht, die hierfür geeignete Strategie unsererseits zu finden. Wir werden ihn dafür *belohnen (bestätigen)*. Es wäre natürlich noch zu differenzieren, was wir unter *richtiger Ausführung* verstehen. In einer bestimmten Aufbauphase ist ja bereits ein Teilerfolg als *richtig* einzustufen usw.

b) Hat der Hund die Aufgabe als Ganzes zwar erfüllt, in irgendeiner Hinsicht oder im Detail jedoch unzulänglich, so fällt es schon schwerer, darauf von unserer Seite *aus richtig einzugehen*. Ein Belohnen wie unter a) würde dem Hund vermitteln: »Aha! Herrchen ist mit dieser Version der Ausführung auch zufrieden« und er hätte keine Veranlassung zur Verhaltensänderung. *Optimieren* käme da schon eher in Frage. Allerdings maßvoll, so daß die Motivation nicht darunter leidet! Der negative Nachhall eines Optimierungsvorganges muß, wenn er sich nicht von vornherein vermeiden läßt, durch anschließende, positive Stimmungsübertragung aufgefangen werden Das braucht nicht immer Lob zu sein! Allein schon das aufmunternd zutrauende Aussprechen des Hörzeichens vermag vorausgegangene Spannungen oft aufzulösen! Ein sich anschließendes, freies Spiel erfüllt einen ähnlichen Zweck.

Einwirken im Sinne einer »Bestrafung« bewirkt bei *unzulänglicher Ausführung* in den wenigsten Fällen den gewünschten Erfolg. Allzuleicht werden in dieser Situation durch die *Einwirkung* streßbedingt ungewollte, schwer kalkulierbare Fehlverknüpfungen eingehandelt oder der Hund wird *demotiviert*. Besser ist es, wenn man *Unzulänglichkeiten* mit *neuen, abgewandelten oder gesteigerten Motivationsimpulsen* begegnet!

Und wie sieht es mit dem *Ignorieren* aus? Zunächst würde man annehmen, *Ignorieren* würde Ähnliches bewirken wie falsches *Belohnen*. Bei näherer Betrachtung allerdings fallen doch erhebliche Unterschiede auf. *Ignorieren* wirkt wesentlich schwächer als falsches Belohnen. Einmaliges Ignorieren wirkt in der Regel nur in Verbindung emotional sehr stark besetzten Erlebens dauerhaft konditionierend. Bei *unzulänglicher Ausführung* hat sich in der Praxis die Verbindung von *Ignorieren* und *Optimieren* besonders bewährt. *Optimieren* allerdings nicht im Sinne des »erzwungenen Zurechtrückens«, sondern wiederum in spielerischer Form *neuer, abgewandelter oder verstärkt motivierender Verbesserung*.

Hierzu ein Beispiel: Wenn der Hund nicht nah bei Fuß geht, dann bringen wir ihn zuerst in Aufmerksamkeit, anschließend versetzen wir ihn mittels Futter- oder Beutemotivator in Spannung und schließlich motivieren wir ihn zum näheren Fußgehen durch geschickte Körpersprache, durch allerlei Hilfen und in Verbindung von Futter- oder Spielbeutemotivation. Wir *ignorieren* sein Abweichen und wir *optimieren* sein unzulängliches Verhalten durch gezielte *Motivation*. Das immer wieder in Hundlerkreisen gehörte Argument, der Hund würde sich diese Vorgangsweise alsbald zunutze machen und absichtlich abweichen, um in den Genuß des MO's zu kommen, findet man nur in Ausnahmefällen bestätigt. Ein allgemein spielerisch aufgebauter Hund hat gelernt, daß er Futter

oder Spielbeute in konkreter Verhaltensweise erhält; wozu also derartige Winkelzüge?

c) Hat der Hund eine Übung *falsch* ausgeführt, etwa durch Verwechslung, so sind hier sicher die Maßnahmen der *Belohnung* und des *Ignorierens* auszuschließen. Bevor man sich jedoch für diese oder jene *Einwirkung* entscheidet, sollte man sich über die *Ursache(n?)* des Fehlers im Klaren sein und überlegen, ob man nicht mit einer Wiederholung der Übung unter veränderten Umständen und mit modifizierter oder gesteigerter Motivation auskommt. Hat der Hund sich zum Beispiel auf den Befehl »Sitz!« hingelegt, so bleibt nicht nur die Möglichkeit, diesen Fehler auf der Stelle durch Einwirkung zu korrigieren, sondern man kann beispielsweise zum Hund zurückgehen und sich mit ihm zunächst einmal von dieser Stelle entfernen. Das hat den Vorteil, daß die Umgebung sich bei einem neuen Versuch nicht als negativer Verstärker auswirken wird. Wir suchen eine zumindest kleine zeitliche und örtliche Distanz zum augenblicklich geschehenen Fehlverhalten. Als nächstes versuchen wir, die verpatzte Sitzübung in einigen Wiederholungen so aufzubauen, wie wir sie unserem Hund ursprünglich in der Erlernphase, etwa mit Futter und Körpersprache, vermittelt haben. Möglicherweise ist es vorteilhaft, das Kommando erst einmal wegzulassen. Bei erfolgreicher Ausführung wird anschließend unter wiederholtem »Sitz! – Brav!« – »Sitz! – Brav!« kurz aber intensiv gespielt und der Hund dabei genau beobachtet. Konnte er sich innerlich lösen, wird die Übung einige Male mit reduzierten Hilfen wiederholt, bis sie dann schließlich am Ort, wo der Fehler auftrat, getestet wird. Vielleicht fragen Sie sich, warum denn so umständlich: »Ich ziehe den Hund am Halsband hoch, dann wird er schon merken, was ich von ihm will und was er soll.« Das ist zwar richtig und führt gewöhnlich auch zum Erfolg. Wir dürfen aber nicht vergessen, daß »Umfang und Qualität des Erfolges« abnehmen, wenn Einwirkungen hinzukommen. Es geht nichts über die positive Motivation! Auf Dauer wird jener Hundeführer mehr Erfolg haben,

der insgesamt mit weniger Druck auskommt. Im Bereich der Junghundausbildung gilt dies potenziert. Wie oft kann man Hundeführer beobachten, die bei einem Fehlverhalten genau in die falsche Richtung arbeiten. Angenommen, der Hund sitzt, anstatt nach dem Hörzeichen »Steh!« zu stehen: Die Übung wird dann wiederholt, indem das Kommando »Steh!« noch schärfer und zorniger ausgesprochen wurde. Der Hund sitzt wieder. Warum? Mit großer Wahrscheinlichkeit ist irgendwann einmal beim »Steh« eine negative Stimmungslage erzeugt worden. Der Hund meidet jedoch negative Stimmungslagen. Er verweigert die richtige Ausführung in diesem Fall nicht, um den Hundeführer zu ärgern oder um sich zu widersetzen, er folgt lediglich dem Lust-Unlust-Prinzip. Diese Kraft im Tier ist ein elementares, vorrangiges Regulativ. Wenn nun der Hundeführer seine Korrektur darauf aufbaut, noch lauter, energischer und zorniger die Ausführung zu fordern, dann verstärkt er das Unlustgefühl im Hund mit dem Ergebnis des völligen Scheiterns. Der Vorgang schaukelt sich womöglich auf, bis der Hund in starke Konflikte gerät und die Stehübung dann wirklich verweigert. Aber nicht aus Bosheit, sondern weil der Zwang, diese immer unerträglicher werdende Situation zu meiden, aus tierpsychologischer Sicht nur einen Ausweg läßt: Die Übung nicht zu machen oder durch eine andere, die angenehm (oder zumindest weniger unangenehm) erlebt wird, zu ersetzen. An diesem Punkt erkennen dann doch viele, daß es so nicht weiter geht, und es bleibt ihnen dann keine andere Wahl, als den Weg der positiven Stimmungslage einzuschlagen, das heißt, den Hund wieder zu motivieren.

Trotz behutsamsten Umganges mit Einwirkungen bleibt immer noch ein nicht zu übersehender Rest an *unumgänglichem Zwang*. Wobei zu betonen ist, daß nicht nur Schmerz, sondern auch psychischer Druck als Zwangseinwirkung einzustufen ist. Wenn schon der Mensch erwiesenermaßen nicht imstande ist, sich zwanglos in die Gesellschaft einzuordnen, wie soll es dann das Tier vermögen? Die beschämenden Ergebnisse der antiautoritären Erziehung haben bewiesen, daß sich Kinder bei losgelassenen Zügeln nicht leichter, sondern schwerer tun, den richtigen Weg zu finden. Mehr noch als der Mensch braucht der Hund eine klare soziale Ordnung, das heißt gültige, feststehende Regeln. Das Durchsetzen dieser Regeln allerdings ist nicht immer leicht. Hier heißt es, Augenmaß zu bewahren, angemessen einzuwirken und den richtigen Zeitpunkt zu nützen. Schmerzhafte Einwirkungen sind wie gesagt unvermeidbar. Beobachtet man Auseindersetzungen im Wildhunderudel und auch bei Wölfen, so wird einem klar, daß schmerzhafte Maßregelungen durchaus keine Seltenheit sind.
In der Regel allerdings reichen die bekannten Droh-Signale aus, um einen »Gesetzesabtrünnigen« wieder zur Räson zu bringen. Genau dies bietet uns aber einen recht brauchbarer Ansatz! Gelingt es uns, Maßregelungen an wohlüberlegte Drohgesten zu knüpfen, so können wir bei Wiederholung darauf zurückgreifen, und die Einwirkung als solche kann weitgehend vermieden werden.

Unvermeidbare Einwirkungen sollten an »Drohsignale« gekoppelt werden. Bei Wiederholungen reicht dann gewöhnlich das Hör- oder (und) Sichtzeichen alleine aus.

Wer nicht gerade »Knurren« möchte, kann sich angewöhnen, Einwirkungen mit Hör- und Sichtzeichen

zu verbinden. Als Hörzeichen könnte »Nein!« oder auch ein zischendes »Laß!« dienen. »Nein!« benützen ja die meisten von uns. Aber leider oft in einer für den Hund schwer verständlichen Art und Weise: Über- oder unterdimensioniert, zu früh oder zu spät, zu häufig oder zu wenig überzeugend, ja da und dort auch widersprüchlich oder inkonsequent. Und wer koppelt das »Nein!« schon bewußt an die Einwirkung? Wer vermittelt es von Anfang an in der Absicht, es später als Drohsignal, stellvertretend für die Einwirkung, einzusetzen? In der Regel denken wir beim Nein doch nur daran, was der Hund im Augenblick nicht oder anders tun sollte. Wir sollten uns gleichzeitig befleißigen, das »Nein!« nicht, wie für uns Menschen naheliegend, allein mit der entsprechenden Übertretung in Verbindung bringen, sondern wir müssen gleichzeitig die **Einwirkung**, die vor allem beim ersten Auftreten einer Situation erforderlich wird, in eine für den Hund als Drohsignal assoziierbare Verbindung bringen. Es ist immer wieder die versteckte Vermenschlichung, die uns Fehler machen läßt. Wenn wir dem Hund »Nein!« zurufen, wenn er schon fünf Sekunden an unserem Hosenbein zerrt, dann gehen wir davon aus, daß er versteht, was wir mit Nein meinen. Aber der Hund kann unsere Signale nur dann richtig assoziieren, wenn sie eindeutig mit einer bestimmten Verhaltensweise zusammentreffen. Noch besser ist es, wenn man dem Hund die »Absicht einer in Kürze zu erwartenden Handlung« ansieht und diese sozusagen im Keim erstickt. In unserem Beispiel leitet der Hund womöglich ab, er solle anders zubeißen, vielleicht sogar fester, denn das Anbeißen wurde aus seiner Sicht ja toleriert.

Ähnliches gilt für Sichtzeichen. Wer von uns kann schon auf ein unmißverständlich als *Drohsignal* wirkendes Sichtzeichen zurückgreifen? In der Regel denken wir nur an die zu vermittelnde Aufgabe. Wir fassen auch das optische Signal viel zu sehr im Sinne eines »Kommandos« und viel zu wenig oder gar nicht in seiner zweiten Bedeutung als Drohsignal auf. Mit dem Ergebnis, daß wir bei Wiederholungen eines Fehlers oder einer Übertretung jeweils auf den Hund psychischen oder physischen Druck ausüben müssen.

Selbst wenn Drohsignale, ähnlich wie in der Natur, von Zeit zu Zeit einer schmerzhaften Auffrischung bedürfen, so könnte man doch mit ihrer Hilfe auf einen Großteil üblich verabfolgter Einwirkungen verzichten!

Und wenn man schon zu Mitteln der Einwirkung greift, dann darf man weder über das Ziel hinausschießen noch zu zimperlich vorgehen! Artgerechte Einwirkung muß so stark ausfallen, daß in der Folge das begleitende Drohsignal ausreicht und sie darf nicht so stark ausfallen, daß der Hund eine allgemeine, nachhaltige oder gar generalisierte Angst ableitet. Hinzu kommt, daß Einwirkungen wirklich Ausnahmen bleiben müssen!

Die Wahl des Mittels ist übrigens zweitrangig! Immer wieder hört und liest man: Um Handscheue zu vermeiden, dürfe die Hand nicht zum Maßregeln verwendet werden. Derart pauschal stimmt die Behauptung sicher nicht. Es ist in der Natur derselbe Fang des Muttertieres, der einmal den Kopf des Welpen liebkosend umschließt und ihn ein andermal barsch durch die Luft wirbelt oder unsanft kneift. Das Gleiche gilt für die Hand. Sie streichelt und liebkost den Hund, sie gibt das Fressen und Belohnungshappen aus und sie dirigiert

die Spielbeute. Wenn sie dann und wann maßregelt und dabei Schmerz zufügt, dann ist das für den Hund nicht mehr oder weniger als normal. Wichtig ist jedoch, daß schmerzhafte Einwirkungen Ausnahmen bleiben und richtig dosiert werden. Fallen sie zu schwach aus, muß in kurzen Abständen immer wieder eingewirkt werden, und genau das wollen wir ja vermeiden. Ein kurzer Griff in den Nacken, wobei das Fell mehr oder minder schmerzhaft gespannt wird, wirkt oft Wunder. Vom Griff ans Ohr möchte ich abraten! Die Ohren sind mit zahlreichen Nerven und Kapillarien durchzogen. Sie zählen zu den schmerzempfindlichsten Regionen des Hundes. Eine andere erfolgreiche Maßregelung besteht im Hochheben des Hundes, wobei man ihn links und rechts am Hals ins Fell greift. Besonders wirksam ist sicher die Klapperbüchse (leere Bierdose mit einigen kleinen Steinen angefüllt und mit Klebeband verschlossen), die beim Welpen in Verbindung mit »Nein!« laut klappernd auf den Boden geworfen wird. Sie wirkt gegen allerlei Unarten und führt zugleich die Verknüpfung des Nein als Drohsignal herbei! Auch das Dressurhalsband sollte man nicht grundsätzlich ablehnen, sofern es bei bestimmten Rassen, nur selten und in vertretbarem Maße zur Anwendung kommt!

Man trifft immer wieder auf Leute, welche das Dressurhalsband lauthals verabscheuen und jeden, der es benützt, als Tierquäler beschimpfen, die aber bei Licht betrachtet ihrem Hund mit dem normalen Kettenhalsband, mit dem Schuh oder auch mit wutentbranntem Schreien viel mehr und öfter Schmerz zufügen als so manch anderer, welcher jahraus, jahrein das Dressurhalsband anlegt, aber doch nur selten davon Gebrauch macht. Welches Einwirkungsmittel der

Klapperbüchse

Hund schadlos toleriert, dafür ist allein ausschlaggebend, wieviel an individuell ertragbarem Schmerz und wie oft dieser vermittelt wird. Schließlich kommt es bei der Wahl des Korrekturmittels noch darauf an, wieviel physische Kraft der Hundeführer zur Verfügung hat. Ein älterer Mensch, ein junges Mädchen, ein Behinderter, ein Uhrmacher, Chirurg oder ein Berufsmusiker kann einfach nicht so viel Kraft mit den Händen umsetzen, wie ein lebhafter Dobermann oder Schäferhundrüde oder ein vierzig Kilogramm schwerer Rottweiler dann und wann erfordert. Hier stellt das Dressurhalsband eine sinnvolle und akzeptable Hilfe dar. Und hier noch eine letzte Überlegung, die gegen das Ausschließen von Dressurhalsbändern spricht: Wir alle wollen doch Körperhilfen möglichst reduzieren. Nun sehe man sich aber einmal an, welche Körper-, Arm- und Händeaktion »so nebenbei« in Szene gesetzt wird, um einem großen Hund den erforderlichen Ruck an der normalen Halskette zu geben. Hier werden ganz unbewußt enorme Bewegungsausmaße freigesetzt, die der Hund sicher als Drohsignale speichert und auf die er reagiert. Nur:

diese Bewegungen sind derart pompös, daß sie sich für den feinen, schnellen und unvermittelten Einsatz nicht im mindesten eignen. Wir benötigen aber – im Hundesport ebenso wie in der Gebrauchshundeausbildung – eine Form der Einwirkung, die unvermittelt, also ohne Vorankündigung, wirksam wird. Nur dann wird der Hund lernen, in jeder Situation aufmerksam zu sein. Damit kein Mißverständnis aufkommt: Wir sprechen hier über **unumgängliche** Einwirkungen, nicht vom Aufbau der allgemeinen Aufmerksamkeit des Hundes durch Einwirkung! Würde man an Stelle der normalen Halskette ein Dressurhalsband verwenden, dann könnte man den Ruck mit zwei Fingern ausführen und der pompöse Ballast einer hypertrophen Körpersprache würde entfallen.

Gleichviel, ob man sich für das Gliederhalsband oder für das Dressurhalsband entscheidet, beide müssen so angelegt werden, daß sie den Ruck verzögerungsfrei übertragen. Vom Zusammenziehen, vom Würgen ist absolut abzuraten! Bekommt der Hund weniger Luft, so treibt man ihn eher in eine der Urängste des Lebens, mit dem Erfolg, daß der Hund in Panik gerät und in dieser Situation nichts, aber auch gar nichts mehr zu begreifen oder gar zu lernen im Stande ist.

Damit eine verzögerungsfreie Übertragung entsteht, soll das Halsband möglichst eng und hoch angesetzt werden!

Die Technik der Einwirkung ist relativ einfach. Sie sollte bekanntlich unmittelbar nach der »Regelverletzung« oder »Unaufmerksamkeit« erfolgen, am besten innerhalb einer Sekunde, und sie sollte mehr aufweckend, stoßweise und so kurz wie möglich ausfallen. Nicht fünfzig mal wenig, sondern einmal ausreichend, heißt die Devise! Manche erliegen dem Mißverständnis, es komme darauf an, möglichst viel Schmerz zu vermitteln, andere wieder sind vom Gegenteil überzeugt. Beide übersehen, daß es nicht der Grad des zugefügten Schmerzes ist, der die Wirksamkeit der Einwirkung ausmacht! Entscheidend ist der Eindruck, den die Handlung als Ganzes vermittelt! Der Schmerz spielt hierbei eine eher untergeordnete Rolle! Viel wichtiger ist, daß die Einwirkung »Entschiedenheit und Überlegenheit« vermittelt. Wenn der Hund spürt, daß der Hundeführer die Einwirkung nur halbherzig ausführt und daß er dabei am Ende seiner Möglichkeiten angelangt ist, wird ihn der Hund nicht ernst nehmen. Genau das aber kann man täglich auf den »Hundepromenaden« und, wenngleich auch auf anderem Niveau, auf den Abrichteplätzen beobachten.

Damit keine Mißverständnisse auftreten, sei nochmals darauf hingewiesen:

Starke und wiederholte Einwirkungen erübrigen sich von vornherein weitgehend, wenn der Hund schon als Welpe unmißverständlich seinen Platz in der Rangordnung eingenommen und akzeptiert hat!

Die soziale Einordnung wird unvergleichbar mehr vom geistigen als vom physischen her bestimmt. Aber problemfreie Mensch-Hund-Beziehungen sind ganz und gar nicht selbstverständlich, sie bilden eher die Ausnahme und daher kommen die wenigsten ohne Korrekturen aus und gerade aus diesem Grund dürfen wir auch in einem Buch über Spielen dieses Problem nicht tabuisieren! Aber nochmals: Die Bedeutung einer gediegenen, artgerechten Erziehung wird oft auch in Kreisen der

Hundesportler und Gebrauchshundeausbilder unterschätzt. Der Hund zeigt dann auf dem Platz oder im Dienst hervorragende Leistungen, ist aber nicht in der Lage, sich im täglichen Leben problemfrei ein- und unterzuordnen. Wenn aber das »geistige Band« zu schwach ist, dann werden Korrekturen unvermeidbar. Hierzu wäre noch viel zu sagen, aber es würde über den verfügbaren Rahmen hinausgehen.

d) *Verweigerungen* kommen ausgesprochen selten vor und die Ursachen sind dann meistens beim Hundeführer zu suchen. Treten sie dennoch dann und wann einmal auf, so gilt auch hier: »Ruhe bewahren« und kurz nachdenken, worauf die Verweigerung wohl zurückzuführen ist. Erst danach sollte man sich für diese oder jene Maßnahme entscheiden. Verweigert der Hund eine Aufgabe, die zum erstenmal gestellt wird, so kann man davon ausgehen, daß der Hund maßlos überfordert wurde. In diesem Falle ist es ratsam, zeitliche und räumliche Distanz zu schaffen und erst nach einigen Tagen unter deutlich reduziertem Anspruchsniveau einen neuen Versuch zu wagen. Ob das Risiko einer weiteren negativen Assoziationsvertiefung eingegangen werden kann, indem man es nach mißglücktem Versuch gleich noch einmal probiert,- diesmal weniger schwierig – muß in der konkreten Situation entschieden werden.

Das reife Motivationsspiel

Lust und Leistung in einem

Wer mit seinem Hund hunderte von Spielstunden verbracht hat, dem wird dies durch das *reife Motivationsspiel* reichlich vergolten, denn das *reife Spiel* mit seinem Hund zu erleben, gehört zweifellos zum Schönsten, was Mensch-Tier-Beziehungen vermitteln können. Hier verschmelzen die Tiefen unseres menschlichen Seins mit jenen des Tieres zu einer ergreifenden, innigen Einheit – als würde sich die so oft mißverstandene und mißbrauchte Natur im gemeinsamen Spiel aussöhnen mit der Seele des Menschen. Freilich sind es nur Momente, in denen alle Klüfte und Entfernungen aufgehoben scheinen, aber es sind **die** Augenblicke, die dem Ganzen einen Sinn geben. Wie sagte doch Werner Bergengrün so schön?: »Ein Tag kann eine Perle sein, ein Jahrhundert nichts.«

Was der Hund hierbei erfährt, wissen wir nicht genau. Daß **er** sich dabei aber »pudel- oder wie auch immer, jedenfalls hundewohl« fühlt, daran kann kein Zweifel bestehen. Für uns ist das Spiel dann wie eine reife Frucht, die uns in den Schoß fällt und in Erstaunen versetzt.

Der Hund hat mit der Zeit eine ausgeprägte Lust für ganz bestimmte Spiele entwickelt, er hat gelernt, sich Regeln unterzuord-

nen, und er »weiß seinen Freiraum zu nützen«. Er beherrscht die Übungen, die wir von ihm erwarten und reagiert auf die kleinste Veränderung unserer Stimmung. Unsere Signale hat er durch unzählige Beobachtungen im Rahmen seiner geistigen Reichweite deuten gelernt und »er scheint immer noch überzeugt«, er könne uns mit seinen Signalen und mit seiner beharrlichen Konzentration hypnotisieren. Und obwohl wir annehmen, daß der Hund, wenn überhaupt, dann nur über eine schmale Breite freier Entscheidung verfügt, so ist es doch immer wieder faszinierend zu erleben, wie der Hund im Spiel alles, was er an Anlagen und Erlerntem mitbringt, in vollem Umfange einbringt. Es lohnt sich immer wieder, aus welcher Perspektive auch immer, nach den Hintergründen des Spiels zu fragen und sich um das Richtige im Detail zu bemühen, in Theorie und Praxis! Denn Erfolg will schließlich jeder haben, um so mehr, wenn man schon viel investiert hat!

Die Erfolgsformel: M + M = E

Fassen wir die Hauptkomponenten des erfolgversprechenden Spielens zusammen, so können wir in starker Vereinfachung und im Bewußtsein aller Einschränkungen, die derart plakative Merksätze eben mit sich bringen, folgende »Formel« aufstellen:

Motivation + Methodik = Erfolg
(M + M = E)

Wann immer man sich die Fragen: »Ist mein Hund motiviert?« und: »stimmt meine Methodik?« beim Wahrnehmen eines freudigen Hundes mit JA beantworten kann, liegt der Erfolg in greifbarer Nähe. Es mag sein, daß es im einen oder anderen Detail noch Unzulänglichkeiten zu bereinigen gilt. Aber gerade die werden aus der eben zitierten Fragestellung heraus oft sehr schnell aufgedeckt. Vergessen wir nie:

Mensch und Tier streben nach Glück und Lust. Nützen wir diese starken Triebfedern auf beiden Seiten: Für uns selbst und für den Hund! Was liegt näher, als unser Tun so auszurichten, daß es beiden Spaß macht?

Es kommt darauf an, zu erkennen, was dem Menschen nicht nur **nützt**, sondern was ihn im Innersten **beglückt**, und nicht herauszufinden, was wir dem Hund beibringen können, sondern, was dem Hund **Lust bereitet**. Beides in eine geschlosse Form zu bringen, also *Motivation* und *Methodik* für Mensch und Tier zu verschmelzen, das ist schließlich nicht mehr und nicht weniger als eine *Kunst*: Die Kunst des Überlegens, des Beobachtens, des

Keine Frage: hier sind beide motiviert. Wie aber sieht das aus, wenn wir mit dem Hund spielen? Da müssen wir uns schon allerhand einfallen lassen.

Handelns, des Umsetzens kreativer Potentiale, die Kunst intuitive Entscheidungen zu treffen, aber auch die Kunst der selbstkritischen Reflexion und Korrektur. Korrektur meint hier: Korrektur an sich selbst und natürlich auch am Hund. Fragen wir uns daher immer wieder: »Sind wir beide motiviert? Stimmt die Methodik?« Und denken wir daran: nichts vermag uns hierbei hilfreicher zu sein als *richtiges Spielen*.

Hilfen abbauen

Wenn wir im ER-Lernstadium ausgeprägte Hilfen auf allen Ebenen beschrieben haben, so gilt es im *reifen Spiel* diese mehr und mehr abzubauen. Bleibt jedoch die Frage, auf welcher Ebene soll das »Kommando-Signal« eigentlich gegeben werden? Wir nehmen es mithin einfach als gegeben an, daß Kommandos auf akustischer Ebene zu vermitteln sind. Die Prüfungsordnungen schreiben es so vor. Vergegenwärtigt man sich auch nur einen Augenblick lang die natürlichen Lernformen der Caniden, so müßten daran ernsthafte Zweifel aufkommen. Hunde richten sich nämlich ungleich mehr im visuellen Bereich aus. Die gesamte soziale Kommunikation besteht großteils aus Signalen, die mit den Augen und mit der Nase wahrgenommen werden. Jeder Hundeführer weiß aus eigener Erfahrung, daß der Hund zuerst einmal nach der Bewegungs-Hilfe geht und daß es lange dauert, bis er die mittels Körper-Hilfen erlernte Übung allein durch die Mitteilung des Wortkommandos umsetzen kann, obwohl mit beiden Ebenen zur gleichen Zeit begonnen wurde. Nun kann man natürlich argumentieren, der für visuelle Kommandos erforderliche Sichtkontakt sei nicht immer gegeben und darüberhinaus sei es die höhere Leistung, sich nach dem Wort zu richten. Aber ebenso könnte man kontern: Es gibt viele Situationen, wo die Hörverbindung entweder nicht erwünscht oder nicht gegeben ist. Vielleicht sollte man wirklich dazu übergehen, gleichlautende Kommandos auf auditiver **und** visueller Ebene einzuführen mit dem Ziel, daß der Hund alle drei Situationen beherrschen lernt: Sichtzeichen allein, Hörzeichen allein sowie Sicht- und Hörzeichen gemeinsam gegeben.

Wie auch immer sich der einzelne entscheiden mag und wie auch immer sich die Dinge in der Zukunft entwickeln mögen, innerhalb unseres Themas gilt es, im *reifen Spiel* mit einem Minimum an Signalen auszukommen. Das heißt: Hörzeichen (und Sichtzeichen!) sollten kurz und prägnant und gleichzeitig gut voneinander zu unterscheiden sein und die anfänglichen Hilfen der Körpersprache, der Gestik und Mimik sind bis auf ein Minimum zu reduzieren. Der Hund soll, ähnlich wie das Dressurpferd, lernen, die **natürlichen** Bewegungen des Menschen zu dechiffrieren und darauf sensibel zu reagieren. Das stellt

für den Hund ebenso wie fürs Pferd eine enorme Leistung dar, die sich erst nach jahrelanger Übung einstellt. Aber da richtige Ausführungen bekanntlich nicht mehr Zeit in Anspruch nehmen als Falsche, soll uns das nicht weiter abschrecken.

Das Reduzieren der zahlreichen Hilfen ist leichter gesagt als getan. Oft bemerkt man erst nach dem Richterspruch im Turnier, was alles an Hilfen zu sehen war. Zu sehr sind die verschiedenen, gut gemeinten Schulter-, Kopf- und vor allem Handbewegungen in Fleisch und Blut übergegangen, so daß sie einem selbst schließlich gar nicht mehr auffallen. Hier leistet die Überprüfung eines Trainers oder auch die Videokamera wertvolle Dienste. Allerdings müssen Hilfen, ebenso wie die Bestätigung durch Futter oder Spielbeute, langsam und Schritt für Schritt abgebaut werden. Man muß auch den Mut haben, wenn nötig, vorübergehend wieder vermehrt Hilfen zu geben, selbst wenn man gerade dabei war, sie zu reduzieren. Auch hier kommt es auf die *Balance* an. Der Abbau von Hilfen erfordert eine wache und allgegenwärtige Selbstreflexion, denn ohne dauerndes sich selbst Beobachten wird man die alten, eingeschliffenen Gewohnheiten nicht los. Hier aber stoßen so mache Hundeführer an ganz andere als an sportliche Grenzen. Wer nicht im Innern wirklich dazu bereit ist, sich zu verändern, der wird es kaum schaffen, Gewohnheiten welcher Art auch immer abzulegen. Warum fällt es uns nur so schwer, das Notwendige leicht zu nehmen? Würde man es schaffen, die erforderliche »Veränderung an sich« als etwas Positives zu sehen, auch auf dem **Weg** zum Ziel, so hätten wir hundert mal mehr Grund zum Glücklichsein und neunundneunzig mal weniger Veranlassung zum Mißmut.

Wieviel Zwang ist notwendig?

So manchem scheint es gleichgültig zu sein, wieviel Zwang er seinem Hund zumutet. Hauptsache, die Maßnahmen haben Erfolg! Hauptsache, »der Lümmel pariert«. Es gibt Vereine, da wird nicht nur in Ausnahmefällen, sondern im überwiegenden Teil des Sportprogramms Starkzwang eingesetzt. Selbst bei reinen Unterordnungsübungen wie »Bei Fuß gehen« findet das Elektroschockgerät überzeugte Anhänger. (Im Rahmen unseres Themas kann auf dieses brisante Kapitel leider nicht eingegangen werden.)

Wer wirklich – im Sinne des vorliegenden Buches – spielerisch vorgehen möchte, für den dürfte Zwang nicht mehr als den Stellenwert einer *ultima ratio* beinhalten. Ein Mittel also, das man so weit wie möglich vermeidet. Wird ein Hund von klein auf richtig, das heißt in unserem Sinne positiv motivierend erzogen und ausgebildet, so erübrigt sich Zwang weitgehend von selbst. Was aber sollen jene machen, die einen Hund haben, bei welchem leider schon manches danebenging? Zum Beispiel ein Hund, der auf jeden anderen Hund agressiv losgeht, der wildert oder nur dann zurückkommt, wenn **er** will. Leider befinden sich ja viele Hundehalter in ähnlicher Lage. Auch in diesen Fälllen sollten zuerst alle Mittel der positven Motivation ausgeschöpft werden, bevor man sich zu Zwangseinwirkungen entschließt. Schlugen alle Versuche fehl, dann ist es immer noch besser, den Hund mit Zwang, auch mit Starkzwang zu korrigieren als weiterhin Gefahren zu riskieren. Aber der durchschnittliche Hundehalter ist hier bei weitem überfordert. Hier gilt der dringende Rat, sich an

erfahrene Abrichter in den Vereinen oder an Hundetherapeuten zu wenden.

Die Frage »Zwang oder nicht?« hat natürlich noch eine andere als eine rein sachliche Dimension: Jemand, der in der Mensch-Hund-Beziehung eine ethische Herausforderung sieht, der erlebt den notwendigen Zwang so ähnlich wie eine Mutter, die ihr Kind über alles liebt und bei notwendigen Strafen mehr leidet als das bestrafte Kind. Und doch muß auch sie beim Strafen neben Gerechtigkeit und Augenmaß auch Strenge, Konsequenz, Unnachgiebigkeit und dann und wann auch Unerbittlichkeit walten lassen – gerade aus Liebe zu ihrem Kind und im Dienste einer weitsichtigen Vorbereitung aufs Leben.

Ganz ohne Zwang, das haben wir schon weiter oben festgestellt, geht es nicht. Weder beim Menschen noch beim Tier. Selbst bei kosequent und von Anfang an druchgehendem Motivationsaufbau muß der Hund irgendwann erfahren, daß er seine Aufgabe auch dann ausführen muß, wenn er keine Lust dazu verspürt. Dieses **Unter**ordnen wird von ihm auch im Wildrudel als ein ganz natürlicher und sinnvoller Tribut an die Gemeinschaft und deren übergeordneten Interessen erwartet. Die Fragen lauten also: Welche Form von Zwang, wann, wieviel, wie oft usw.? Also die Frage nach dem richtigen Umgang mit Zwang.

Nun, zunächst kommt es auf dreierlei an: Welche Ziele werden verfolgt, was verträgt der Hund, und wie paßt der Zwang in das methodische Gesamtkonzept? Wir wissen: Rassen sind unterschiedlich, in jedem Alter gelten andere Präferenzen und jedes Hundeindividuum bringt einmalige Eigenheiten mit. Hinzu kommt, daß auch der Hundeführer in der Lage sein muß, mit der gewählten Zwangsmaßnahme sachgerecht umzugehen. Aus dieser vielschichtigen Sicht wird es nahezu unmöglich, verbindliche Ratschläge zu geben.

Beginnen wir mit dem, worin sich immer mehr Ausbilder einig sind: Mit der Zielsetzung eines »freudigen Hundes« ist Zwang in den Phasen der *Vermittlung* und des *Erlernens* (auch der kleinste!) alles andere als zielführend und daher absolut tabu! Motivationsanhänger werden auch in den anschließenden Stufen des *Detaillernens,* der *Festigung, Vertiefung* und *Abwandlung* ohne Zwang auskommen. In der letzten Phase allerdings, im *Absichern,* wird Zwang unvermeidbar.

Sehen wir uns zum besseren Verständnis die folgende Modelldarstellung an:

Das Modell der Lernstufen kann selbstredend abgewandelt werden, indem etwa schon vor dem *Detaillernen Vertiefung* oder auch *Festigung* folgt. Die Lernstufen im klassischen Aufbau bringen allerdings den bewährten Vorteil, daß Lernvorgänge auf dem langen Weg bis zur Ausreifung immer wieder durch neue motivierende Elemente bereichert werden, wodurch sich allerlei »Ermüdungserscheinungen« vermeiden lassen.

Zwang ist einer der *Antagonisten* (Gegenspieler) zur *Motivation*. Bei zunehmenden Zwang nimmt die Motivation ab, steigt der Zwang über ein bestimmtes Maß hinaus an, bricht die Motivation oft sprunghaft zusammen und schlägt in ihr Gegenteil um: In *Demotivation*. Wer wüßte nicht aus eigener Erfahrung, wie der Hund durch diese oder jene Einwirkung mit ganz und gar unerwünschten Verhaltensweisen aufwartete, von einer Sekunde auf die andere die Lust an

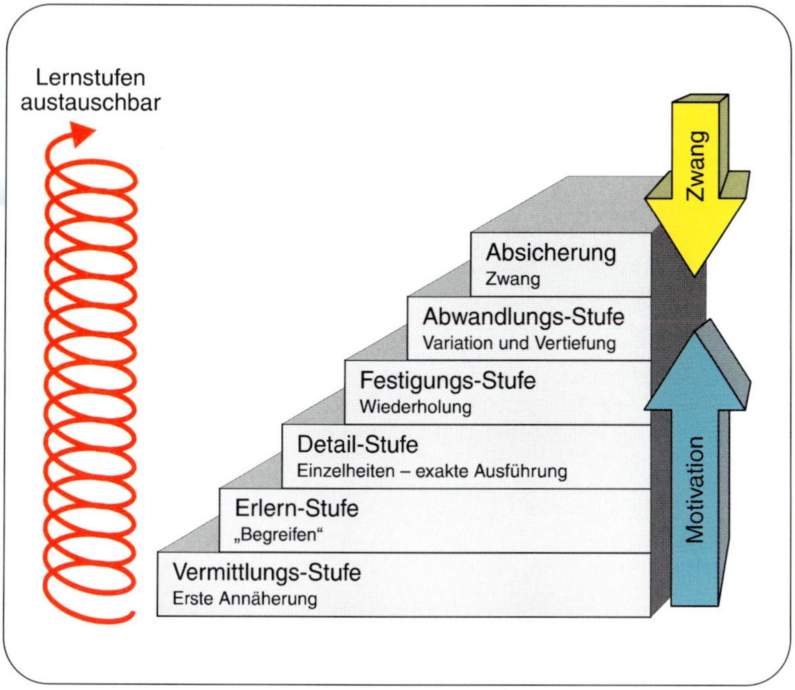

Lernstufen

(nach E. Lind 1995)

der Übung verlor, und es oft lange dauerte, bis er überhaupt wieder für diese spezielle Aufgabe zu bewegen war. Trotzdem kann sich ein wohldosiertes Maß an Zwang, nennen wir es besser »(schmerzhafte) *Stimulanz*«, auf den Lernvorgang als Ganzes positiv auswirken. Entscheidend ist hier das *Toleranzniveau*, das hauptsächlich von individuellen und situativen Faktoren bestimmt wird. Es gibt Bereiche, welche sich mehr und andere, die sich weniger für den Einsatz schmerzhafter Stimulanz eignen. Die Betonung liegt jedoch in jedem Falle nicht auf Schmerz, sondern auf Stimulanz! Der Anteil an Schmerz ist geringfügig. Eine *Stimulanz* läßt sich leicht dadurch erkennen, daß der Hund zwar eine höhere Erregtheit zeigt, aber sichtlich **nicht** von dem anliegenden Konzentrationsgegenstand abweicht. Er bleibt lernfähig. Ein wenig zuviel an Schmerz wirkt allerdings nicht mehr *stimulierend*, sondern je nach Situation *demotivierend*.

Wer mit schmerzhafter Stimulanz arbeitet, muß wissen, daß er sich auf einer Gradwanderung bewegt, die leicht zum Absturz führen kann.

Wir wissen noch nicht sicher, wie diese Formen der Stimulanz genau wirken. Aber man kann davon ausgehen, daß durch sie ein künstlicher Konflikt entsteht, der eine zusätzliche Herausforderung darstellt, wobei er das Anspruchsniveau hebt und der Hund bei Bewältigung derartiger Aufgaben ein gesteigertes Lusterlebnis erfährt. In der Natur wie im Leben kommen »Suprastimulanzen« (wie man sie nennen könnte) immer wieder vor.

Viele Menschen übern aus diesem Grund bestimmte Sportarten aus: Sie laufen gegen den »inneren Weichling« (Für einen Hundefreund dürften Begriffe wie »Schweinehund« doch wohl nicht in Frage kommen!) oder sie suchen das Erlebnis der bewältigten Gefahr.

Lerntheoretisch gesehen wirken Suprastimulanzen festigend. Der Hund hat unter dieser veränderten Problemstellung Neues gelernt und dies in einem höheren Schwierigkeitsgrad. Konflikte in Form von Stimulanzen in das Lernschema einzubauen, sollte wegen der großen damit verbunden Gefahren wirklich nur erfahrenen Ausbildern vorbehalten bleiben!

Wenn wir uns im Einsatz von Zwang auf den Bereich der *Absicherung* beschränken, gehen wir das geringstmögliche Risiko ein – bei gleichzeitig hoher Erfolgserwartung. Bis es zur Absicherung kommt, hat der Hund längst eine gefestigte positive Beziehung zur jeweiligen Aufgabenstellung gewonnen. Eine Beziehung, die dann nicht mehr so leicht zu erschüttern ist.

Wie sieht nun die Praxis der Zwangseinwirkung aus – etwa im Bereich der Absicherung? Nehmen wir als Beispiel die für jeden Hundeführer erforderliche Aufgabenvermittlung des »Platz!«. Wir gehen davon aus, daß der Hund von klein auf die einzelnen Lernstufen spielerisch, also ohne jeden Zwang, geübt hat und die Aufgabe unter normalen Umständen beherrscht. Die Forderung, daß der Hund die Übung auch unter abnormalen Umständen, also in Grenzsituationen ausführt, dient der allgemeinen Sicherheit ebenso wie seiner eigenen und sollte im Falle des »Platz!« von jedem Hundeführer kompromißlos akzeptiert werden. Um dahin zu gelangen, warten wir nicht ab, bis diese oder jene Situation, in welcher der Hund aus Erfahrung dann versagt, eintritt, sondern wir bauen vor. Wir planen verschiedene Ablenkungen, Reizlagen und Belastungen gezielt ein, so daß wir vorbereitet sind und den Ablauf steuern können. Auch die gewählte Zwangseinwirkung wird lange vorher geplant. Es macht natürlich keinen Sinn, hier eine völlig neue Maßnahme zu wählen. Es muß sich um eine Form von Zwang handeln, die dem Hund bekannt ist. Daher ist es wichtig, den Hund schon im Welpenalter, spätestens aber als Junghund, auf unvermeidbare Zwangseinwirkungen (Meidemotivation) vorzubereiten. Das kann je nach Hunderasse der Griff ins Nackenfell (physische Meidomotivation) oder die auf den Boden geschleuderte Klapperbüchse (psychische Meidemotivation) oder auch ein Ruck am Halsband sein. Was hier gesagt wird, darf auf keinen Fall dahingehend mißverstanden werden, daß man nun doch schon im frühen Hundealter mit drakonischen Maßnahmen aufwarten soll! Ja nicht! Aber ein kontrolliertes Bekanntmachen in verträglichem Maße und Umfang wird sich später zweifellos vorteilhaft auswirken.

Wir konstruieren beispielsweise folgende Sitation: Angenommen, in unserer Nachbarschaft werden zahlreiche Katzen und auch frei laufende Hühner gehalten. Man beobachtet, daß der Hund schon als Halbwüchsiger immer mehr Jagdgelüste zeigt. Wenn wir nun abwarten, bis der Hund die erste sich bietende Gelegenheit wahrnimmt und zum Erfolg kommt, dann wird es um vieles schwieriger, ihm das Nachstellen und Jagen wieder abzugewöhnen. Mit einer einzigen Übung läßt sich der »Problembereich Katze und Huhn« ein und für allemal klären: Wir verständigen zuerst die Nachbarn von unserem Vorhaben, nehmen dann den Hund an einer Fünf oder Achtmeterleine (wie ein Lasso aufgerollt) mit und in die Nähe der Verführung. Der Katze ansichtig geworden, wird er ihr wohl nachjagen. Wir lassen ihn einige Meter laufen, rufen »Platz!« und ziehen, falls er nicht auf der Stelle liegt, mit der Leine stark dagegen. Wir

wiederholen ohne Unterbrechung das Kommando »Platz!« und nähern uns dem Hund ruhig, aber bestimmt. Angekommen erzwingen wir das »Platz« mittels Nackengriff und notfalls verstärkt durch Schütteln. Gleichzeitig wiederholen wir das Kommando »Platz!« und das neue Kommando »Katze Nein!« oder auch nur »Nein!«. Das wird seine Wirkung nicht verfehlen. Beim nächsten Spaziergang wirken wir schon im ersten Erblicken einer Katze mittels strengem »Katze nein!« ein. Wir wiederholen die Übung vielleicht noch ein oder zweimal in Verbindung einer anderen Ablenkung – etwa einer Hühnerschar und an anderem Ort. Reagiert er schon auf das »Nein!«, so haben Sie gewonnen und der Hund wird auch bei einem aufspringenden Hasen voll in unserer Gewalt sein. Ab und zu sollte auch das scharfe »Platz!« in ähnlicher Situation wieder getestet und gefestigt werden.

Das eben beschriebene Beispiel eignet sich recht gut, um noch auf etwas anderes hinzuweisen: Sieht der Hund ein Jagdobjekt, so gerät er als Jäger sofort in ein relativ hohes Motivationsniveau. Die nachfolgende Zwangseinwirkung muß diesem Antriebsniveau angeglichen werden und entsprechend stärker ausfallen als in einer vergleichsweise milderen Situation. Vielleicht verstehen jetzt auch die pauschalen Zwangsbefürworter, weshalb es artwidrig und sachwidrig ist, etwa in der Unterordnung mit Starkzwang aufzuwarten. Hier steht der Hund in einer anderen, viel »subtileren« und »zerbrechlicheren« Triebqualität als im Beispiel des Jagens.

Nach Durchlaufen der klassischen Lernstufen, sozusagen als Abschluß der Ausbildung, ist Zwang als Mittel zur Absicherung angebracht und auch ethisch vertretbar. Aber eben nur soviel und so oft, wie unumgänglich! Und nur dann, wenn man nicht gerade selbst die eine oder andere Krise durchläuft. Unter schlechten Bedingungen bringen Zwangseinwirkungen in der Regel genau das Gegenteil von dem, was man erwartet, nämlich noch mehr Fehler und ein drastisches Absinken des Antriebsniveaus. An solchen Tagen liest man besser ein Buch, sieht sich ein Video an oder macht sich Gedanken über die folgenden Spiel- oder Trainingsinhalte.

Spielpausen!

Wer richtig spielt, der kann diesen Abschnitt getrost überschlagen, denn das Spiel selbst ist die beste Medizin gegen nachlassende Spiel- und Arbeitsfreude. Richtig spielen heißt in diesem Zusammenhang: abwechslungsreich vorgehen, immer wieder neue Elemente einbringen, für Überraschungen sorgen und nur so lange spielen, wie der Hund physisch und psychisch nicht abbaut. An Tagen, wo die gewohnte Form ausbleibt, sollte man nur ganz kurz und ohne hohe

Richtig spielen heißt auch, die Tagesform des Hundes zu berücksichtigen.

Leistungsforderung spielen oder es ganz sein lassen.

Wie der Titel des Buches eindringlich vermitteln möchte, kommt es auf das »richtige« Spielen an. Richtiges Spielen beinhaltet auch »Spiel-Pausen«. Pausen im Spiel, Pausen von Spiel zu Spiel und Pausen von einer längeren Spielperiode zur nächsten. Pausen also im Kleinen und im Großen. Der Hund sollte pro Jahr mindestens eine »schöpferische Pause« von einem oder zwei Monaten erfahren. In dieser Zeit denkt man selbst ruhig über alles nach, gewinnt Abstand, bildet sich weiter, faßt neue Vorsätze und beim Wiederaufnehmen wird man ähnlich wie ein »Virtuose nach längerer Kunstpause« überrascht feststellen, daß man nichts verloren, aber manches dazugewonnen hat: Daß einiges besser läuft als vorher oder daß dieser oder jener Fehler nicht mehr auftritt – einfach durch die Wirkungen der Zeit.

Agility-Tunnel

Spiel und Sport

Anmerkungen für den Hundesportler

Hundesport läßt sich auf unterschiedlichste Art und Weise betreiben: Im Vierkampf, Hindernis- und Geländelaufen, im Kombinations-Speed-Cup (CSC), in der Agility, auf reinen Fährtenwettbewerben oder im Schutzhundesport (welcher aus den drei Disziplinen Fährte, Unterordnung und Schutzdienst besteht). Darüberhinaus kann man bei Rassewettbewerben, bei Hundewagen- oder Schlittenrennen mitmachen. Auskunft über die einzelnen Sportarten geben die überregionalen Institutionen.
Bevor man sich für diese oder jene Sportart entscheidet, sollte man sich einen Überblick vom Angebot machen und die örtlichen Möglichkeiten ausloten. Vor allem aber ist sorgfältig zu prüfen, für welche Sportart man selbst und natürlich der eigene Hund geeignet ist. Oft sind Anfänger bei der Beurteilung dieser wichtigen Vorentscheidungen überfordert. Fachliche Beratung erteilen die verschiedenen Vereine. Die Mitgliedschaft bei einem Verein ist daher ebenfalls eine wichtige Entscheidung. Für beide Teile hat sich bewährt, vor dem offiziellen Beitritt eine zeitlang die Gastmitgliedschaft vorzuziehen.
Motivationsmethoden sind immer mehr im Kommen, aber noch nicht allerorts ausgereift. Da wird der Hund dann wohl belohnt für vorausgegangene Übungen, aber der Aufbau derselben basiert leider immer noch auf den alten Druck- und Zwangsmethoden. Begabte Anfänger, die den Kern motivationaler Ausbildung begriffen haben und auf diesem Fundament Hunde-Sport ausüben wollen, werden nicht selten in arge Bedrängnis gebracht von älteren Ausbildern, die natürlich viel mehr Erfahrung vorweisen können. Aber Erfahrung ist nur die eine Seite! Wo Erfahrung nicht mit entsprechendem Wissen über Verhalten, Lernprinzipien und Methodik Schritt hält, da steht sie auf dünnen Beinen. So kann man vermehrt beobachten, daß besonders junge Hundeführer relativ schnell aufsteigen und hervorragende Leistungen zeigen. Oft leiden sie sehr unter mangelnder Akzeptanz seitens amtierender Vereinsausbilder. Derartige Mißstände schaden der gemeinsamen Sache. Denn entscheidend ist letztlich die Beziehung des Schülers zu seinem Ausbilder. Der Ausbilder sollte in der Lage sein, in der Tat mit seinem Hund zu beweisen, wovon er spricht. Hat ein Anfänger jenen Ausbilder gefunden, der Probleme zuerst auf motivationaler Ebene zu lösen versucht, dann sollte er sich diesem wirklich dankbar anvertrauen. Viele Entscheidungen, die der Anfänger nicht versteht, wirken sich erst viel später aus. Dieser Feed-back-Effekt innerhalb der Methodik ist das wohl wichtigste Argument, das *für* die Erfahrung spricht. Hat man sich einmal einer Methode anvertraut, dann tut man gut daran, nicht ständig die Richtung zu wechseln oder Verschiedenes gleichzeitig zu betreiben. Und noch eines: Wenn Probleme auftauchen, erst mal nachdenken! Vor allem im Zorn keine Entscheidungen treffen! Machen Sie es wie Cäsar, der vor jeder Schlacht zuerst leise bis zehn zählte, und dann das Zeichen zum Angriff gab.

Bewertung im Hundesport

So sehr gemeinsame sportliche Betätigung für Mensch und Hund beglückend sein kann, so leicht gerät eben dieser Doppelaspekt ins Wanken, wenn die Balance zwischen dem, was manche Menschen anstreben und dem, was der Hund zu seinem physisch-psychischen Wohlbefinden benötigt, verloren geht; – wenn das Augenmaß abhanden kommt für das, was man tun sollte und jenes, was nicht mehr vertretbar ist und der Hund nur noch zum Werkzeug des Menschen degradiert wird. Hier stoßen wir auf den neuralgischen Punkt des Hundesports und der Gebrauchshundeausbildung, denn auch die Gebrauchshundeausbildung legitimiert keine Zwangsausbildungsmethoden, wenn diese durch humanere ersetzbar sind!

Wir dürfen nicht müde werden, die Maximen des Umgangs mit dem Hund immer wieder zu hinterfragen, auf Grund neuer Erkenntnisse neu zu bestimmen und die entsprechenden Rückschlüsse in klare Vorgaben und Formen zu bringen! Nun würde man meinen, dies sei durch die Tierschutzgesetze und die Prüfungsordnungen hinreichend gesichert. Weit gefehlt. Die Gesetze zum Schutz der Tiere sind zwar vorhanden, und die Prüfungsordnung fordert ausdrücklich den »freudig« arbeitenden Hund. Aber wer sieht im Hundesport auf die Einhaltung der Gesetze und wer wacht überwacht die Interpretationen der Prüfungsordnung.

Wenn man aber darüber nachdenkt, was zu tun ist, um den Hundesport in bessere Bahnen zu lenken, so kommt man auf die verblüffende Antwort, daß der Schlüssel für jegliche Änderung nicht so sehr in der Ausbildung, sondern im *Regultativ der Punktvergabe* liegt. Was nützen noch so intensive Anstrengungen, die Ausbildung zu verbessern, wenn die veränderten Zielvorstellungen im Richterspruch nicht die entsprechende Relevanz erfahren? Was nützen Seminare, Vorträge, Videos, Aufsätze und Bücher, wenn die Trainingsarbeit motivationaler Ausbildung im Richterspruch dann letztlich doch unerkannt bleibt oder gar degradiert wird? So traurig es ist, aber es stimmt:

Das, was Punkte bringt, wird nolens volens zum Maßstab der Ausbildung. Die Ausbildung wird sich immer am Richterspruch orientieren und nicht umgekehrt!

Aus diesem Grund kann nicht eindringlich genug auf die Verantwortung der Richtertätigkeit, vor allem aber auf die *Richter-Ausbildung*- und noch mehr auf deren Weiterbildung hingeweisen werden.

Um Verbesserungen wirksam werden zu lassen, müssen wir uns auf allen Ebenen des Hundesportes endlich darüber Klarheit verschaffen, welche Ausführung die wertvollere ist! Denn der Hundesport befindet sich zur Zeit an der Wegkreuzung epochaler Entscheidungen. In manchen Ländern werden die Rufe jener, die den Starkzwang in jeder Form sanktionieren wollen, immer lauter. Quo vadis, Hundesport? Fallen wir zurück in jene Ära, die durch die Maxime der technischen Perfektion gekennzeichnet war oder stecken wir neue Ziele, die zwar erst in fünf oder zehn Jahren auf breiter Basis erreicht werden? Ziele, die aber aus sportlicher und ethischer Sicht die Zukunft unseres Tuns nicht nur sichern, sondern gleichzeitig eine gültige Entwicklung zur Leistungssteigerung auf Jahrzehnte hinaus

versprechen. In der Festlegung der sportlichen Maximen ebenso wie in der Beurteilung der Prioritäten gibt es noch viel zu tun.

Diskutiert man diesen Fragenkomplex mit Biologen, Kynologen, Tierschützern und Hundesportlern, so weisen die Standpunkte weitsichtiger Persönlichkeiten überraschende Einheitlichkeit auf.
Auf den Punkt gebracht, könnte der Hundesport sich an folgenden Maximen ausrichten.

Der »freudige Hund« und die »*Vorführleistung des Hundeführers*« stehe im Mittelpunkt der »Teamwork«. Die Vorführung als Ganzes ist überzeugend (Vermeidung unerlaubter Hilfen) zu demonstrieren, und die »*Vorgaben jeder einzelnen Übung*« sind möglichst »*fehlerfrei*« zu erfüllen.

Das Meiste davon ist zwar in den Prüfungsordnungen angesprochen, aber doch nicht deutlich genug. Was bis dato fehlt, ist die klar formulierte Hierarchie, nach welcher der *gezeigten Teamarbeit* der Vorzug zu geben ist. Richten heißt doch nicht, nur Punkte *abzuziehen*. Dem Abzug muß die Vergabe von Pluspunkten gegenüberstehen.
Wo nur Fehler gesucht werden und die Leistung des Hundeführers ebenso unberücksichtigt bleibt wie die Konzentrations- und Schnelligkeitsleistung des Hundes oder das Teamwork bestrafen wir jene, die pädagogisch, ethisch und sportlich gesehen die höherstehende Leistung erbringen.
Bei allem Respekt vor technischer Perfektion – auf der Basis der soeben formulierten Zusammenfassung dürfte die Fehlerwertung erst nach der Beurteilung, in welchem Umfang die *Vorführung als Ganzes die Qualitäten einer freudigen Teamarbeit* erkennen ließ, zum Tragen kommen. Eine mäßig engagierte und nur wenig schnelle Vorführung könnte so nicht mehr mit Vorzüglich bewertet werden, auch wenn sie fehlerfrei gezeigt wird.

Spiel, das verbindende Glied im Hundesport

Spiel, so haben wir gesehen, begegnet uns in unzähligen Facetten. Die Triebfedern sind bei Mensch und Tier verblüffend ähnlich: Neugier, Selbsterfahrung, Antwort auf die Herausforderung des Lebens, Erprobung der eigenen Fähigkeiten, in Verbindung treten mit der eigenen Spezies und mit dem allernächsten Familienumfeld, beziehungsweise des Rudels, und schließlich die Einübung lebenswichtiger Verhaltensweisen. Nirgendwo anders erfährt sich das Individuum derart ganzheitlich wie im Spiel. Spiel hat auf der einen Seite seinen Wert in sich und steht gleichzeitig im Konnex vorprogrammierter überlebenswichtiger Reifungs- und Entwicklungsprozesse.

In der Verbindung Mensch – Hund kennen wir kein anderes Medium, das derart verbindet wie das Spiel. Artgerechte Erziehung und Ausbildung ist daher ohne Spiel schlechthin undenkbar. Gemeinsam zu spielen heißt naheliegender Weise für den Menschen, auch seine eigenen Ansprüche einzubringen, sei es in Form von Sport oder Freizeitvergnügen. Immer mehr Menschen pflegen diese faszinierende Form der Gemeinschaft. Auch im Hunde-Sport ist Spiel das »sine qua non« – also das, an dem wir nicht vorbeikommen. Richtig Spielen bewahrt uns vor widernatürlichem Umgang mit dem Hund und es macht uns frei für ein tieferes Verstehen, für eine reifere Mensch-Hund-Beziehung.

Fachzeitschriften

DEUTSCHLAND:

DHV, Gustav
Sybrechtstraße 42
44563 Lünen, Tel.: 0231/87949,
Fax: 0231/8770813

»Unser Rassehund«
Westfalendamm 174, 44041 Dortmund,
Tel.: 0231/565000, Fax: 0231/592440

»SV«, Verein für Deutsche
Schäferhunde e.V.
Steinerne Furt 71/71a
86167 Augsburg
Tel.: 0821/74002, Fax: 703489

»Der Hund«, Bauernverlag
Brunnenstr. 128, 13355 Berlin
Tel.: 030/46406, Fax: 030/46406-314

»Unser Rassehund« Herausgeber VDH
Verband für das deutsche Hundwesen.

»Das Tier«, Zeitschrift für Wild- und
Heimtierfreunde, Brunnenwiesenstr. 23
73760 Ostfildern

ÖSTERREICH:

»Unsere Hunde«, ÖKV Österreichischer
Kynologenverband
Johann-Teufel-Gasse 8, A-1238 Wien
Tel.: 0222/8887092, Fax: 8892621

»SVÖ-Nachrichten«
Österreichischer Verein für
Deutsche Schäferhunde
Sonnweg 284, A-5071 Wals
Tel.: 0662-850940, Fax: 0662-850460

SCHWEIZ:

»Hunde – Haltung – Zucht – Sport«
offiz. Schweizerische Kynologische
Gesellschaft (SKG)
Länggaßstr. 8, CH-3001 Bern
Tel.: 031/3015819, Fax: 031/3020215

SC (Schweizerischer Schäferhundeclub)
Luzerner Str. 80, CH-Littau
Tel.: 041/2503070, Fax: 041/2501006

Bezugsquellen

Hundeanhänger: Bernd Würz
Reezstr. 52, D-76327 Pfinztal
Tel.: 07240/8398

Fahrradbügel, Springer AS
Annolitveien 16, N-1401
Erhältlich über den Zoo-Fachhandel

Hundesportartikel, vom Autor Ekard Lind entwickelt: Schleuder-Mot, Schleif-Leine, motivierendes Trainings-Bring-Holz groß und klein, Fährtengeschirr, mobile Hürde und weitere:
Ratfels: Maria-Rose Lind
Bayerham 37, A-5201 Seekirchen
Tel. und Fax: 0043 (0) 62126604
und bei Fa. Agilo, Gertrud Fetzer, Albert Roßhauptstr. 108, D-81368 München
Tel.: 089-7194448

Sacco-Hundesportwagen: Sigllinde Abt, Laubuseschbacher Str. 22, D-35789 Weilmünster, Tel.: 06472/7108

Anfragen für Kurse, Vorträge und Trainings-Seminare mit Doz. Ekard LIND:
Ratfels-Produktion, M. R. Lind,
Bayerham 37, A-5201 Seekirchen
Tel. und Fax: 06212-6604

Liegematten für Hunde:
Fa. MAROTECH GmbH, Ahornweg 14,
36037 Fulda, Tel.: 0661/603939

Diese Firma stellt ein interessantes Produkt aus einem neuen Material her, das eigentlich jeder Hundehalter braucht. Es handelt sich hierbei um in jeder Hinsicht ideale, artgerechte Liegematten für Hunde, die nun seit kurzem dank moderner Recycling-Technologie zu erschwinglichem Preis angeboten werden. Das aus hochwertigem Recycling-Gummi hergestellte Grundmaterial weist einen 8-10fachen Isolierwert von Holz auf, ist leicht zu pflegen (einfach abspritzen), nahezu unverwüstlich (beißsicher), verhindert Geruchsbildung und beugt vor allem Rheuma und Liegeschwielen vor. Die Matten, die in verschiedenen Typen und Größen angeboten werden, eignen sich als Liegeplatz, in Hundehütten, für Hundeboxen, im PKW, für Anhänger, Zwingeranlagen, Kletterwände oder für die Welpenkiste.

Register

Richtig spielen mit Hunden